ちくま学芸文庫

ポパーとウィトゲンシュタインとのあいだで交わされた世上名高い10分間の大激論の謎

デヴィッド・エドモンズ　ジョン・エーディナウ

二木麻里 訳

筑摩書房

目次

ポパーとウィトゲンシュタインとのあいだで交わされた
世上名高い10分間の大激論の謎

ハンナ・エドモンズ、ハーバート・エドモンズ、
エリザベス・エーディナウに

世界には、奇妙なことがおこるものだ。それは私が生涯でまなんだ数すくない真理である。

——ウィトゲンシュタイン

偉大な人間は、おかすあやまちも大きい。

——ポパー

第一章 「火かき棒事件」

過去の歴史も、未来における発見に影響される。

——ポパー

一九四六年十月二十五日、金曜の晩、ケンブリッジ大学のモラル・サイエンス・クラブは定例の会合をひらいていた。これは哲学の教授と学生たちが毎週おこなっていた討論会である。メンバーはいつもどおり夜八時半に、キングズカレッジのギブズ棟にあるつづき部屋、H階段の3号室にあつまった。

この夜のゲスト講演者はカール・ポパー博士である。「哲学の諸問題はあるか」という、一見さりげないテーマで講演をするためにロンドンからおとずれていた。聴衆のなかにはクラブの議長、ルートヴィヒ・ウィトゲンシュタイン教授のすがたもみえた。ウィトゲンシュタインが、それこそ当代きっての花形哲学者とあおがれていたころのことである。またバートランド・ラッセルの顔もあった。ラッセルも長年にわたり哲学者として、また過激な社会活動家として知られていた。

いっぽうポパーのほうは、ロンドン・スクール・オヴ・エコノミクスで論理学と科学方法論の上級講師に任命されたばかりである。オーストリア出身のユダヤ人で、戦時中はニュージーランドの大学でおしえていた。そのあとイギリスにきて、まだまもなかった。全体主義を徹底的に批判したかれの著書『開かれた社会とその敵』が、イギリスで出版されたばかりのころである。[訳注1] ポパーはこの本を、ナチスがオーストリアに侵攻した日に書きおこし、戦況が連合軍勝利へむかいはじめたころに書きおえたという。そして戦争がおわって出版されるとすぐ、優れた読者層から高く評価された。バートランド・ラッセルも賞賛をおしまなかった一人だった。

ラッセル、ウィトゲンシュタイン、ポパーという三人の大思想家が一堂に会したのは、この晩が最初で最後である。だが、そこで起きたことについては今日まで意見がわかれる。はっきりしているのは、哲学の問題とはなにかについて、ウィトゲンシュタインとポパーのあいだにはげしい応酬があったことだけである。哲学にはほんとうの「問題」があるとポパーは主張し、それは「謎かけ《パズル》」にすぎないとウィトゲンシュタインは応じた。二人の「対決」は、すぐに伝説になっていった。

最初期の伝説は、二人が真っ赤にやけた火かき棒を手にして、たがいに自説をゆずらなかったというものである。のちにポパーはこう回想している。「おどろくほどすぐ、ニュージーランドから手紙でたずねてきた。ウィトゲンシュタインとわたしが、火かき棒を手になぐりあったというのはほんとうか、というのである」。

この一九四六年の十数分のできごとについては、いまも意見が対立している。とくに、カール・ポパーがのちの自伝で事実をゆがめて記し、嘘をついたのではないかという指摘をめぐっては、いまだに白熱したままである。

もしポパーが嘘をついたとすれば、たんに事実をすこし美化したというだけではすまない。ポパーには生涯の野心が二つあったといわれるが、そのことと直接かかわってくる嘘だからである。一つは哲学上の野心で、二十世紀の流行であった言語哲学の理論を打破したいということ。もう一つは個人的な野心で、自分の生涯におおいかぶさる「魔術師ウィトゲンシュタイン」に勝ちたいということ。二つとも、この一つの嘘で実現できてしまう。

ポパーは一九七六年に、自分の学問的な遍歴をつづった自伝『果てしなき探求』[訳注2]を出版し、そこでもこの「対決」についてふれている。自分は、ほんとうの哲学の問題だと信じる問題をいくつか提起した。だが、ウィトゲンシュタインはあっさりとしりぞけた。そして「自分の主張を強調したいとき、指揮者がタクトをふるような感じ」でいらいらと火かき棒をふりまわしていたという。論争の途中で、道徳の地位がテーマになった。ウィトゲンシュタインは、道徳的な規則の実例をあげよとポパーにせまった。「わたしはこうこたえた——ゲストの講師を火かき棒でおどさないこと。するとウィトゲンシュタインは激怒して火かき棒をなげすて、たたきつけるようにドアをしめて部屋をでていってしまった」。

ポパーが一九九四年に亡くなったとき、新聞の追悼記事にはこの挿話が一字一句そのままで引用された[訳注3]。ポパーがうっかり日付を一日ちがいの二十六日にしていたのまで、そのままである。三年ほどあと、高名な学術団体であるイギリス・アカデミーの会報であらためてポパーの追悼記事が発表された。ここにもほぼそのとおりの描写がひかれていた。筆者はジョン・ワトキンス教授である。[訳注4]ロンドン・スクール・オヴ・エコノミクスでポパーの後任になった学者だが、このときはポパーの記述をそのまま採用したことではげしい抗議をうけた。

これをきっかけに、まもなくロンドンの『タイムズ・リテラリー・サプルメント』で、数回にわたって辛辣なやりとりがかわされた。熱心なウィトゲンシュタイン支持者だったピーター・ギーチ教授[訳注5]は、じっさいにH3号室にいあわせたひとりとして、ポパーの説明は「はじめからおわりまで」嘘だと非難している。ギーチ教授がそう主張したのはこれがはじめてではないが、ともあれほかの証人や、ポパー擁護派、ウィトゲンシュタイン擁護派などがあいついで登場し、かんかんがくがくのやりとりになった。

対立する証言をみていくと、ある皮肉がうかびあがってくる。議論にくわわったのはみな認識論の専門家で、認識論とは知識の土台になる認識と真理をあつかう学問である。現場にその専門家がおおぜいいて一部始終を目撃したはずなのに、ものごとの核心になる事実については、意見がばらばらにわかれてしまうのである。

「火かき棒」の物語は、多くの作家の想像力をかきたててきた。ウィトゲンシュタインやポパーについてはおびただしい伝記や哲学の論文、小説などが発表されてきたが、しばしば、彩りをつけてこのできごとをあしらわないかぎり、画竜点睛を欠くとみられるようである。この物語は、都市の神話とまではいかなくとも、すくなくとも象牙の塔のおとぎばなしとして、ある位置をえている。

とはいえ半世紀以上もまえ、うすぐらい大学の片隅の、ちいさな部屋でひらかれた学術の会合での逸話にすぎないともいえる。わかりにくいテーマをめぐるそんな議論に、なぜこれほど怒りにみちた反応がまきおこるのだろう。それはあの夜の記憶が何十年ものあいだ、ひとびとのなかに鮮やかな記憶としてのこっていたからである。哲学の複雑な理論やイデオロギーの衝突というより、辛辣なやりとりや、みじかい金属の棒をふりかざしていた（かもしれない）ウィトゲンシュタインのイメージが、ひとびとの心に刻みこまれているのである。


この事件とその余波をみていくことで、ウィトゲンシュタインとポパーについてわかることは多い。たとえば二人の非凡な個性やいりくんだ関係、またそれぞれの信念について知ることができる。二人とも十九世紀末のウィーンで、キリスト教に改宗したユダヤの家庭、いわゆる同化ユダヤ人の家に生まれた。だが両家の資産や社会的な影響力には大きなちがいがあった。その事実には、どこまで重要な意味があるだろうか。そしてあの夜の議論の核心であった哲学上の意見の対立には、どんな意味があるのだろうか。

ウィトゲンシュタインもポパーも、わたしたちが文明や科学や文化の基本的な問題にとりくむありかたに、深い影響をあたえた思想家である。たとえば、わたしたちはなにを知っているといえるのか、わたしたちはどのようにして知識を深めることができるのか、そしてどのように統治されるべきなのか。そういった昔ながらの問題を考えるとき、この二人の思想家の存在は大きい。

それだけではない。たとえば言語と感覚の限界はどこにあるのか、あるいはその限界のかなたにはなにがあるのか、といった現代的な謎を解きあかすうえでも、二人の考えかたは決定的に貢献したのである。そしてどちらもそろって、自分は哲学を過去のあやまちから解きはなち、将来の哲学のために責任をはたしたのだという自負をもっていた。

ポパーがウィトゲンシュタインを、哲学における究極の敵と考えていたのはたしかである。しかし火かき棒のできごとは、ただ対立する二人の哲学者の性格と信念だけにかかわるものではない。この物語は、ひとつの時代そのものの物語からひきはなしては考えられない。これは二人の哲学者の生涯を左右し、二人をともにケンブリッジに招きよせることになったある時代の、波乱にみちた悲劇の歴史を映しだす「窓」のようなできごとなのである。

さらにこれは、二十世紀の哲学における、言語の重要性をめぐる大きな対立の物語でもある。伝統的な哲学の「問題」とは、たんに言語がもたらした「もつれ」にすぎないと考えるひとびとがいる。いっぽうで、哲学の問題は言語をこえていると考えるひとびとともいて、二つの陣営のあいだには深い不和があるからである。つきつめていえば、火かき棒事件はそれじたいが言語のパズル、つまり「謎」の物語である。というのは、おおぜいの証人がいた一室で、ポパーはいったいだれにどういうことばをなげつけたのか、そしてそのわけはなぜなのか、いまだにわからないからである。
この本はこれから二人の哲学者のひととなり、H3号室で十分あまりつづいたできごとの背景、そしてその哲学にわけいっていく。だがそのまえにまず、まちがいなく事実と確認できたこと、そしてほぼまちがいなく事実といえることをみていこう。まずは火かき棒事件がおきた場所、そこにいた証人たち、そしてかれらが語った回想である。

訳注

[1]『開かれた社会とその敵』*The Open Society and Its Enemies* ポパーの主著のひとつ。ファシズムをはじめ、民主主義をおびやかす思想について論じた。プラトン、ヘーゲル、マルクスの思想についても、歴史に法則をみようとする姿勢などを大胆に批判している。発表時期が第二次世界大戦終結の直後ということもあって、時代のもとめる雰囲気とあい、タイムリーな成功をおさめた。邦訳『開かれた社会とその敵』1、2 小河原誠・内田詔夫訳 未來社(一九八〇)。

[2]『果てしなき探求』*Unended Quest, An Intellectual Autobiography* 邦訳は『果てしなき探求——知的自伝』上下 森博訳 岩波書店(岩波現代文庫二〇〇四)。

[3]『果てしなき探求』では一九四六年十一月二十六日。これにしたがうと、ひと月と一日ちがいである。

[4] ジョン・ワトキンス Watkins, John William Neville(一九二四—九九) 一九四六年から四九年にかけてロンドン・スクール・オヴ・エコノミクスでポパーに教えをうけた科学哲学の研究者。イギリス海軍の元将校でもある。『ポパーとウィトゲンシュタイン』野崎次郎訳 国文社(一九九二)を

著した思想史家のドミニック・ルクールによれば、ポパーの「最も忠実な解釈者の一人」。著作にはつぎのような邦訳がある。『科学と懐疑論』中才敏郎訳　法政大学出版局（一九九二）、『ホッブズ――その思想体系』田中浩・高野清弘訳　未來社（一九八八）。

［5］ピーター・ギーチ　Geach, Peter Thomas（一九一六―二〇一三）イギリス生まれ、オックスフォード大学卒の哲学研究者。ギリシア時代の古典から二十世紀の哲学までをふくむ、はばひろい研究活動をおこなった。ことにフレーゲ研究で知られる。著作にはつぎのような邦訳がある。『合理的思考のすすめ』西勝忠男訳　法政大学出版局（一九八四）、『哲学の三人――アリストテレス・トマス・フレーゲ』G・E・M・アンスコム、P・T・ギーチ著　野本和幸・藤澤郁夫訳　勁草書房（一九九二）。

第二章　くいちがう証言

記憶とはどういうものだろうか。たとえば「わたしたちが、テーブルのまわりにじっと座っている」といったとする。わたしはそのなかのひとりとして、この光景をながめている。しかしわたしは、ほんとうにおなじ像をみつづけているのだろうか。過去のある瞬間の像をみているだけなのではないか。またわたしは、ほんとうにおなじ視点からテーブルと仲間をみているのだろうか。わたしはわたし自身をみているだけではないのか。

——ウィトゲンシュタイン

火かき棒のできごとの舞台になったのは、キングズカレッジのギブズ棟である。白いポートランド石づくりの古めかしい巨大な建物で、一七二三年に建築家のジェームズ・ギブズが設計した。[訳注1]ただ、大学側にとってギブズは二番手の候補だった。当時の一流建築家、ニコラス・ホークスムア[訳注2]に依頼する予定だったのである。当初の計画では当時のホークスムアのプランだと建築費用がかかりすぎることがわかり、地味なギブズ案が採用された。ところがこのひかえめな装飾が注目をあつめ、かえって賞賛される結果になったのだから、大学に予算がなくてさいわいだったのかもしれない。

建物の正面にあたるキングズ・パレード街からみると、問題のH3号室はむかって右手の二階にある。音が反響する玄関から、カーペットの敷かれていない木の階段をのぼっていくと、まわりは壁紙のないむきだしの壁である。ひえびえとした、歓迎されない印象をうける。正面の二枚びらきのドアはまっすぐ居間につうじている。二つの長窓の下は腰かけになっており、窓ごしにひろびろとした優雅な前庭をみおろすことができる。左手にはヘンリー六世の、石灰石づくりのチャペルがどっしりとひかえている。垂直式建築を代表するみごとな作品である。H3号の室内で議論が白熱するなか、ふと秋の夜のしじまをぬって、名だかいキングズカレッジ合唱団の歌声がしのびこんできそうである。

H3号室の室内では中央の暖炉が目をひく。数十年の余波をひきずる事件の中心でもある。炉は大理石でかこまれ、うえには彫刻をあしらった木製のマントルピースがみえる。黒いちいさなかっちりしたマントルピースで、豪奢というよりはつつましい印象をうける。暖炉の右には、ふたつのドアがあり、それぞれ小部屋につうじている。小部屋はカム川べりの土手をなだらかにくだるひろびろした芝生をみおろしており、会合当時は書斎と寝室だった。いまは寝室も第二の書斎としてつかわれている。あのころはケンブリッジ大学の学部生も特別研究員も、みな室内ガウンをはおって庭をよこぎり、共用トイレにかけこむのがふつうで、この習慣はしばらくつづいていた。

カム川から見たキングズカレッジ　二階の、チャペル側から数えて三番目と四番目の窓が「火かき棒事件」の舞台となったＨ３号室。

そとからみたギブズ棟は壮麗である。だが一九四六年当時、建物のうちがわは外観の威厳とあまりつりあわなかった。なにしろ第二次世界大戦が終結した翌年である。室内からもれる照明の光をさえぎるための黒いカーテンがまだたれさがり、ついさきごろまでドイツ軍の空襲を警戒していた灯火管制のなごりがのこっていた。塗装はひからびてすすけ、壁はすぐにでも洗浄する必要があるほどよごれていた。

H3号室のあるじは哲学の教官リチャード・ブレイスウェイト教授だったが、この部屋がほかの部屋とちがうわけではない。おなじように手いれがされず、むさくるしく、ほこりまみれで汚なかった。暖房は、もっぱら暖炉で燃やす石炭にたよっていた。一九四七年に、まれにみるほどさむい冬をむかえ、ガス管のなかで凝固した水が凍結して管がふさがる事態になるまで、セントラル・ヒーティングも風呂もなかったのである。部屋の住民たちは、よごれよけに服のうえからガウンをはおって、石炭の袋をかついでくるのだった。

モラル・サイエンス・クラブの会合には、しばしば名だかい講演者が招かれていたが、それでもふだん聴きにくるメンバーはせいぜい十五人くらいであった。だがポパー博士が講演した晩は例外で、いつもの倍ちかくがやってきたようである。学部生や大学院生や教官たちが、こみあった室内でどうにか自分の居場所を確保しようとしていた。そのうち多くが、午後おそくにひらかれるウィトゲンシュタインのゼミに出席した学生たちである。当時ウィトゲンシュタインはトリニティーカレッジの特別研究員で、このカレッジの大門の筋むかいにあるヒューウェルコートの塔の最上階に部屋をもっていた。

ほとんど家具もおいていない部屋だが、ウィトゲンシュタインは週二回のゼミもここでひらいていた。これは学生たちにとって、目くるめくような魅力のあるゼミだった。問題を考えて呻吟するウィトゲンシュタインをみまもりつつ、部屋中にながく苦しげな沈黙がはりつめることもあった。しかしウィトゲンシュタインは、ひとたび思考の道筋をみいだすと、こんどはとつぜん堰をきったように猛々しいいきおいで話しはじめる。このゼミは、だれでもウィトゲンシュタインの許可をうければ出席をみとめられた。だがたんなる「観光客」としてではなく、積極的に発言することをもとめられた。

会合当日である十月二十五日の午後のゼミについては、インド人の大学院生カンティ・シャーがとったノートがのこっている。これによるとウィトゲンシュタインは、〈自分にむけて話す〉とはどういうことかと問いかけている。「これにはふつうに話すことより、どこかひよわな劣ったものがあるだろうか。たとえば二たす二は四、とよごれた紙に書いたのと、まっさらな紙に書いたのをくらべるような感じだろうか」。するとある学生が、くらべかたの例を提案した――「たとえば、ベルの音が鳴りやんだあと、ほんとうにベルが鳴ったのか、それとも想像のなかでベルが鳴ったと思うだけなのかわからない状態」。しかしウィトゲンシュタインは、この例をあまり気にいらないようだった。

ゼミがひらかれているおなじころ、道路をはさんだトリニティーカレッジでは、ポパーとラッセルがビスケットをつまみながら、中国茶にレモンをいれてのんでいた。部屋はかつてサー・アイザック・ニュートンがつかっていたものである。肌寒い日だったので、きっと、窓のまわりにとりつけられたばかりの「すきま風よけ」が役だっていたろう。だがこちらの二人がなにを話していたかはわからない。ウィトゲンシュタインへの陰謀をたくらんでいたという噂も、なくはないのだが。

さいわい、哲学は長生きに役だつらしい。あの晩モラル・サイエンス・クラブの講演をきいたひとびとに当時の記憶をたずねたところ、三十人のうち九人から応答があった。いまではみんな七十代、八十代だが、それぞれ書簡や電話で返事をしてくれたのである。なかにはEメールをつかうひともいた。イギリス、フランス、オーストリア、米国、さらにニュージーランドと、世界各地からの応答だった。

それではこの生き証人たちをご紹介しよう。さまざまな地位のひとがいる。まず一人目はイギリスの元高等裁判所判事、サー・ジョン・ヴィネロット。法廷での現役時代には、もの静かな語り口で知られるいっぽう、発言をもとめる弁護士には切れ味のするどい返答をかえすことでも有名だった。

二人目はピーター・ミュンツ教授。なお証人のうち教授は五人もいるのだが、ミュンツ教授は「事件」当時、ニュージーランドからセント・ジョンズ・カレッジに学びにきていた最中で、帰国後は名だかい学者になった。著書の『知識の探索についてのわれわれの知識』は、火かき棒のエピソードではじまっている。あのできごとは「ふりかえると、二十世紀の哲学の分水嶺を予兆する象徴的な事件だった」とある。

三人目はスティーヴン・トゥールミン教授[訳注4]。哲学者で、ことに学際的な研究で有名になった。米国の大学で哲学を教えながら研鑽をつみ、『推論の技法』など、すぐれた著作をあらわした。『ウィトゲンシュタインのウィーン』の共著者でもある。これはウィーンの文化や、世紀末の発酵するような知的雰囲気から、ウィトゲンシュタインの哲学をとらえようとした本である。ウィトゲンシュタインについて、それまでとことなる視点をつよく提唱している。なおこのひとは事件当時、キングズカレッジのまだわかい研究員だった。のちにカール・ポパーの助手に推薦されたのを、ことわっている。

四人目はピーター・ギーチ教授。論理学、とくにドイツの論理学者ゴットロープ・フレーゲにかんする研究の権威である。バーミンガム大学でおしえ、ついでリーズ大学で教鞭をとった。

五人目、マイケル・ウルフ教授。ヴィクトリア時代のイギリス研究が専門で、インディアナ大学とマサチューセッツ大学でおしえた。

六人目、ゲオルク・クライゼル教授。ずばぬけて優秀な数学者で、スタンフォード大学でおしえた。数学者と哲学者をかねる才能のなかで、これまで会った最高はクライゼルだとウィトゲンシュタインがいいきったほどである。

七人目、ピーター・グレイ＝ルーカス。はじめ学者になり、のちに実業界に転じた。製鉄業をふりだしに、ついで写真フィルム、最後は製紙分野にたずさわった。

八人目、スティーヴン・プライスター。「事件」の翌年、一九四七年の凍てつくような冬に結婚した。進学準備校の教師になり、古典をおしえてすごした。

そして最後の九人目はワスフィ・ヒジャブ。このひとは、とくに注目に価する。運命の対決の当時、モラル・サイエンス・クラブの秘書だったのである。ただこの秘書という役わりは、なにも実質的な特権はなかった。なぜこのポストについたのか思いだせないほどだという。おそらく年功序列でまわってきたのだろう。秘書としての仕事は会議のテーマをきめることだったので、学部のメンバーと相談してまとめていた。ポパーにも講演の依頼をして許諾をとり、ケンブリッジに招いた。ほかにもウィーン学団のA・J・エイヤー[訳注5]などを招いている。

エイヤーは、ウィーンからイギリスに論理実証主義のあたらしい動向をもたらした哲学者である。エイヤーにとって、尊敬するウィトゲンシュタインをまえに講演するのはまさに「裁き」をうけるようなものだったが、ともあれヒジャブの招きに、よろこんで講演にうかがいますとこたえた。ただそのいっぽう、ケンブリッジの哲学科については「技術的にはゆたかだが、内容にとぼしい」と考えていた。なおヒジャブによれば、その評価は「こちらの状況に、いかに精通しているかをしめすもの」だそうである。

ケンブリッジでヒジャブが経験したさまざまなことは、ウィトゲンシュタインについても多くのことをつたえてくれる。一九四五年、ヒジャブはイェルサレムから奨学生としてケンブリッジにやってきた。それまではイスラエルの中学校で数学をおしえていたのだが、ケンブリッジでは専攻をかえて哲学の博士号をめざすつもりでいた。しかし三年後、その博士号をとらずに中途退学している。野心を実現するには致命的なあやまちをおかしたのである。すなわちウィトゲンシュタインに指導を依頼したのだった——リチャード・ブレイスウェイトなど多くのひとびとから、やめるようにと助言されていたにもかかわらずである。かつ周囲の予想をうらぎって、ウィトゲンシュタインはヒジャブの依頼をうけいれたのだった。

ヒジャブにとって、ウィトゲンシュタインの講義はわすれられない経験だった。天候さえゆるせば、講義は戸外を歩きながらおこなわれた。トリニティーカレッジのみじかく刈りこんだ芝生まわりを、何周でも歩きつづけながら講義をする。ヒジャブとウィトゲンシュタイン、そして研究生のエリザベス・アンスコム[訳注6]は、宗教哲学の議論にはまりこんだ。ウィトゲンシュタインによれば「ある人が宗教的であるかどうかを知りたければ、相手にたずねるのでなく、よく観察すること」だそうである。ウィトゲンシュタインのまえだとヒジャブは、畏れのあまり、ほとんど黙りこんでしまう。だが目のまえにいなければ、師の思考のきらめきをうまくとらえて表現できるときもあったという。

ヒジャブはいま、こう回想する。それまで自分がもっていた知的な基盤や宗教上の信念、抽象的な思考能力のすべてを、ウィトゲンシュタインは破壊してしまった。博士号をあきらめてケンブリッジをはなれたあとは、長年哲学について考えるのをやめ、数学の世界にもどっていた。ウィトゲンシュタインは「原爆か竜巻のようなもの。ただ、だれもそのことに気づかないだけ」であるという。

こうしたいきさつにもかかわらず、ヒジャブは、いまもウィトゲンシュタインへのはげしい忠誠心をうしなっていない。「すべての哲学はプラトンの脚注にすぎないといわれる。でも〈ただしウィトゲンシュタインが登場するまでは〉とつけくわえるべきだ」と語るほどである。この忠誠はやがてむくいられる。一九九九年、オーストリアでひらかれたウィトゲンシュタイン会議に、ヒジャブはほとんどわりこむようなかたちで出席した。だがそこで大きな注目をあつめ、ウィトゲンシュタインについてかれが語るのをきくために、二回も特別セッションがひらかれることになった。これはきわめて硬派のスイスの日刊紙『ノイエ・チュリッヒャー・ツァイトゥンク』でも好意をもって伝えられた。

そしてヒジャブはオーストリアからケンブリッジにあるウィトゲンシュタイン・アーカイヴにうつり、そこでセミナーをひらくことになった。ヒジャブのことばをかりるなら、ウィトゲンシュタインから「影響をうけすぎた状態」から立ちなおるのに半世紀もかかったことになる。そろそろ、うしなわれた時間を埋めあわせてもいいころだろう。

ウィトゲンシュタインとポパーの「対決」を解きあかすには、すべての証拠をあきらかにする必要がある。しかしまずは、目撃者の証言からはじめよう。

H3号室をながめていると、ポパー博士が講演をはじめるのを待っているひとびとの群れが幽霊のようにうかびあがってきて、肌寒さを感じる。その群れのうち、生きのこっている証人は九人。そのわかい日のすがたも一人ずつうかんでくる。

だがわたしたちの視線はやはり、この夜を彩った名だかい学者たちにいやおうなくひきつけられる。暖炉のまえにすわり、おちついたようすでパイプをふかしているのは銀髪のバートランド・ラッセル。その左には、一見ものしずかでめだたない感じのカール・ポパーが、聴衆にむかってすわっている。学部生のなかには、ポパーの耳が小柄な体格に不つりあいなほど大きいことに気づいた者もある。会合のあとでビールを飲みながら、冗談の種にすることだろう。ポパーがさぐるようなまなざしを送っているのは、ながらく気になっていながらそれまで会うことのなかった「敵」、ウィトゲンシュタインである。

クラブの議長でもあるウィトゲンシュタインは、ラッセルの右にすわっている。こちらも小柄だが、神経質な迫力にみちたようすをして、講演を待ちながらひたいをなであげている。そして射抜くような青い目で、ポパーをみつめている。「白目の部分はおそろしく白く、大きい。見つめられると、なぜかぎこちなくなる」ような目である。

わたしたちがこの部屋をおとずれているのは、ウィトゲンシュタインとポパーについて考えるためである。しかしわたしたちのまなざしは、パレスチナからやってきたわかい大学院生で、クラブの秘書であるワスフィ・ヒジャブにむかう。モラル・サイエンス・クラブの議事録がその手にある。のちほどここに、その夜の対決について、ごくひかえめな表現でこうしるされることになる――「会は異例なほど緊張にみちたものだった」。

ヒジャブは、ポパーにていねいな手書きの招待状をおくり、ゲストの都合にあわせて、日どりをいつもの木曜から金曜に変更する交渉も担当した。こうした係をつとめたことのあるひとならわかるように、当日じっさいに講演者を目にするまでは、約束どおりきてくれるか、責任感でやきもきするものである。ヒジャブも、相手が到着するまでかなりいらだっていた。あらわれたポパーは強い力で握手をした。小柄なわりには強い、独断的な性格がひそんでいると感じさせた。

ピーター・ミュンツ（1946年） 事件当時はニュージーランドからの留学生。「20世紀の哲学の分水嶺だった」とのちに述懐する。

ヒジャブのちかくにすわっていたのはピーター・ミュンツである。ケンブリッジではポパーの親しい知りあいの一人である。当時ミュンツは歴史学の修士号をめざして、ケンブリッジで研究していた。ウィトゲンシュタインとポパーの二人から指導をうけためずらしい経歴をもっており、おそらくほかにそういう人物はいない。戦時中はニュージーランドのポパーのもとでまなび、会合のわずか数週間まえにケンブリッジにやってきたばかりだった。みるからに聡明で熱心な学生で、ウィトゲンシュタインのヒューウェルコートのセミナーでも歓迎されていた。

あの晩、ポパーが立ちあがって講演をはじめたときのことを、ミュンツはよくおぼえている。ポパーはゆっくりと部屋を横切り、手にしたチョークをなげ上げては受け、なげ上げては受けながら、一度も歩みを乱すことなく、完璧に組みたてられた長い文章を話しつづけた。いっぽう、ポパーがはじめて対面したウィトゲンシュタインのほうは、さまざまな思念と格闘しているのが手にとるようにわかった。両手を頭のうしろで組みながら、ときおりみじかいことばを発する。ひとことひとことがまるで棘を抜く痛みをともなうかのように。そしてときどき「おいおい、今日はぼくはばかだぞ」とつぶやく。あるいは「まったく！　だれかたすけてくれ！」とさけんだりするのである。

そしてジョン・ヴィネロットもいた。まだ二十三歳の若さだったが、極東で海軍勤務を終えたばかりで、いまだに表情に疲れがのこっていた。ケンブリッジにやってきたのは、戦争中のあるできごとがきっかけである。かれは海軍にはいるまえ、ロンドン大学で言語学をまなんでいた。ある日セイロン、現在でいうスリランカの首都コロンボの書店で本を漁っていて、ウィトゲンシュタインの『論理哲学論考』にめぐりあったのである。そしてたちまち魅惑され、戦争がおわると「ウィトゲンシュタインのひざもと」にならぶため、ケンブリッジに転学した。法律家としてのちに多くの訴訟当事者や弁護士をどぎまぎさせるヴィネロットの、うたがうようなまなざしは、この夜ゲスト講演者であるポパーの品さだめをしていた。

話はもどるがその日の午後、ウィトゲンシュタインのヒューウェルコートの部屋でひらかれたセミナーでは、いつもより活発な議論がくりひろげられた。自分にむけて語るという謎《パズル》の話だけでなく、数学の規則の柔軟性についても話があった。ウィトゲンシュタインはある前提をおいた。「この部屋のなかだけで、すべての算術をやったと考えてごらん。そのあと、となりの部屋にいく。すると二たす二は五という計算が、正しくなるかもしれないよ」。もちろんこれは不条理にきこえるが、ウィトゲンシュタインはさらにおしすすめる。「二十かける二十は六百という算術の結果をもって、君がとなりの部屋からもどってくる。ぼくがそれはまちがっているといったとする。すると君は〈となりの部屋ではまちがっていませんでした〉といえるのじゃないか」。

H3号室でも、ヴィネロットはまだこの問題で頭がいっぱいだった。これほど強烈な気迫をはなつ人物は、それまでみたことがなかった。「灼熱する知的情念」というのが、ウィトゲンシュタインについてのかれの記憶である。

前列にちかい場所には、ウィトゲンシュタインのごく熱心なファン、ピーター・ギーチがすわっていた。当時すでに卒業しており、正式にケンブリッジにいたわけではなかった。ただ、妻のエリザベス・アンスコムとそろってモラル・サイエンス・クラブの会員だったのである。アンスコムのほうはニューナム女子大学の学生で、この夜は二人のおさな子のめんどうをみるため、キングズ・パレード街のとなりにあるフィッツウィリアム街の自宅にのこっていた。

ギーチとアンスコムの夫妻は、ウィトゲンシュタインとたいへん親しかった。アンスコムはやがてウィトゲンシュタインの後継者、翻訳者、著作権の執行者になり、みずからも一流の哲学者になる。ウィトゲンシュタインはアンスコムをかわいがって、よく「おなじみ君《オールドマン》」とよんでいた。より現代的な描写をするなら、アンスコムは「がっしりして……、スラックスをはき、男物のジャケットをはおっていた」ともいえる。ギーチとアンスコムの二人は、学界でもまれにみる優秀な夫婦で、オックスフォードの人文学研究課程「リテラエ・フマニオーレス」のコースを優等で卒業している。これはオックスフォードでも最難関といわれるコースで、古代ギリシア文学とラテン文学、ギリシア史とローマ史、古代哲学と近代哲学が必修であった。

夫妻はローマ・カトリックの熱心な信者で、信仰が二人の哲学のみなもとをかたちづくっていた。ギーチの場合、父親への反発もあったかもしれない。かれの父親は、さしたる良心の苦悩もみせず、数か月おきにさまざまな宗教をわたりあるく癖があったのである。いっぽうアンスコムが熱心だったのは、ローマ・カトリックに改宗した経歴のせいだったかもしれない。

さて期待にみちた聴衆の顔ぶれをさらにみていくと、スティーヴン・トゥールミン、ピーター・グレイ=ルーカス、スティーヴン・プライスター、ゲオルク・クライゼルのすがたもみえる。四人とも大戦の兵役ののち、ケンブリッジにきていた学生である。トゥールミンは、もとは数学と物理学をまなび、戦争中はレーダー調査局に配属されていた。二十四歳をむかえたこの時点では、科学の勉強はやめて大学院生として哲学をまなんでいた。博士論文はたいへんりっぱなできばえで、学位審査にはいるまえからケンブリッジ大学出版会での刊行が決まっていたほどである。トゥールミンは元哲学教授のG・E・ムーアの自宅の庭の隅にある小屋をかりて住んでいて、この日はそこから会合にかけつけたところだった。

ピーター・グレイ＝ルーカスは才能のある言語学者で、ドイツ語に堪能だった。戦時中は、ナチスの飛行戦略の多くを解読していた英国政府の最高機密暗号解読センターに配属され、暗号の解読にあたっていた。

ゲオルク・クライゼルはオーストリア生まれのユダヤ人で、もとは海軍省に勤務していた。ウィトゲンシュタインのまえでも、ちぢこまったり、おびえたりしなかった数すくない人物の一人である。かれは、ウィトゲンシュタインがつぎつぎと繰りだす警句をとても気にいっていた。たとえば、世界を変えられると信じているポパーのような哲学者を評して「ケツより高くクソをしようとするな」などと言ってのけるやりかたである。

スティーヴン・プライスターは哲学とはあまり縁がなく、ウィトゲンシュタインともほとんど接触がなかった。しかし忘れられない大切な記憶もある。街路でウィトゲンシュタインとクライゼルに出会ったことがある。ウィトゲンシュタインはそのあとクライゼルに、プライスターのつらがまえは気にいった、といったのだそうだ。

いっぽう、こうした退役軍人たちにはさまれると、マイケル・ウルフの幼さののこる表情はめだった。十九歳で、学校をでてまっすぐ大学に進学したばかりである。背のびをしてモラル・サイエンス・クラブにはいったものの、ついていけない感じだった。

部屋にいた出席者の多くは、こんな服装だった。重いスポーツジャケットをはおり、グレーのフランネル・パンツにレジメンタル・タイかスクール・タイを締め、しばしばベストや、ニットのプルオーバーを手にしている。どれも似たような服装だったとしても、どこかにまだ軍服のなごりがただよっている。「おれは戦場にいた」という雰囲気のスウェードの編みあげ靴や、堅い毛のキャバリーツイルの軍人らしいズボンも、一つ二つはみかけたことだろう。ただしウィトゲンシュタインの弟子たちは、恩師をまねた身なりで、すぐにわかった――カジュアルで、ほとんどぞんざいな感じのオープンネック・シャツである。

この混みあった部屋にあつまったひとびとが、その日自分のみたものについてそれぞれ少しずつちがう記憶をもっている。それは自然なことだろう。まえのひとがじゃまでよくみえなかったり、つぎからつぎへといろいろなことが起きたので、できごとの順序がよくわからなくなったりする。議論の流れもじつにはやい。ついていくのはむずかしかったはずである。しかしこのような状況でもなお、ほとんどのひとがはっきりおぼえているものがある――火かき棒である。

ピーター・ギーチの記憶によれば、ウィトゲンシュタインは火かき棒を手にとり、それを哲学上の例についてふれるなかで使っていた。使いながら、ポパーに「この火かき棒について考えてみたまえ」といった。たしかに二人のあいだでは激しい議論のやりとりがおこなわれていた。ウィトゲンシュタインはゲストを黙らせようとしたわけではなく（そこはいつもとちがう）、ゲストのほうもウィトゲンシュタインを黙らせようとしたわけではない（このことも異例である）。

ウィトゲンシュタインはポパーの主張につぎつぎと異議をとなえたが、ついにあきらめ

リチャード・ブレイスウェイト　キングズカレッジ教授。H3号室の会でホストをつとめた。

た。とにかく議論のさなか、ウィトゲンシュタインはいったん席から立ちあがったようである。席にもどってきて、腰をかけたのをギーチが目撃しているからである。そのときは、まだ火かき棒を手にもっていた。とても憔悴した表情で、椅子の背に大きくよりかかり、暖炉のほうに手をのばした。火かき棒は炉の床のタイルのうえに、かたんとちいさな音をたてて落ちた。

　この時点でギーチの注意は、ホスト役のリチャード・ブレイスウェイトにひきつけられた。ウィトゲンシュタインが火かき棒をふりまわすのをあぶないと思ってみていたブレイスウェイトは、聴衆のあいだを腰をかがめてすすんでいった。そして火かき棒をひろいあげ、どこかにしまってしまった。しばらくしてウィトゲンシュタインが立ちあがった。むっとした表情だった。そして静かに部屋をあとにして、ドアをしめた。

　マイケル・ウルフは、ウィトゲンシュタインが火かき棒を手にとっていたのをおぼえている。暖炉の火をみつめながら、ウィトゲンシュタインは火かき棒をもてあそんでいた。だれかが口にしたことばで、とてもいらだったようすだった。そのころにはラッセルも議論にくわわっていて、ウィトゲンシュタインとラッセルは二人とも立ちあがっていた。ウィトゲンシュタインはいっていた。「あなたはぼくを誤解してるね、ラッセル。いつも誤解する」。「誤解」に力がはいっていた。ラッセルという名前は、フラッセルにきこえた。

ラッセルはいいかえした。「ちがうよ、ウィトゲンシュタイン。ものごとをごっちゃにするのは君のほうだ。いつもごっちゃにするんだ」。ラッセルの声は、講義のときとはずいぶんちがって、すこしかん高い声だった。

ピーター・ミュンツは、ウィトゲンシュタインが暖炉の火のなかから、赤く灼熱した火かき棒をとつぜんとりだしたのをおぼえている。そしてポパーの目のまえで怒ったようにそれをふりかざした。それまでずっと沈黙していたラッセルが、口からパイプを離してきっぱりといった。「ウィトゲンシュタイン、その火かき棒をいますぐ床におきたまえ」。ラッセルの声は高く、しわがれたような響きだった。ウィトゲンシュタインはいわれたとおりにした。そのあと、わずかな間をおいて、かれは部屋から歩き去った。たたきつけるようにドアがしまった。

ピーター・グレイ＝ルーカスの席からはこうみえた。ウィトゲンシュタインはポパーのおかしなふるまいに腹をたてているようで、だんだん興奮していった。そして火かき棒をふりかざしていた。ウィトゲンシュタインは「いつもとおなじ、グロテスクなくらい傲慢で、自説を曲げず、粗野で野卑なふるまいだった。あとになって、ポパーを火かき棒で〈脅した〉といわれても不思議はない」。

スティーヴン・プライスターも、火かき棒がふりかざされていたのを目撃している。しかしポパーに対してはほかに方法がないと思った。このため、驚きやショックはなかったという。

スティーヴン・トゥールミンは、当のウィトゲンシュタインからわずか二メートルたらずの場所にすわっていた。だが、なにもとくべつなことはおきなかったという。あとから考えても「事件」というほどのことはなかった。哲学は無意味であるという主張に反論して、ポパーがさまざまな実例をあげた。トゥールミンはそれに意識を集中していた。因果関係の問題がとりあげられたとき、ウィトゲンシュタインは火かき棒を手にとった。そして、因果関係についての自論を強調する道具として使った。だが火かき棒についてポパーが道徳的原則、すなわちゲストの講師を火かき棒で脅すべきではないという原則を口にしたのは、ウィトゲンシュタインが部屋を立ち去ったあとだという。

なお、ハーヴァードからきていたアメリカ人、ハイラム・マクレンドンが書きのこした証言もある。マクレンドンはケンブリッジで一九四六年から四七年にかけてラッセルのもとでまなび、H3号室のあつまりにも参加していた。火かき棒のできごとについてはとても深い印象がのこっていたので、何年もあとになってからおぼえ書きを記した。ラッセルにみせたところ、かれはその内容をただしいとみとめたという。ただし、これはなんとも美辞麗句にみちた文で、師であったラッセルを英雄にしたてあげている。「そびえたつ巨人、うなり声をあげる獅子、叱責の笏」というたたえかたである。またポパーは自分の主張の「大胆さを謝罪しながら」講演したという。嵐のような反応とともに、聴衆はますます興奮を強めていった。ウィトゲンシュタインはすっとうごいて鉄の火かき棒を手にとり、敵にたちむかうようにそれをふりまわした。ウィトゲンシュタインの声はゲストをきびしく非難して、高ぶっていた。するとそれまで沈黙していたラッセルが、とつぜんポパーの弁護に立ちあがる。「ゆたかな白髪が、その立ち姿のいただきを飾り」、ラッセルは「シナイの神のようにほえた」という。

証言の多くをつうじて、火かき棒が大きな印象として心にのこっているのがわかる。しかしかんじんのところはどうなのだろう。ポパーはウィトゲンシュタインにむかって、かれなりのジョークを口にしたのだろうか。それを目撃しているのは、ジョン・ヴィネロットだけである。かれはポパーが火かき棒についての原則を口にしたのを耳にしている。そしてあまりにもくだらない発言に、あきらかに腹をたてたウィトゲンシュタインの顔を目にしている。そしてウィトゲンシュタインはふいに部屋を去った。だがドアをたたきつけたりはしなかったという。

ポパーの証言は、ほかのすべての証言と対立する。かれの場合、ウィトゲンシュタインが自分の議論を強調するため火かき棒をつかったようす、また道徳的な原則をあげるよう迫ったようす、それに対してポパー自身が「ゲストの講師を火かき棒で脅さないこと」という原則で応じたことについて、くわしく語っている。そしてウィトゲンシュタインは火かき棒をなげすて、ドアをたたきつけるようにしめて部屋を飛びだしていったという。

こうした証言のくいちがいをどう説明したらいいのだろうか。ギーチ教授は、ポパーが嘘をついていると一蹴する。だがそのことじたい、この事件がもたらした感情的な影響の強さをよくあらわしている。ギーチにとって決定的な争点はつぎの部分である。火かき棒で講師を脅さないこと、という原則をポパーが口にしたのはウィトゲンシュタインが部屋を去るまえか、あとか。ポパーがこの原則を口にするまえに、ウィトゲンシュタインはすでに部屋から去っていたとギーチは確信している。

いっぽう『タイムズ・リテラリー・サプルメント』で抗議をうけたジョン・ワトキンス教授は、自分の記憶に、もはやあまり自信をもてなくなっている。教授はさらに調査した結果、「こまかなことではあるが」ウィトゲンシュタインが部屋から立ち去った正確なタイミングについては判断をひかえたいと書いている。しかしこの点についての判断を留保すると、議論の全体が崩壊しかねない。ポパーの自伝では、そこは「こまかなこと」ではないのである。ウィトゲンシュタインを激怒させたのは、自分がこのジョークを口にしたためではないかと書かれているからである。相手がそのまえに去っているなら、論理的にはありえないことになる。

この事件はいわば裁判の尋問に似ている。調査をかさねた結果、ひとたび証人がなにか相手側の主張をみとめると、相手側はさらに図にのって嘲笑し、証人をますます批判するのである。ギーチも侮蔑をこめていいかえしている。「だれかが〈ジョンとマリーは子どもが生まれてから結婚した〉と、いつわりをのべたとする。それを弁護しようとした友人が、どちらがさきだったか今となっては記憶がさだかではない、といいだしても、あまり説得力はないだろう」。

この物語の核となるできごとの順序や雰囲気、また対決したひとびとの立ち居ふるまいについて、目撃者たちの記憶ははっきりしている。だが、その記憶じたいが対立しているのである。たとえば火かき棒は灼熱していたのか、つめたかったのか。ウィトゲンシュタインはそれを怒ったようにふりかざしていたのか、ただ「使っていた」のか。たとえば指揮棒として、あるいは道具として、実例として強調するのに使ったり、あるいは手でもてあそんでいただけなのか。また部屋をでていったのはラッセルとことばをかわしたあとなのか、それともポパーが火かき棒の原則を口にしたあとなのか。しずかに出ていったのか、いきなりか。ドアはたたきつけるようにしめたのか、そうでないのか。ラッセルは金切り声で話したのか、それとも「吠えた」のか。

さて、ほんとうはなにがおきたのだろう。そして、なぜおきたのだろう。

訳注

[1] ジェームズ・ギブズ Gibbs, James（一六八二―一七五四）スコットランドの建築家。イタリ

アの建築様式とイギリスの建築様式を統合し、十八世紀のイギリスの教会建築の基盤を築いた。代表作はロンドンのセント・マーチン・イン・ザ・フィールド教会で、イタリアのバロックの影響がはっきりとみられる。著書『建築の書』も大きな影響を与えた。

[2] ニコラス・ホークスムア Hawksmoor, Nicholas (一六六一―一七三六) イギリスの建築家で、教会や大学など、多数の建造物にバロック風の設計の腕をふるった。ロンドンのウェストミンスター教会の西の塔もホークスムアの設計である。

[3] リチャード・ブレイスウェイト Braithwaite, Richard (一九〇〇―九〇) イギリスの哲学者。科学哲学と道徳および宗教哲学を手がけた。科学哲学の分野では、帰納による推論の考察と、確率法則の利用で注目された。ゲーム理論を道徳哲学の分野に導入したことでも知られる。主著は『科学的説明――科学における理論、確率、法則の研究』(一九五三) と、『道徳哲学者のツールとしてのゲーム理論』(一九五五)。

[4] スティーヴン・トゥールミン Toulmin, Stephen (一九二二―二〇〇九) イギリスの哲学者。ウィトゲンシュタインと近しかった教え子の一人で、哲学と道徳についての言語学的分析を得意とする。邦訳書にジャニクとの共著『ウィトゲンシュタインのウィーン』藤村龍男訳 平凡社 (平凡社ライブラリー二〇〇一)、『科学哲学――メタサイエンス入門』藤川吉美訳 東京図書 (一九七一)、『科学哲学へのいざない――常識の眼・科学の眼・哲学の眼』藤川吉美訳 東京図書 (一九七六) などがある。

[5] A・J・エイヤー Ayer, Alfred Jules (一九一〇―八九) イギリスにウィーン学団の論理実証主義を導入したことで知られる。長年オックスフォード大学の哲学教授をつとめた。著書『ウィトゲンシュタイン』信原幸弘訳 みすず書房 (二〇〇五) では、ウィトゲンシュタインのケンブリッジの

弟子たちとことなる視点から、ウィトゲンシュタインの哲学上の業績を検討している。ほかに『コミュニケーション』市井三郎他訳　みすず書房（一九五七）、『知識の哲学』神野慧一郎訳　白水社（一九八一）、『トマス・ペイン――社会思想家の生涯』大熊昭信訳　法政大学出版局（一九九〇）、『ヴォルテール』中川信・吉岡真弓訳　法政大学出版局（一九九一）など多くの邦訳がある。

[6]　エリザベス・アンスコム　Anscombe, Gertrude Elizabeth Margaret（一九一九―二〇〇一）　ケンブリッジ大学の哲学教授。ギリシア哲学を専攻するかたわら、ウィトゲンシュタインのつよい影響をうけた。ウィトゲンシュタインについてのさまざまな論考を発表しており、ウィトゲンシュタインの遺稿編集者・翻訳者でもある。邦訳に『インテンション――実践知の考察』菅豊彦訳　産業図書（一九八四）、ギーチとの共著『哲学の三人――アリストテレス・トマス・フレーゲ』野本和幸・藤澤郁夫訳　勁草書房（一九九二）がある。

第三章　ウィトゲンシュタインの魔力

神が到着しました。五時十五分の列車に乗ってきた、かれに会ったのです。

——ジョン・メイナード・ケインズ

かれは魔法をかけたのです。

——ファニア・パスカル

対峙するウィトゲンシュタインとポパーを対等にあつかおうとすると、むずかしい問題にぶつかる。ウィトゲンシュタインのほうにだけ、なんというか、魔力のようなものがあるからである。この魔力は、かれの死から数十年をへたいまも効きめがのこっているので、気をつける必要がある。

ウィトゲンシュタインの魔力は、まず眼のかがやきで相手につたわる。もとの教え子たちはみんな、恩師のようすを思いだすだけで心が昂ぶる。その力がいまも、かつての学生たちをしっかりとらえてはなさないのである。謎をかけるようなものいいも、魅力のひとつだった。かれのことばをきいた者は、それを解釈し、また解釈しなおす終わりのないプロセスにはまりこむ。さらにウィトゲンシュタインの複雑な性格も魅力のみなもとなのだった。ひとびとの追憶や回想をつうじて、その個性はいまもわたしたちにつたわってくる。文芸批評家のテリー・イーグルトンは、ウィトゲンシュタインを主人公にした小説と、映画の脚本を書いており、「修道僧と神秘家と職工の、印象的なくみあわせ」といいあらわしている[訳注1]。

事実か虚構かをとわず、ウィトゲンシュタインは宗教的な人物として、予言者として、人類のために苦悩する聖者のような人物として語られることが多い。あるときウィトゲンシュタインは、経済学者のジョン・メイナード・ケインズにこう語ったという——自分は一九二〇年代に、オーストリアの村の学校でおしえるために哲学をやめたことがある。それはおしえる苦しみのほうが、哲学をする苦しみよりもっと強かったからだ。熱湯をいれた壺を頰にあてれば、歯痛のいたみがわすれられる。

哲学者で文化人類学者でもあるアーネスト・ゲルナー[訳注2]のたくみなコメントによれば、「ウィトゲンシュタインがえた地位は、その苦痛によってもたらされた」のである。ユダヤ教の用語でいえば、ウィトゲンシュタインは荒野をさまよう伝統的な放浪の聖者、ツァディーク[訳注3]の流れにつらなる一人ということになるだろう。じっさいある小説では「パンと雨水と沈黙で生き、砂漠に住まう神秘家」としてえがかれている。

しかしこうした枯れたようなイメージだけを追うと、ウィトゲンシュタインを誤解しかねない。かれはなによりもまず、力づよいダイナミックな人物としてつたえられているからである。友人にせよ、敵にせよ、ウィトゲンシュタインをじっさいに知っていたひとびとはいう――あれはものごとを穏和に語ることのできない人間だった。

また哲学の世界からはなれて、文学や芸術の世界でどうえがかれているかをしらべてみても、没後ながい間にわたって、おどろくほど魅力をはなちつづけていることがわかる。それを理解するには、ウィトゲンシュタインを文人とみるのがいいのかもしれない。哲学者としてだけでなく、プルーストやカフカやエリオット、あるいはベケットのような文学畑の人物としてとらえるとわかりやすいのだろう。

アメリカ人の批評家マージョリー・パーロフは、著書『ウィトゲンシュタインの梯子』で二十世紀の詩的言語をあつかい、ウィトゲンシュタインとじかに関連がある作品や、影響をうけた作品をあげている。それによると小説と戯曲が八作、詩が十二冊、パフォーマンス作品や実験的な芸術作品は六点ほどにのぼる。パーロフはウィトゲンシュタインの生涯にわたる逆説を年代順にふりかえり、こう評している――「ウィトゲンシュタインは、劇や虚構をつうじて語られ、神話になっていくような人物であった。それはうたがいない点である。モダニストの究極のアウトサイダーとして、また、絶えずあらたに自分をつくりだすことをやめない〈とりかえ子〉として、かれはわたしたちの眼前にあらわれる」という。だとすれば、わたしたちがウィトゲンシュタインの像を、自分でのぞむとおりにえがくこともゆるされるだろう。

ジャーナリストは、「カリスマ的な天才」をいいかえる言葉につまると「ウィトゲンシュタイン」という固有名詞をもちだすくせがある。それほどユニークな存在なのである。一九九〇年代に寵児だったある料理人は、「ウィトゲンシュタインのようにうっとりさせる魔力をもつシェフ」とよばれた。なにかを理解するのに「ウィトゲンシュタインである必要はない」といういいかたは、「ロケット科学者である必要はない」とおなじである。いっぽう「かれはウィトゲンシュタインではない」は、その人物が知的にとくべつな存在ではないというほのめかしになる。

建築家のサー・コリン・セント・ジョン・ウィルソン[訳注4]は、ウィトゲンシュタインと面識はなかったものの、大きな影響をうけた設計を発表している。「ウィトゲンシュタインが魔術師だったのはあきらかだ。ひととのつきあいかたで、魔術的な力を発揮した」とかれはいう。ウィトゲンシュタインからおそわった人びとがどれほど大きな影響をうけたか。それはH3号室の会合にいあわせたピーター・グレイ＝ルーカスの話をきいてもよくわかる。かれの場合、ウィトゲンシュタインの賞賛者ではない。むしろ「法螺ふき」と考えるほうだった。それでもその個性の強烈さだけはみとめていた。

ウィトゲンシュタインはなんとも奇蹟的な物まね師だった。ようは職業の選択をあやまったのだ。かれはひとり芝居のコメディアンになるべきだった。あの奇妙なオーストリアなまりの英語で、あらゆるアクセントやスタイルや、語り口をまねてみせる。かれはよく、なにかを語るときの声のトーンのちがいについて話したものだ。あれはとてもおもしろかった。たとえばある晩、かれが椅子から立ちあがり、おかしな声でいいはじめたのを思いだす。「ぼくがこの壁をとおりぬけたら、ぼくたちはなんというだろう」。わたしはいつのまにか、指の関節が白くなるほどつよく椅子の肘かけをにぎりしめていた。かれがいま壁をとおりぬけていく。そうしたら屋根が崩れ落ちてくると、完全に信じてしまったのだ。ウィトゲンシュタインはどんなことでも、ほんとうにそうだと思わせた。あれは魔力だった。

かれにはもうひとつ魔力があった。ひとたびある分野に関心をもつと、そこで独創的な、みごとな成果をあげてしまうのである。たとえば一九一〇年、まだ工学部のわかい学生だったころに、ウィトゲンシュタインはあたらしい航空機のエンジンで特許をとっている。のちのジェットエンジンを予測させる構造で、一九四三年になって再発明され、試験に成功している。また第一次世界大戦では兵士として戦闘に加わり、大きな功績をあげて表彰された。そのあと大戦間の時代には、小学校の生徒のために斬新な辞書を編んでいる。さらにモダニズム住宅の設計にも深くかかわり、高い評価をえた。第二次世界大戦になると、外傷性ショックを研究する医療チームのラボ・アシスタントとしてはたらいた。そこでは血圧の変化によってひきおこされる呼吸の変動を測る、あたらしい装置を考案している。ウィトゲンシュタインのおもむくところ、つねにその独創性をしるす刻印がのこされるのである。
だが、ポパーはちがった。たとえばかれが、深い感銘をもたらす詩や劇作品にくりかえし登場するようなことはまずありえない。そもそもそういう姿を想像することができない。ポパーほど、ウィトゲンシュタインと対照的な人物はいないかもしれない。かれは迷うことなく学者としての生活をえらび、夫としての生活をまっとうした。つまりふつうの人間なのである。

このことは、ひとにあたえる影響のつよさをくらべてもわかる。部屋にウィトゲンシュタインがはいってくると、室内はたちまちかれの支配下におかれた。だがポパーがとおりすぎても、ほとんどだれも気づかないのではないだろうか。ポパーの友人だった哲学者で、ブロードキャスターとしても知られる政治家のブライアン・マギー[訳注5]は、ある会合ではじめてポパーをみかけたときの印象をこんなふうに語っている。

> 発言者と司会者がならんではいってきた。どちらがポパーかはわからなかった。……一人はどっしりと自信ありげな物腰。もう一人は小柄で、なんとなく印象がうすかった。わたしはどっしりしたほうがポパーだろうと思ったら、もちろん逆だった。が、ひとたび話しはじめるとポパーの存在感はぐっと増した。とはいえそれも話術がたくみだからではない。内容があったからである。

たしかにポパーはぱっとみた感じ、おずおずしている。だが演壇に立ったり、議論をはじめると、がぜん熱をおびたようすになるのだった。ロンドン・スクール・オヴ・エコノミクスでポパーの後任教授になったジョン・ワトキンスは、この落差におどろいていた。火かき棒のできごとをふりかえりつつ、こういう。「猫がライオンに、がらりと変身するようなんです。ポパーは小柄ですし、どちらかというと一見、おびえているようにみえます。でなければ、なにかを気にして自信がなさそうにみえます。それがあっというまに大胆な、挑みかかる感じに変身するんです」。

おずおずした第一印象は、ポパーの自分自身のイメージとかかわりがあるのかもしれない。かれは小柄なだけではなかった。脚がちいさく、胸部が大きい奇妙な体格をしていた。さらに「身体的には耳がとてもながい。ながらく自分の容姿を気にして、劣等感にさいなまれていた」という。晩年には、相手のいうことをよく聞こうと耳たぶをひっぱるくせがつき、ますます耳がながくなってしまった。また一説には、ポパーは妻のヘニーを熱愛していたのに、ヘニーのほうはポパーにつめたかった。それでポパーは、自分がおさまりのわるい人間のように感じはじめたのだともいう。

ウィトゲンシュタインとポパーの決定的なちがいは、二人の作品がもつ迫力の差にある。ウィトゲンシュタインの、あの凝縮した叫びのような文体は、さながら神託のことばのようにわたしたちの注意をよびさましつづけるのだ。もちろんポパーのわかりやすい英語で書かれた散文も、政治の分野でわたしたちが歴史や科学の方法について理解を深めるために大きく貢献した。ただ、いまではかなり時代に追いぬかれてしまったし、批判されて値うちがさがったこともいなめない。ベルリンの壁が崩れ、共産党体制が内側から崩壊したために、全体主義の政府を理論的に解体したポパーの説がただしかったこと、そしてひらかれた社会をもとめたかれの主張がただしかったことは証明された。だが証明されたからこそ、ポパーは現代に影響力をもつというより、すでに過去の偉大な思想家の列にはいってしまったのである。

ウィトゲンシュタインもポパーもなお、現代に生きるわたしたちに多くのことをおしえてくれる。ただ、つぎの二つの報道をくらべると、この二人がしめる位置のちがい、すなわち現代と過去というちがいが透けてくるように思える。

一つは『スペクテーター』誌の二十世紀最後の号である。現代文化を特集しており、そのうちすくなくとも三本の記事がウィトゲンシュタインにふれている。たとえばマイケル・フレイン[訳注6]のコミカルなベストセラー小説『ヘッドロング』は、ウィトゲンシュタインの後期哲学からインスピレーションをうけたという。

もう一つは経済紙『フィナンシャル・タイムズ』の記事である。こちらはすぎさった百年を回顧している。そして二十世紀の恐怖と進歩の関係をふりかえり、分析するところで、ポパーの理論を援用している。

ウィトゲンシュタインの魔力はいまなお生きている。だからといって、名誉勲爵士でロイヤル・ソサエティーの会員で、イギリス・アカデミーの会員でもあったサー・カール・

ポパーが、生前は世界でもっとも独創的な思想家の一人として、多くのひとからうやまわれたこともわすれてはならない。

訳注

［1］テリー・イーグルトン　Eagleton, Terry（一九四三―）　イギリスの文芸評論家。『クラリッサの凌辱』大橋洋一訳　岩波書店（一九八七）、『美のイデオロギー』鈴木聡・藤巻明・新井潤美・後藤和彦訳　紀伊國屋書店（一九九六）など多くの邦訳がある。ウィトゲンシュタインがアイルランドにいく小説『聖人と学者の国』鈴木聡訳　平凡社（一九八九）を発表しているほか、デレク・ジャーマン監督の映画『ウィトゲンシュタイン』（一九九三）の脚本も執筆した。

［2］アーネスト・ゲルナー　Gellner, Ernest（一九二五―九五）　チェコ生まれでイギリスで活躍した哲学者、文化人類学者。ウィトゲンシュタインをあつかった『言語と孤独――ウィトゲンシュタイン、マリノフスキー、ハプスブルク家のディレンマ』がある。著書のうち『イスラム社会』宮治美江子・堀内正樹・田中哲也訳　紀伊國屋書店（一九九一）や『民族とナショナリズム』加藤節監訳　岩波書店（二〇〇〇）などが邦訳されている。

［3］ツァディーク　tsaddik, tzaddiq　ユダヤ教の宗教的理想を具現した聖者。

［4］コリン・セント・ジョン・ウィルソン　Wilson, Sir Colin St. John　イギリスの建築家。三十六年間をかけて英国図書館の建築をおこなった。ほかにもオックスフォード大学の図書館などを設計している。邦訳に『新・大英図書館――設計から完成まで』高橋裕子・山根佳奈・中繁雅子訳　ミュージアム図書（一九九九）がある。

［5］ブライアン・マギー Magee, Bryan（一九三〇—）イギリスの哲学者。ウィトゲンシュタインの哲学を紹介するビデオを発表しているほか、おびただしい数の哲学の入門書をあらわした。邦訳には『哲学と現実世界——カール・ポパー入門』立花希一訳 恒星社厚生閣（二〇〇一）などがある。

［6］マイケル・フレイン Frayn, Michael（一九三三—）イギリスの小説家、劇作家。多数の著作があり、『ヘッドロング』（一九九九）はブッカー賞の候補にもなったベストセラー小説。邦訳に戯曲『コペンハーゲン』小田島恒志訳 劇書房（二〇〇一）がある。

第四章　魔法つかいの弟子たち

ポパーは、ぼくらの時代のソクラテスだった。

——アーン・ピーターセン

ソクラテスの対話を読んでいると、なんという時間のむだかと感じる。

——ウィトゲンシュタイン

火かき棒をふりまわしたあげく、ばたんとドアをたたきつけて出ていってしまう議長……。モラル・サイエンス・クラブとは、いったいどういうあつまりだったのだろうか。ケンブリッジ大学図書館にいくと、一八七八年以降のクラブの議事録が保管されている。これをみると、しばしば名だたる思想家がやってきては、こみいった議論をしていることがわかる（それはいまもかわらない）。たとえば火かき棒の会合の翌週の講演者は、オックスフォード大学で教えていたJ・L・オースティン［訳注1］だった。ふだんのくらしにおける会話のニュアンスに注目する、日常言語学派を代表する哲学者である。

講演でオースティンは、直接法現在・一人称単数の動詞がつくりだす、とくべつな言語現象について話した。たとえば「この船を『クイーン・エリザベス』と名づける」とか「開会を宣言する」とか、あるいは結婚式における「誓います」といった発話が、そのまま行為を形成するというはたらきである。ほかにも当時クラブでひらかれた講演には、幻覚とはそもそも可能かと問うものや、あらわれと実在の差異を考察するもの、あるいは確実性の理念をめぐるものなどがあった。年初にはA・J・エイヤーが、因果関係の法則について講演している。

では、どういうひとたちがこれをききにきていたのだろう。やはりふつうの学部生にはめったにないほど真剣に哲学にとりくんでいた層である。いまも当時も、大学というところには若者の気をそそるさまざまなものがある。(戦後の窮乏期なのでめったにありつけないにせよ)水ましのビールでも飲みにいこう、とか、あるいは討論会にいこうとさそわれる。あるいは音楽を演奏する、雑誌を編集する。あるいは政治について議論する機会もある。演劇のポスター、レガッタや運動場もひとをさそう。そのいっぽうで宿題のエッセイも書かなければならない。一日を講義と演習ですごしたあと、さらにクラブでたっぷり二時間、直説法現在・一人称単数の動詞について話をきこうというのは、よくよく哲学に熱心な者だけである。こうした聴衆である以上、講演者たちはときに厳しい反論をあびることもとうぜんながら覚悟する必要があった。

とはいえ一九三〇年代から四〇年代にかけての参加者が、いずれおとらぬ哲学愛好者ばかりだったのは、そうした背景のためだけではない。どうやらこの秘儀的な哲学クラブにはサッカーフリークばりの熱烈なファンがいたようなのである。つまりどんな討論でも、ウィトゲンシュタインへの忠誠心が、熱いことばで表明された。哲学者のギルバート・ライルはときおり会合をのぞいて、こう語っている。「ウィトゲンシュタイン崇拝があまりにもあからさまだった。ほかの哲学者の名前を口にしただけで嘲笑がおきた」。

ただ、これについては常連のメンバーたちから反論もでている。ときにつよい批判が口にされることはあったにせよ、討論はいつも礼儀ただしいものだったとサー・ジョン・ヴィネロットはいう。ゲオルク・クライゼルも同意見である。つよいことばではあっても、ていねいだったそうだ。とはいえ、かならずしも嘲笑にさえぎられなくても、講演者にとって破滅的ななりゆきにいたることはあった。たとえば一九四〇年六月に、オックスフォードのオール・ソウルズ・カレッジからアイザイア・バーリン[訳注2]が講演におとずれたときがそうだった。ドイツ軍の戦車がフランス国境を突破し、パリとドーバー海峡にむけて怒濤のように進軍していたころのことである。のちにバーリンの伝記をあらわしたマイケル・イグナティエフは、このときの講演のようすをつぎのようにえがいている。

> ケンブリッジの哲学者たちがそろって姿をみせていた。ブレイスウェイト、ブロード、ユーイング、ムーア、ウィズダム、そして六人目の小柄でハンサムな男性。この人物はツイードのジャケットと白いオープンネックのシャツを着て、まったくおなじ服装をし

た賛美者たちにかこまれて登場した。それがルートヴィヒ・ウィトゲンシュタインだった。

バーリンは、他者の内的な心の状態をどのようにして知りうるか、というテーマで講演した。はじめにいくどか質疑応答があったのち、ウィトゲンシュタインはもはや耐えられなくなったように話をひきついだ。「だめだ、だめだ。その方法じゃできない。つまりその、哲学について話すのはやめようじゃないか。おたがいふだんのことがらについて話そう。ふだんのことがらだ……」。

一時間後、ウィトゲンシュタインは席から立ちあがった。取り巻きたちもそろって立ちあがった。ウィトゲンシュタインはテーブルごしに身をのりだし、バーリンの手をとって握手した。「とてもおもしろい議論だった。ありがとう」。そして出ていってしまった。もちろん講演がこういう終わりかたをしたからといって、バーリンが哲学者としての活動を断念しなければならなくなったわけではない。だが、キャリアとしては終止符をうたれたにひとしかった。

ウィトゲンシュタインを声高に賛美する取り巻きがいたことは意外ではない。かれは磁石のようにひとをひきつける教師だった。ほかにも、当時ケンブリッジで英語を教えていたラディカルな教官、F・R・リーヴィス[訳注3]などが、こうした魅力をもつ教師だった。一九三〇年代、よくリーヴィスとウィトゲンシュタインはながいあいだ一緒に歩きながら話したものである。二人のまわりには、学生たちというより「弟子」たちがあつまってきた。そしてかれらは師の癖までまねるのだった。ウィトゲンシュタインの後任として哲学教授になったG・H・フォン・ウリクト[訳注4]は、こう書きのこしている。「ウィトゲンシュタイン自身はおおむねこう考えていた。教師としての自分の影響は、教えた子たちが自立心をきずくのに有害だというのである。そのとおりだと思わざるをえない。ウィトゲンシュタインにまなびながら、かれの表現や決まり文句を取りいれないでいること、さらには声音や表情、身ぶりまでまねずにいることは、ほとんど不可能だった」。

ウィトゲンシュタインの弟子の一人で、のちにコーネル大学の哲学教授になったノーマン・マルコム[訳注5]もおなじ結論に達している。ウィトゲンシュタイン自身はマルコムを友人として遇し、「まじめで上品な男」と評していた。そのマルコムでさえこういう。「わたしたちのなかでウィトゲンシュタインの癖や身ぶりやイントネーション、あのさけびを身につけないでいられる者はごくわずかだった」。

たとえばなにかにとても賛成し、それを強調するときには、額に手をあてて「そのとおり」とさけぶ。感情のつよさは眉にしわを寄せてあらわす。同意するときは指をのばして手のひらをあわせ、相手にむけてまっすぐにのばす。同意できないときは、手を下にするどくうごかす。

そしてそのマルコム自身、ウィトゲンシュタインの癖をまねていた。これについてはおもしろい逸話がのこっている。一九四九年、ウィトゲンシュタインはコーネル大学にマルコムをおとずれ、セミナーに出席した。するとある学生が、うしろにいる「マルコム生きうつし」の老人はだれなのかとたずねたのである。

ウィトゲンシュタインがのこした刻印はそれほど深いものだった。一九三〇年代にウィトゲンシュタインにロシア語をおしえ、友人になったファニア・パスカルは、ウィトゲンシュタインが亡くなってから十年後に、ある人物と知り合った。そしてウィトゲンシュタインを思いだした。相手は哲学者ではなかったが、それでもウィトゲンシュタインの癖をまねていたからである。

そして一番上のボタンを慎重に外してあるウィトゲンシュタインのシャツ。ただサー・ジョン・ヴィネロットは当時をふりかえって、ウィトゲンシュタインの賛美者たちは、ウィトゲンシュタイン自身よりもだらしなくなる傾向があったという。ウィトゲンシュタインは、たしかにいつもカジュアルな服装だったが、とてもきれい好きだった。「最初に会ったとき、退役将校のようだと思った。オープンネックのシャツ、ツイードのジャケット、グレーのフランネルのズボン、みがきあげた革靴。そのどこにも、だらしないところはなかった。細心に手入れをした、卓越した装いだった」。

弟子たちの私的なサークルが師をどれほどまねたかをみると、ほとんど宗教的で、笑いだしたくなるほどである。せまいベッドでねむり、ズック靴をはき、野菜は呼吸できるよう網かごにいれて運ぶ。夕食の食卓でセロリをだすときは、水にさしておく。まねたのは、たんにおもしろおかしい性癖だけではなかった。学生たちは、ウィトゲンシュタインの

「誇りにみちた、侮蔑的なまでの質素さ」をうけつぎ、それまでは無害な贅沢としてたのしんでいたものを「まったくとるにたらない無価値な愛着」として蔑視することまでまなんだのである。ここまでくると、人生そのものに対する姿勢をかえてしまいかねなかった。

弟子たちは、ある意味で師以上に師らしかったのかもしれない。というのもウィトゲンシュタイン自身は、みためほど禁欲的ではなかったからである。たとえば、トリニティーの教員用テーブルで食事をするときはネクタイを締めなければならない、だからウィトゲンシュタインは決してそこで食事をしなかったという伝説がある。だがシオドア・レッドパスによれば、かならずしもそうでもない。レッドパスは一九三〇年代後半にウィトゲンシュタインからおしえをうけ、のちにケンブリッジの教官になった人物である。一九三九年の十月、ウィトゲンシュタインはかれから燕尾服と白いウェストコート、ネクタイ、それにアイロンのきいたシャツをかりて、トリニティーフェロー・フレンドシップの入会晩餐会に出席している。ウィトゲンシュタインは「いつものあざけるようなプライド」をしめしながら、「教授連《フェロー》として」出席するのだ、といったそうである。

ウィトゲンシュタインは会合をひとりじめにすることで悪名が高かったが、モラル・サイエンス・クラブでの講演に耳をかたむけ、まなぶこともあった。たとえば一九四四年にG・E・ムーアが講演でとりあげた謎《パズル》という主題は、基本的に重要なものだとウィトゲンシュタインは考えた。そして「ムーアのパラドックス」と名づけ、一九四五年十月二十五日、ポパーと衝突する日のちょうど一年前に、一夕かけてこれを検討している。ムーアはウィトゲンシュタインのこの講演に、「Pである、しかしわたしはPであるとは思わない」という題の講演で返礼した。

「ムーアのパラドックス」は具体的には、「スミスは部屋を出ていったが、わたしは出ていったとは思わない」や、「この部屋には暖炉があるが、わたしはあるとは思わない」などのかたちであらわせる。ムーアはこうした表現は心理的に不可能なので、不合理だと考えた。ウィトゲンシュタインはこのパラドックスに興奮した。この表現は「スミスは部屋を去った。しかしスミスは部屋にのこっている」のように論理的矛盾をおかしているわけではない。にもかかわらず、うけいれがたい。このパラドックスはわたしたちの言語の論理に挑戦するものである。じっさい、だれもこういう文を語ったりはしないだろう。この文は、厳密な意味で矛盾していなくても（つまり「Pであり、かつ非Pである」という表現をとらなくても）つかえない命題があることをしめしている。すると、言語のなかでなにが許容できないかは、これまで考えられていたよりはるかに微妙な性質をそなえているのではないか。ウィトゲンシュタインは、その着想をムーアのパラドックスからえたのである。すなわち、論理学者があやつる正式な論理より、もっと常識的な論理があるということである。

ムーアは、まだ熟しきらないアイデアを検証するために、よくクラブで議論をした。これはムーアとかぎらず、ケンブリッジの哲学部に籍をおく有名な学者たちがよくおこなったことである。議論のなかでどのくらいうまく機能するかをみて、粗けずりのアイデアにることなどまるっきり忘れてしまう。ところがウィトゲンシュタインは、議論されているテーマが自分に関心のあるものだと完全に没頭してしまうのだった。そうなると、周囲のことなどまるっきり忘れてしまう。

ある日、クラブの会合のあと、ウィトゲンシュタインはマイケル・ウルフと歩いて帰った。その途中、二人の脇をアメリカ陸軍のトラックが二台、猛スピードで走りぬけた。ウルフはあやうく自分のガウンを巻きこまれそうになったので、「あのトラックは速すぎる」と不満を口にした。ところがウィトゲンシュタインはトラックにまったく気づいていなかった。そして「それが問題とどう関係するのかわからないね」とこたえたのである。ウルフの苦情を、クラブの講演についての比喩と思ったのだった。

ウィトゲンシュタインはクラブの会合をできるだけ生産的なものにしようと考えていたし、運営方法についても断固たるアイデアをもっていた。一九一二年、ラッセルのもとでまなぶためにケンブリッジにやってきたその年から、議長が討論を「指導する」という自分のプランにクラブをしたがわせている。そして議長にはG・E・ムーアがえらばれた（ムーアはそのあと三十二年間にわたって、この地位にとどまることになる）。

ウィトゲンシュタインがめざしたのは、中身のないきどった言葉のやりとりをやめさせることだった。かれはケンブリッジでのキャリアの全期間をつうじ、講演がみじかければみじかいほど歓迎したという。そしてまず自分でお手本をしめし、ほかのひとびとにもおなじやりかたをもとめるのだった。一九一二年のおわりに、「哲学とはなにか」という講演を自室でおこなったが、議事録によるとこの講演は「わずか四分ほどで、それまでタイ氏のもっていた記録を二分ちかくも短縮し、新記録を樹立」している。「哲学とは、さまざまな科学による証拠なしに真であると想定される、すべての原始命題である、というのがこの講演におけるウィトゲンシュタインの定義だった。この定義について議論がおこなわれたが、あまり一般うけはしなかった」。

そののち三十五年にわたり、ウィトゲンシュタインとモラル・サイエンス・クラブの関係は、嵐のような荒れ模様で、まるで先の予測がつかなかった（もっともほかのどの関係も、おなじようなものだった）。一九三〇年代のはじめにウィトゲンシュタインは、だれも議論に口をはさもうとしないと不満をのべて、クラブの会合に出るのをやめてしまう。一九三五年にラッセルがクラブで講演すると耳にしたときは、かつての指導教官であるラッセルに、自分の苦境を説明している。ラッセルの講演には出席するのが当然であるけれど、つぎのような状況になっていて、できないというのである。

四年まえからモラル・サイエンス・クラブに出席するのをやめています。なぜかというと（一）程度の差こそあれ、議論のときに、わたしがあまり口を出しすぎるとひとは反対してきました。（二）こんどの会合にはブロード［訳注6］が出席するでしょうし、かれはとくにつよく反対するだろうと思います。（三）いっぽう、わたしが自由に発言するとすれば、たくさん発言することになります。じっくり時間をかけてものを言うのが、わたしにとってはごく自然だからです。(四)ですが、たとえ時間をかけても、そんな会合でものごとを説明するのは、最初から絶望的な話だと気づくにちがいありません。

一九四四年にムーアが健康上の理由で議長をおりたあとは、ウィトゲンシュタインがあとをついだ。だがそののち二年、ほかのだれかに議長を代わっても、結局そのあといつもウィトゲンシュタインが再任されてしまう。そしてそのころには、会合に対するかれの姿勢そのものが変わってきていた。ノーマン・マルコムによれば、ウィトゲンシュタインは会合の雰囲気を「極端に不快」だと感じていたという。

ウィトゲンシュタインはただ義務感だけで出席していた。議論の場はできるだけ礼節をそなえたものにすべきだと思っていた。しかしゲストの講演がおわると、結局、いつもまず自分が発言することになる。そしてそこにいるかぎり、議論を完全に支配することになる。自分がこういうめだつ役割をはたすのはクラブにとってよくないと考えていた。とはいえ、自分の性格のつよさをおさえ、議論にくわわらずにいることもできない。結局かれがとった解決策は、せいぜい一時間半か二時間ほどいて、さきに退席することだった。ところが、ウィトゲンシュタインが出席しているあいだは議論も盛りあがり、意義ぶかいものなのに、いなくなったあとは平板になって尻切れとんぼに終わってしまうのである。

一人の人物が会合を支配してしまう状態に、クラブはなんらかのこたえをみつけるしかなかった。ウィトゲンシュタインがケンブリッジにいるあいだ、クラブは何度かウィトゲンシュタイン自身の支持のもとに、さまざまなシステムを手さぐりしている。たとえば会合によって「主役をつくりだす」というシステムをためしたことがある。これには教官陣は「出席しないものとする」。この場合、厳密にいうと教官はだれも「主役」になれないことになるが、現実にはここで排除されている「教官」が一人だけなのは周知のことだった。ようするに、ウィトゲンシュタインはあきらかに学生たちを畏縮させていたのである。また講演者に講演を中断させて口をはさむくせもあって、わざわざきてもらった講演者に対し、とても失礼になると教授たちは苦情をのべている。とはいえ、ある学期のスケジュールで講演の「主役」が発表されると、結局ほかの教授たちは規則をごまかして出席する方法をみつけるのだった。たとえば学生のゲストとして出席するのである。

しかしポパーの講演は「主役」システムではなかったし、その学期のどの講演にも「主役」は定められていなかった。したがってだれが出てもかまわなかった。ウィトゲンシュタインが議長になったあとで定められた規則がいくつかあったのである。そのころは、講演者あての招待文の書式もきめてあった。ポパーに対してはつぎのような文面である。「哲学の謎《パズル》」についてのみじかい講演か、または「それについての議論の口切りになるような発言」を依頼する。

この文面が採用された背景はこうである。まずウィトゲンシュタインは正式な講演をきらっていた。また哲学の議論にはしかるべき限界があって、哲学にはほんとうは〈問題〉などなく、〈謎〉、すなわち言語の謎《パズル》があるにすぎないと考えていた。そしてポパーに招待状を送った担当者、ワスフィ・ヒジャブはウィトゲンシュタインの考えを招待状にそのままとりいれたのだった。

十月の夜、H3号室につめかけた学部生と教官たちは、ポパー博士がどれほどこの招待状を精読していたかを思い知らされることになる。

訳注

[1] J・L・オースティン　Austin, John Langshaw（一九一一―六〇）　オックスフォード大学を拠点に活動したイギリスの言語学者。「窓をあけていいですか」といった、行為を遂行する言語（言語行為）に注目し、言語使用をつぶさに分析した。著書の邦訳には『言語と行為』坂本百大訳　大修館書店（一九七八）、『知覚の言語――センスとセンシビリア』丹治信春・守屋唱進訳　勁草書房（一九八四）などがある。

[2] アイザイア・バーリン　Berlin, Isaiah（一九〇九―九七）　イギリスの哲学者、思想史家。自由論などの政治哲学で知られる。『自由論』小川晃一他訳　みすず書房（二〇〇〇）、『ハリネズミと狐』河合秀和訳　岩波書店（岩波文庫一九九七）など多数の邦訳がある。

[3] フランク・レイモンド・リーヴィス　Leavis, Frank Raymond（一八九五―一九七八）　イギリスの文芸評論家。『現代詩の革新』増谷外世嗣訳　南雲堂（一九五八）、『D・H・ロレンス論』岩崎

宗治訳 八潮出版社(一九八一)などの邦訳がある。

[4] ゲオルク・ヘンリク・フォン・ウリクト von Wright, Georg Henrik ウィトゲンシュタインの強い影響を受けたフィンランド出身の哲学者。ウィトゲンシュタインの遺稿集や、ラッセル、ケインズ、ムーアあてのウィトゲンシュタインの書簡集の作成などにもたずさわっている。

[5] ノーマン・マルコム(またはマルカム) Malcolm, Norman(一九一一—九〇) ウィトゲンシュタインの弟子で、長く友好関係にあった一人。ウィトゲンシュタインの伝記『ウィトゲンシュタイン——天才哲学者の思い出』板坂元訳 平凡社(平凡社ライブラリー一九九八)、『回想のヴィトゲンシュタイン』藤本隆志訳 法政大学出版局(一九七四)、ウィトゲンシュタイン論『何も隠されてはいない——ウィトゲンシュタインの自己批判』黒崎宏訳 産業図書(一九九一)など多くの著書が邦訳されている。

[6] C・D・ブロード Broad, C. D.(一八八七—一九七一) ケンブリッジ大学教授、道徳哲学担当。ラッセルの弟子。ラッセルはレディー・オットライン・モレルあての書簡で、ブロードを「じっさいに確実に役にたつ仕事を多くする。だがブリリアントな仕事はしない」と評している。

第五章　第三の男、バートランド・ラッセル

そしてラッセルがあらわれた。ラッセルは講義時間の変更予定をこちらに告げると、あとはウィトゲンシュタインと話しはじめた。ウィトゲンシュタインは、自分が発見したばかりの論理の基礎をラッセルに説明していった。おそらくその日の朝に考えついたばかりだったろう。とても重要で、とても興味深い発見のようだった。ラッセルはじっとだまって、つぶやきさえ発することなく、相手の語ることにひたすら耳をかたむけていた。

――デヴィッド・ピンセント

事件の夜、暖炉の正面におかれた背の高いロッキング・チェアにすわって、哲学界の一人の長老がポパーとウィトゲンシュタインの対決を静かにみまもっていた。バートランド・ラッセルである。火かき棒の物語のなかで、ラッセルはいわば「第三の男」といえる。そしてかれはウィーンからやってきた二人の哲学者、ポパーとウィトゲンシュタインをむすぶ、ケンブリッジの絆でもあった。

このとき七十四歳のラッセルが、ポパーやウィトゲンシュタインよりはるかに名声が高かったことはまちがいない。みだれた白髪、繊細な鳥のような顔だち、そしていつも手ばなさないパイプがトレードマークで、じかに会ったことはない数百万人のひとびとにも、あのラッセル卿だとすぐわかる。それほどまでに、ニュース映画や新聞の写真でおなじみだった。

いっぽうポパーやウィトゲンシュタインをみわけるのは、そうといわれないかぎり哲学者仲間でもむずかしかったろう。つまりラッセルはどうさしひいても、この二人の哲学者とおなじくらいには高名だった。じっさいポパーにとってもウィトゲンシュタインにとっても、その日の議論のほんとうの聴き手はラッセルだったといっていい。

ポパーの場合、ラッセルと直接の面識はほとんどなかったが、援助はしてもらっていた。またウィトゲンシュタインのほうは、ラッセルとは長年のごく親しい友人であった。いわば二人ともラッセルに借りがあった。ポパーの借りは小さいものだったが、ことばであらわせないほど大きな恩義を感じていた。いっぽうウィトゲンシュタインのうけた恩はじっさいに巨大だった。ただ一九四六年の時点で、ウィトゲンシュタインがラッセルへの軽蔑を、ほとんどかくしきれなくなっていたのもたしかである。

ポパーもウィトゲンシュタインも、イギリスにいわば「亡命」している立場だった。語ることばのはしばしに、オーストリア生まれがあらわになる外国人である。対してラッセルはイギリスらしさを絵に描いたような人物といえた。フルネームはバートランド・アーサー・ウィリアム・ラッセル、十九世紀に自由党の首相として名をはせたジョン・ラッセル卿の孫である。一八七二年、ヴィクトリア朝の上流社会と政治家のくらしのなかに生まれた。子ども時代をすごした家には、一流の政治家たちがおとずれてきた。ラッセルはおさないころからさまざまな相手と親しんでいった。女性客が晩餐のテーブルからしりぞいたあと、イギリスの偉大な老政治家、ウィリアム・ユーアート・グラッドストーンの相手をしたこともある。グラッドストーンは子どものラッセルに、ただこういったという――「とてもいいポートワインだが、なぜクラレットのグラスに注いだのだろうね」[訳注1]。こういう家にそだったものにとって、偉大なものと善いものを調和させるのはごく自然なことだった。なにか政策を推進したり、たたかうべき大義があるときに、のぞむことがあるなら国の指導者たちに一筆私信をしたためればいい。こういう人物は社交の世界でおじけづいたり、知的な面でひとに畏れを感じたりしないものである。

ラッセルは三十代のはじめに論理学と数学の分野で先駆的な仕事を発表し、学問的に高い評価をかちえた。さらにそのあとはイギリスやアメリカの哲学界を支配する、分析哲学の「父」の座についたといっていい。これだけでも哲学の殿堂に確固たる座をしめるに足るものだろう。ラッセルのテクストは、いまではもうあまり引用されないし、それほど高くは評価されないかもしれない。だとしても、現代の主流をしめる哲学者たちの多くは、いまもラッセルが確立した枠組みのなかにいるのである。

さらにラッセルはそののち、政治活動や、ひろく一般の読み手にむけた著述をつうじて、アカデミズムの枠をこえて名を知られるようになった。とりあげたテーマは結婚や宗教、教育、権力、幸福など、おどろくほど多岐にわたる。[訳注2] 生涯にわたって多作で、毎年一冊か二冊は著書を刊行していた。数巻で構成される重厚な作品もあれば、もっと大衆的なテーマもある。文体はかろやかで、楽しく、ちゃめっけがあった。ときに論争的になることはあっても、いつもお手本のように明晰な文章で、国際的な尊敬をかちえたものである。一

バートランド・ラッセル（1940年代）　ポパーにとってラッセルは思想家、文筆家として至高の存在であったが、ウィトゲンシュタインはのちにラッセルを「おどろくほど理解は速いが、うわっつらだ」と評するようになる。

九五〇年にはノーベル文学賞を受賞している。

とはいえ、著書がトラブルをひきおこすこともあった。たとえば火かき棒のできごとがおこるわずか二年前には、ラッセルはアメリカ合衆国で惨めな時期をすごしてケンブリッジにまいもどっている。このときはニューヨーク市立大学の教授になりそびれたのだった。宗教組織の支援をうけたあるカトリックの母親が、ラッセルが教授になって学生を教えた場合、自分の娘にいわくいいがたい害をあたえると主張したのである。

原告側の弁護士はラッセルの著作を引用しながら、法廷流のおおげさなレトリックで非難した。「みだらで、好色で、肉欲的で、猥褻で、色情症的で、欲情にみち、不敬で、狭量で、いつわりで、道徳的な感情にかけている」というのである。おかげでラッセルは教授職をふいにしたが、その実害をべつにすれば、なんともこっけいな申したてだった。その直後に出版されたラッセルの『意味と真理の探求』では、表紙にかれの華やかな学問的経歴がしるされたあと、最後に「ニューヨーク市立大学の教授職にはつく資格がないと法的に宣言された」という皮肉な一文がつけくわえられている。

ラッセルは議論がきらいではなかった。むしろ生来の話好きである。いつも相手より頭の回転がはやく、するどく機敏にものを考えた。じっさい、つねに物議をかもす主張をとなえつづけて生涯をおくった観がある。第一次世界大戦のときには、ある文章を発表して投獄された。労働者たちが労働争議によって戦争を終結させようとする場合、イギリスに配備されたアメリカ軍が結果としてストやぶりにつかわれる可能性があると示唆したのである。投獄されたラッセルは社交的なつてをつかって、監獄で可能なかぎり居ごこちよくすごせるよう手をまわした。独房をもらい、外から食事をはこばせ、書物は無制限にもちこめるようにした。日ごろ、政府批判や良心的兵役拒否を奨励してはいたものの、いざ現実に批判者とおなじように投獄されたとなると、さすがに獄のなかでの苦痛はおそれたのだった。ともあれ監禁の静けさのなかで、かれは哲学の研究にたちもどった。

ラッセルはこののちも、じつに八十代になってふたたび投獄の判決をうけている。このときは不撓不屈の反核キャンペーンの一環で、市民的不服従という方針をとりいれたためだった（一九四六年の火かき棒事件のしばらくまえには、ソ連の核兵器開発計画に大きな懸念をもち、ソ連に対しての核兵器の使用について論じている）。

ラッセルは核軍縮キャンペーンCNDの初代会長で、パグウォッシュ会議の実現にも力をかしている。これは名だたる知識人が一堂に会して、世界平和をおしすすめようと話しあった会議である。ラッセルはその傑出した経歴や、ベトナム戦争へのあからさまな敵意をつうじ、老いてなお政治的エスタブリッシュメントの世界に懸念と憤慨の嵐をまきおこしたのである。

下院議員の選挙戦に三度出馬し（一度は婦人参政権を公約した）、世界をまたにかけて旅行し、ラジオに出演し、講演会をひらき、学校を設立して経営し、山のような表彰をうけ、四回結婚して子どもをもうけ、政界ではたびたびスキャンダラスで元気な事件を（楽しみつつ）ひきおこしながら、これらをやりこなした。ラッセルは、誇張でなく数万通の書簡を書いている。多くは死後アーカイヴにおさめられていて読むことができるが、市井のひとびとからさまざまな手紙をもらっている。ラッセルをほめているものもあれば、しかっているものもめずらしくない。なんであれ、そのほとんどすべてにラッセルは返事を書いたのだった。

典型的なものをみてみよう。ラッセルの自伝を読んだある婦人がこう書いてきた――「ありがとうございます。わたしは神に感謝しました」。するとかれはこう返事をした――「わたしの自伝を気にいってくださったのはうれしいのですが、そのことで神に感謝されるのはこまります。それでは神がわたしの著作権を侵害したことになります」。また十四歳の生徒が、宇宙に限界がある理由を理解するにはどうしたらよいかとたずねている。非ユークリッド幾何学を勉強してごらん、とラッセルはこたえている。

この活動範囲のひろさ、そして哲学での卓越した業績。これらをみてくると、ラッセルがウィトゲンシュタインとポパーの両方と知りあいだったのは意外でもなんでもない。H3号室のできごととのかかわりでいうなら、ラッセルはそれまでこの二人を積極的に援助していたし、二人ともラッセルとつきあいがなければあの場で顔をあわせることはなかったろう。ことにウィトゲンシュタインの場合、ラッセルに出会って一生がかわったといってても、けっしておおげさではない。

一九一一年、二十二歳のウィトゲンシュタインは数学の論理に熱中していた。父親は技術教育をうけさせたいと思っていたので、すでにベルリンで二年間、マンチェスターで三年間、航空力学をまなび、実験で凧をつくり、ついで航空機のエンジンまで設計した。しかしこのころになると、哲学をまなびたいとつよく感じはじめていた。こうしてゴットロープ・フレーゲをはじめとするイギリスとドイツの数学者に相談したのち、バートランド・ラッセル卿にたどりついたのである。当時すでにラッセルは国際的に有名な論理学者で、ケンブリッジのトリニティーカレッジで教えていた。

ウィトゲンシュタインは最初、トリニティーで招待生として秋学期をすごした。八週間ほどたったころ、自分は哲学の適性がまったくないのだろうかという素朴な質問をラッセルにした。ラッセルにはまだ判断のしようがなかった。そこでウィトゲンシュタインがウィーンにもどってなにかを書き、ラッセルにみせることになった。このウィトゲンシュタインの宿題を読んで、ラッセルは宣言したのである。「とても優れているし、わたしのイギリス人の学生たちよりもずっといい。学問をつづけるよう薦める。きっとなにか大きなことをなしとげるだろう」。

一九一二年の夏、ウィトゲンシュタインが本格的にまなびはじめて半年ほどたったころには、ラッセルは自分の学問的な後継者をみつけたと感じるようになっていた。ウィトゲンシュタインは「情熱的で、深みと強度をそなえた、伝統的な意味における圧倒的な天才として、過去会ったなかでもっとも完璧な実例」だった。親しいアメリカ人の友人ルーシー・ドナリーにも、おなじ意味のことをつたえている。「ウィトゲンシュタインは雪崩のようです。わたしは自分がただの雪の球のように感じさせられます。……ですが本人にいわせると、毎朝希望をもってはじめ、毎晩絶望のうちにおわるのだそうです。わたしが理解できることを自分が理解できないと、ほとんど激怒します」。

この教師と学生の役割は、すぐに逆転する。ラッセルは生涯ではじめて、自分を知性で圧倒する相手にめぐりあったのである。一九一六年、社交界の名士で恋人だったレディー・オットライン・モレルにあてた書簡では、その三年前のできごとについて語っている。それまでラッセルが認識論の分野でおこなってきた仕事の一部を、ウィトゲンシュタインは痛烈に批判した。ラッセルによれば、ウィトゲンシュタインのコメントはわかりにくくて全部は理解できなかったが、自分がまちがっていることは理解できたというのである。

ウィトゲンシュタイン自身はそのとき気づいていなかったでしょうが、あの批判はわたしの生涯で第一級の重みをもつできごとでした。じっさいあれ以来わたしがおこなった、すべてのことに影響しています。わたしはかれが正しいとわかりましたし、自分には哲学の分野で基礎になる仕事はもうできないということもわかりました。……ウィトゲンシュタインは、論理学の分野でもとめられていることが、わたしにはむずかしすぎるのだとわからせたのです。

ウィトゲンシュタインに出会ってしばらくたったころ、ラッセルはレディー・オットラインに手紙でこう書いている。「かれが好きだし、わたしが年をとりすぎて解決できない問題を、かれなら解決するだろうと思います」。そして一年後、ウィトゲンシュタインの長姉ヘルミーネが末の弟にあうためケンブリッジをたずねたおりには、彼女にこう語っている。「哲学で、つぎの大きな一歩をふみだすのはあなたの弟さんだと信じています」。

はじめのころ、ラッセルとウィトゲンシュタインはたがいを尊敬し、敬愛しあっていた。ウィトゲンシュタインにとってラッセルは、情緒不安定になったときの最後のよりどころでもあった。ラッセルの部屋をたずねては、おしだまったままずっと歩きつづけることもよくあった。あるときラッセルはこうたずねた。「論理学のことを考えているのかな、それとも自分の罪についてかな?」こたえはこうだった。「両方です」。ウィトゲンシュタインがひどく荒れていて、部屋の家具がみんなこわされてしまうのではないかと心配しなければならないこともあった。

ラッセルはウィトゲンシュタインが精神的にまいってしまうのではないか、自殺するのではないかとおそれていた。そのおそれは正しかった。ウィトゲンシュタインは、トリニティーの数学科の学生で友人だったデヴィッド・ピンセントにも、自殺願望をうちあけている。

ウィトゲンシュタインは一九一三年にノルウェーを訪問し、帰国するとラッセルにこう語った――できるかぎりはやい時期にフィヨルドにもどり、そこで論理学のすべての問題を解決するまで、まったく孤独のなかで暮らすつもりです。ラッセルはこの計画をとめようといろいろな論理を駆使した。「むこうは暗いだろう」といってみた。すると「日の光はきらいです」というこたえがかえってくるのだった。

　そこはさびしいだろうというと、ウィトゲンシュタインはこたえました。インテリたちと話すと、自分の心を娼婦のように切り売りしている気がしてくるんです。正気の沙汰じゃないというと、神はぼくを正気からまもってくださったのですとこたえる（しっかりまもってくれているとも）。八月と九月のあいだ、ウィトゲンシュタインは論理学の仕事をしてきました。まだ荒削りではありますが、これまでほかの研究者が論理学の分野でおこなってきたどの仕事とくらべても、けっして見劣りしないものです。しかし芸術家肌というのか、ようは完璧にしあげるのでないかぎり、なにも書けないのです。わたしは確信しました。この男は二月には自殺するだろう。

　自分が狂気の淵に立っているという思いは、ラッセルにもよく理解できるものだった。自分の家族にも狂人がいたし、自身、狂気におちるのではないかと感じることも多かったからである。レディー・オットラインはウィトゲンシュタインを気づかって、ココアのレシピをラッセルにおくっている。ウィトゲンシュタインのストレスのかかった神経をおだやかにし、鬱をやわらげようと思ったのである。ラッセルは彼女に感謝をのべているが、ウィトゲンシュタインがこのレシピをためしたかどうかはわからない。かりにためしたとしても、どうやらその効きめはレディー・オットラインの期待にそうものではなかったようだ。

ウィトゲンシュタインは仲間として、およそあつかいやすい人物ではなかった。だがラッセルにとっては、自分の知性を充電してくれるような効果があった。「わたしに、自分は存在している価値があるのだとウィトゲンシュタインは感じさせてくれた。なぜなら、わたし以外にはだれもかれを理解できなかったし、世界にかれを理解させることもできなかったからである」。さらにラッセルは、自分がおこなってきた仕事の後継者をやっとみつけたと考えていて、それも重要なことだった。事実、わかいウィトゲンシュタインに、論理学の将来をゆだねることができて満足だと宣言している。自分の学生だった相手をとてつもなく高く評価しているわけである。

この評価は、ウィトゲンシュタインにとってかけがえのないものになった。彼が生前出版した唯一の哲学書『論理哲学論考』は、第一次大戦のただなかに塹壕のなかで書いたものだが、この著作で哲学のすべての重要な問題を解決したとひかえめにのべている。まだ三十歳にもなっていないことを考えると、これは並みの自負ではない。とはいえ『論理哲学論考』は、世の出版社がきそって出版したがるような原稿ではなかった。ラッセルの実質的な援助がなければ日の目をみなかったはずである。『論考』のひとつひとつの文章はシンプルにみえるが、それは外見だけであって、全体としてみるととうてい素人の読者にわかりやすいものではない。事実、専門家が読んでも明晰な作品とはいえない。第一次大戦が終わってからドイツの出版社ヴィルヘルム・オストヴァルト社と出版の合意にこぎつけたが、この書物がなぜ重要なのか、それを説明した序文をラッセルが執筆することが出版の条件だった。そしてラッセルはいくつか留保をくわえながらも、とにかくこの序文を書きおろしたのである。

『論理哲学論考』の原稿をラッセルがはじめて読むまでの経緯はこうである。大戦後、一九一八年から一九年にかけてウィトゲンシュタインは、イタリアで数千のオーストリア兵とともに捕虜収容所に収容されていた。ウィトゲンシュタインから所在をつたえられたラッセルはケインズの力をかりて、収容所の中から手紙で外部に連絡できる特権をウィトゲンシュタインにみとめてもらい、ふたたび連絡しあえるようになった。こうして『論考』の草稿がラッセルの手元におくられた。ウィトゲンシュタインが釈放されたのち、二人はじかに会ってこの著作のすべての命題を一つずつ検討していった。だがこれほどの共同作業をへたにもかかわらず、いざラッセルの序文を読んだときウィトゲンシュタインはいらだった。恩師であるラッセルが、完全にポイントをはずしていると感じたのである。とはいえラッセルの序文の効きめは大きく、『論考』は一九二一年にドイツで刊行をはたし、翌二二年にはC・K・オグデンの翻訳で英語版も出版された。

しかしこのころになると、ウィトゲンシュタインはもう知的に枯れはてたような思いをいだいていた。七年にわたって考えぬいてきたことを『論考』にまとめた以上、哲学にたいして貢献できることはもう終わったと感じていたのである。ウィトゲンシュタインの表現をかりると、しぼりだすものが一滴ものこっていないレモン、ということになる。

哲学についてふたたび考えはじめたのは一九二七年から一九二九年にかけてである。これは、論理実証主義であるウィーン学団の設立者モーリッツ・シュリックとの会話がきっかけであった。[訳注3]このあとウィトゲンシュタインはもう一度ケンブリッジにもどろうと決意する。そしてこのときの復帰にも、ケインズとともにラッセルが力をかしたのだった。

ところで一九二〇年からあと、哲学からはなれていた六年間、いったいウィトゲンシュタインはなにをしていたのだろう？ 小学校の教師をしたり、修道院の庭師[訳注4]になったり、建築家になったりしている。だがこのあいだも、ラッセルをはじめかつてのケンブリッジ仲間の一部とは交流をつづけていた。早熟な、傑出した数学者であったフランク・ラムゼイ[訳注5]は、当時オーストリアの南部トラッテンバッハの寒村までウィトゲンシュタインをたずね、かれがいま考えていることや、その禁欲的なくらしぶりをラッセルにつたえている。またウィトゲンシュタインは、ラッセルとはじかに手紙のやりとりをしていた。ある手紙では、自分がおしえているトラッテンバッハの村民たちは卑劣なやつばかりだと主張している。ラッセルはこれに懐疑的な返事をかえしている。

一九二九年、ウィトゲンシュタインはケンブリッジにもどる。このときも、すくなくともしばらくのあいだはラッセルがじつに大きなたすけになった。『論理哲学論考』はウィトゲンシュタインの博士論文として提出され、ウィトゲンシュタインが大学に入学したころから親しくしていたG・E・ムーアとラッセルが論文の主査になった。この論文の審査は、愉快なでっちあげだったとしかいいようがない。口頭試問の段階で、ほんとうならウイトゲンシュタインは博士論文でのべている論旨を説明しなければならないはずである。だが、気心の知れた三人はしばらく雑談し、それからラッセルがムーアのほうをむいて、「さあ、やって。なにか質問しないとね。あなたは教授なんだから」といったのである。あとはとりとめのない議論がつづいた。最後にウィトゲンシュタインが立ちあがり、二人の主査の肩をたたきながらいった。「心配しないで。あなたがたにとうてい理解できないのはわかってますから」。

こうしてウィトゲンシュタイン博士が誕生した。ウィトゲンシュタインは、学者としての最初の一年をトリニティーカレッジの一年限定の奨学金ですごした。さらにこの期間がおわると、ラッセルは、秘蔵っ子であるウィトゲンシュタインの研究について報告書を書くようもとめられた。この報告によって、ウィトゲンシュタインは特別研究員の資格をえたのである。

ラッセルは、こうしたすべてをウィトゲンシュタインのためによろこんでおこなった。かれはながらくウィトゲンシュタインの教師で、後援者で、セラピストで、気もちをおだやかにするあたたかい飲み物のレシピの提供者でありつづけた。たとえば一九一一年から一三年にかけては、夜ふけに、白熱した緊密な議論がよくおこなわれたものである。しかし、二人の関係はしだいにとげとげしいものになっていく。そして一九四六年には氷のようにつめたくなっていた。ウィトゲンシュタインとしてはおたがいの個性が原因で、和解はできないと考えていた。

ウィトゲンシュタインからみるとラッセルは、哲学をあまりに機械的にあつかい、ひとびとをあまりに情緒的に不安定にあつかう。ことにラッセルの個性のなかで、どうにもゆるしがたいところがあった。それは調子のよさである。ウィトゲンシュタインの場合、自分のすべてをなげうってするのでなければなにもできない。いっぽう、ラッセルは偉大な原則のひとであった。公的生活において自分の信じる価値観を擁護する用意はあったが、ウィトゲンシュタインとちがって、日々のあらゆる瞬間に、不屈の個人的道徳性に支配されている人物ではなかった。ラッセルは妥協することができた。あちらでちいさな嘘をつき、こちらでちょっと誇張してみたりする。必要とあればおべっかもいうし、なだめたりすかしたりもする。目的のためには手段をえらばない場合もあり、少々の逸脱は許容範囲とみなしていた。

ウィトゲンシュタインのいいぶんでは、ラッセルのこの欠点を象徴するのが、金稼ぎのために粗製濫造された著作である。ウィトゲンシュタインはこれを忌みきらっていた。とくにラッセルの戦闘的な無神論に腹をたて、また結婚とセックスについての自由思想的なお説教にはあきれはてた。このラッセルのお説教の例をあげよう。「だれかが、「自分は最悪の場所にいた」といったとする。この場合は、なにがどうだと判断しようがない。だが「自分は卓越した智恵によってこの場所にくることができた」というなら、その人間は詐欺師だとわかる」。

じつのところ、ラッセルに情緒的な配慮がかけている面はあった。家族との絆にも、いつわりの要素がふくまれていた。家族に接する姿勢も冷酷で、無情で、残酷だと家族のほうから非難されている。そうしたことを考えると、人間関係についてラッセルがお説教をたれるとしたら、たしかに皮肉なことだろう。たとえばラッセルはサイクリングをしている途中、自分は最初の妻のアリスをもう愛していないと感じ、帰宅すると同時に妻にそう告げている。二人は離婚したが、アリスのほうは夫への愛をうしなったことはなかった。またラッセルの孫娘は、ラッセルが息子ジョンの妻と寝て、息子の結婚を破壊したと語っている。ジョンを狂気においやり、二人の妻を自殺未遂においこんだとも非難されている。

イギリス風のマナーなどおかまいなしのウィトゲンシュタインは、ラッセルについての率直な意見を、歯に衣きせずにずけずけと本人に語った。たとえば、第一次大戦以降のあなたの哲学関係の仕事はあまり評価していません、とまで口にしている。一九一九年にウィトゲンシュタインが捕虜収容所から書いた手紙を読むと、その一端がつたわってくる。このころウィトゲンシュタインはラッセルの最新作『数理哲学序説』を読んだばかりで、いっぽう自分の『論考』はまだ刊行もあやぶまれていた時期であった。「疲れはてていますとかれは書いている。「捕虜の身分で、完成した著作をあちこち運ぶのは疲れます。ましてや外の世界でどれほどナンセンスなことが大手をふってまかりとおっているかをみると、ほんとうに疲れはてますよ」。

だがウィトゲンシュタインがどういう態度をとろうと、一九四六年当時、ラッセルはもはやおしもおされもせぬ世界的な名士だった。トーテムのようにあがめたてまつられる人物、人気の高い賢者として、ラッセルの講義や書物はおおぜいのひとびとから熱烈にうけいれられていた。その一年前には、九百ページにものぼる包括的な哲学史の書物『西洋哲学史』[訳注6]がアメリカで刊行されている。これはラッセルにとって、第二次世界大戦中をアメリカですごした唯一の成果とでもいうべきものだった。アルベルト・アインシュタインは「これほど無味乾燥で残酷な世代から、このように聡明で、誉れ高く、大胆で、ユーモアに富んだ人物がうまれたのはさいわいなことと思う」とのべたほどである。『西洋哲学史』は驚くほどのベストセラーになり、ラッセルはおかげで経済的な問題を心配しなくてすむようになった。アメリカの出版社サイモン&シュースターが一九四六年九月三十日付でラッセルにおくった「内なる聖域より」という書簡によると、この時点ですでに四万部ちかくが売れている。

しかし大衆的な人気が高かったとはいえ、ラッセル自身は、まだ自分が重要な役割をはたしているつもりでいたせまい学問的世界では、自分の評価にかげりがさしていることに気づいた。そこではウィトゲンシュタインの考えかたが流行していた。このあたらしい「学派」の抜きんでた力のせいで、ラッセルの哲学上の仕事は傍流になってしまったのである。哲学界の長老として、ラッセルはこう語っている。「しばらく時流にのったあとで、もはやすたれた人物とみなされるのはあまりたのしいことではない」。

だがラッセルがウィトゲンシュタインの後期の著作を、どのくらい理解していたかは疑問である。スティーヴン・トゥールミンが一九四六年に耳にしたところでは、ラッセルはリチャード・ブレイスウェイトにむかってこうたずねたという。『論考』以来、ウィトゲンシュタインはなにをしているんだい？

ただ、はやりすたりはべつとして、学生たちに対してはラッセルも魅力をうしなわなかった。どこか過去の遺物のように思われたかもしれないが、それでも偉大な遺物であって、すぎさりし哲学の時代の神殿だったのである。当時のラッセルは『人間の知識　その範囲と限界』[訳注7]にまとめることになる考えをもとにおしえていた。この著作は学界ではまちまちな評価をうけたが、それでもラッセルのクラスはいつも満員で、べつの部屋にスピーカーを設置するほどだった。道徳科学学科のほかの教授たちの、ウィットに欠ける講義とくらべ、ラッセルの講義は刺激的だった。ぴりっとジョークがきいていたし、さまざまな逸話で味つけもされていたからである。ラッセルは学部生と話すことを好んだ。学生たちもトリニティーの大きな門のところにあつまっては、ふつうは立ち入り禁止のはずの芝生をよこぎってあるきながら、ラッセルが話すことに熱心に耳をかたむけるのだった。

　ウィトゲンシュタインと知りあった多くのひととおなじように、ラッセルもひところはウィトゲンシュタインの魅力にはまり、その力に盲目になった。しかしひとたび回顧する時点になるとラッセルは冷酷な見かたに転じ、あれはひどく風変わりな人物だと形容する。そして「あの弟子たちは、ウィトゲンシュタインがどんな人物なのかわかっているのだろうか」というのである。後期のウィトゲンシュタインについては哲学の品位をさげたと非難し、自分自身の偉大さを「うらぎった」とも語っている。雑誌『マインド』に発表したウィトゲンシュタインの追悼文では、「ウィトゲンシュタインと知りあいになったことは、わたしの生涯でもっともわくわくする冒険の一つだった」と語りながらも、記述は『論考』の出版直後で終わっているのである。そののちの三十年間にわたるつきあいとウィトゲンシュタインの後期の著作については、口をとざすほうをえらんだのだった。

いっぽうウィトゲンシュタインも、一九四六年には、もはやラッセルに第一級の仕事ができるとは思っていなかった。モラル・サイエンス・クラブでのできごとから数週間後、ウィトゲンシュタインはムーアに手紙をおくっている。「ざんねんなことに（と思ってしまいますが）ラッセルがそこに居あわせ、とても不愉快でした。いつものようにおどろくほど理解は速いのですが、舌に締まりがないし、うわっつらだけなのです」。二人がたがいに言葉をかわしたのは、もしかするとあの対決の夜が最後だったのかもしれない。ウィトゲンシュタインはアメリカ人の哲学者O・K・ブースマ[訳注8]に、自分たちは「すれちがうことはあっても、会話はしなかった」と語っている。

それでもなお最後まで、不承ぶしょうながら二人はおたがいに敬意をいだいていた。この敬意は、ケンブリッジ時代の初期に論理学を探求する冒険をわかちあった記憶から生まれたものだった。一九三七年、ウィトゲンシュタインはノートに書きとめている。「はなしの途中でラッセルはよく「論理学め、この地獄め」とさけんでいた。あれはぼくたちが論理学の問題ととりくむときの気持ちを完璧に表現することばだ。論理学の問題は至難だ。かたく、しかもつるつるすべる手ざわりをしている」。

ただ、ウィトゲンシュタインはほかのだれに対するより、ラッセルに敬意をもっていたともつたえられる。自分では公の場でもラッセルをきびしく追及するし、かげでも批判する。だが、弟子がおなじことをすると容赦なく叱責した。

キャリアのピークをかなりすぎていたラッセルは、H3号室ではじめは沈黙をまもった。おそらくおたがいの深く錯綜した関係に立って、ウィトゲンシュタインをながめていたことだろう。いっぽう、ポパーはほとんど未知の人物である。だがポパーのほうはラッセルと深い関係をきずきたいと強くのぞんでいた。

それまでのラッセルとポパーとの接触はそう深いとはいえない。だが、あたたかいものだった。これは意外ではない。そもそも年をみても三十歳もひらきがあるし、職業的な嫉妬のたぐい[訳注9]がはいりこむ余地はなかった。ラッセルが最初に刊行したドイツの社会民主主義についての本など、ポパーが生まれる六年もまえのものなのである。

ラッセルは、ささやかだがそれなりにポパーのキャリアの手だすけをしている。二人は一九三五年にフランスでひらかれた哲学会議で、みじかい時間会っている。さらに翌三六年に、イギリスのアリストテレス協会の会合で再会した。そののちポパーがウィーンから脱出しようと必死にポストをさがしていたときには、ラッセルは推薦状を書いている。ただ文面をみると、あいまいで型にはまったものである。これからみると、ラッセルはポパーのじっさいの仕事はほとんど知らなかったのだろう。「ポパー博士は偉大な才能の持ち主で、博士をスタッフとして雇用する大学は幸いというべきでありましょう」とある。さらにこうつづく。「ニュージーランドのクライストチャーチのカンタベリー大学カレッジで、教師のポストの候補者となっているとのことですが、博士をあたたかく推薦するのにやぶさかではありません」。いかにも、この種の推薦状を書きなれた人物が、なにも考えずに書きつけたありきたりの文面のようではないか。

ラッセルはポパーの『科学的発見の論理』[訳注10]と『開かれた社会とその敵』の献本をうけとっている。だがラッセルがこの二冊をひもといたかどうかは疑問だ。蔵書をみると、『科学的発見の論理』のほうはページをひらいた形跡がないのである。また『開かれた社会とその敵』について、ポパーはこれをアメリカの出版社に推薦してほしいとラッセルにたのんだことがある。推薦先はラッセルの『西洋哲学史』を出版したサイモン&シュースター社であるが、ラッセルは著書をもう一冊おくってくれとポパーに返事をだしている。一九四六年七月のことだ。もう一度読みかえしたいが、ひっこし中なので蔵書が手元にないという説明だった。

ポパーは著書をおくりなおした。こんどはしっかり読みなおしたラッセルは、内容にとても強い印象をうけている。H3号室の会合とおなじ十月にラッセルは「哲学と政治」という講演会をひらいていて、このとき、プラトンの政治哲学にたいする攻撃が「ポパー博士の近著では、卓越したかたちでおこなわれている」とのべている。のちの一九六〇年にはある学生に、ケンブリッジよりロンドン・スクール・オヴ・エコノミクスにいきなさいと推薦し、ロンドンでは哲学が「活発だ」と語っている。

ラッセルはこんなふうにポパーを高くかったわけだが、ポパーがラッセルをほめたたえる度合いは、それどころではなかった。ラッセルはカント以来もっとも傑出した哲学者で、かれの『西洋哲学史』は、これまでで最高の哲学史の書物だという。一九四七年一月にオーストラリア放送局で放送された講演でも、この本について語っている。ウィーン風の美辞麗句になれていないと、とほうもなく大仰にひびく表現なのだが、それによるとラッセルは現代で唯一の偉大な哲学者で、アリストテレス以来、論理学にもっとも重要な貢献をした人物である。そしてこの書物が偉大なのは著者が偉大だから、と熱狂的である。ピーター・ミュンツなどにいわせると「ほとんど英雄崇拝にちかい」。

ラッセルは優雅でわかりやすい散文を書く。ポパーがいたくほれこんだのがこの文体だった。自分が英語で文章を書くようになったときなど、意識してラッセルの文体をまねようとしている。そしてこうのべている。ラッセルの文体とくらべると、仰々しい「ドイツ風」では「知識人がみな誰も、世界の究極の秘密をにぎっているとみせびらかしたがる」。これはウィトゲンシュタインをあてこすっているにちがいない。ラッセルは「わたしは意図的に晦渋であろうとしたことはなく、気どることもなかった。そこにポパーは「わたしたちの偉大な師」をみいだしたのである。「たとえ意見に同意できないときでも、つねにラッセルを賞賛せざるをえない。いつも明晰で、シンプルで、力づよく語るから」という。

ポパーはラッセルがやつぎばやに出版する著作に畏怖をいだきつづけ、かれの書くものはほぼすべて買いこんでは愛読していた。のちになって、こう書いている。ほとんど準備もしないで、非のうちどころのない作品をうみだせる芸術家や作家がいるものだ。かれらは、たちまち完璧な作品をしあげる。「哲学では、ラッセルがこの種の天才だった。ほんとうにすばらしい英語で文章を書く。最初に書きおろした段階から、せいぜいおそらく三ページか四ページに一つの単語を推敲するくらいで、あとはそのままにちがいない」。

一九五九年にポパーは、自分の本にあなたへの献辞を書いていいだろうかとラッセルにたずねて、ゆるしをえている。予定していたタイトルは『二十年後のあとがき』であった。だがこれはながいあいだ出版されなかった。のちに三巻構成で『科学的発見の論理へのあとがき』と題をあらためて出版されたときには、どうやら献辞のことをわすれてしまったようで、みあたらない。だが、すくなくともゆるしをもとめたときには、つぎのように書くつもりでいた。

バートランド・ラッセルに捧ぐ
その明晰さ
バランス感覚
そして真理への貢献は
哲学書の世界において
到達しがたい手本となった

一九五〇年代から六〇年代にかけて、ラッセルとポパーはぽつり、ぽつりと手紙をやりとりしている。この献辞のはなしもそこにでてくるものである。ただ、ポパーのほうがこれほどラッセルを崇拝していたというのに、ラッセルのほうでは『現代イギリス哲学』の、ポパーが寄稿した巻の書評をこばんだ。ポパーの手紙は、教師にくってかかるうらみっぽい生徒のものいいになっている。ラッセルはなだめるような返事をだした。「ご高著の書評を遠慮したことが、まさかお気持ちをそこねるとは、まったく思いもよりませんでした」。二人の文通は、そのあとぱったりやんでしまう。

ポパーがなにをのぞんでいたにせよ、ラッセルがポパーに親しみを感じたことはなかった。H3号室でのウィトゲンシュタインに対する態度で、すこしでも自分を英雄視してくれるのではないかとポパーが考えたとしたら、その戦術は失敗だった。ポパーの書物では、あちこちでラッセルにふれている。だがラッセルの自伝でポパーの名は、ただの一度も言及されていないのである。

訳注

［1］ウィリアム・ユーアート・グラッドストーン　Gladstone, William Ewart（一八〇九―一九八）　十九世紀後半、四度にわたりイギリスの首相をつとめた。なお食後のポートワインは甘口のデザートワインとして、小ぶりのグラスに注ぐ。クラレットはボルドーワインに代表される赤ワインで、ポート

ワイン用よりは大ぶりの、先がややすぼまったグラスで供する。

［2］　ラッセルの著書は、日本でも比較的はやくから刊行されてきた。『民主政治是か非か』牧野力編訳　国際文化研究所（一九五五）、『人類に未来はあるか』日高一輝訳　理想社（一九六二）、『ヴェトナムの戦争犯罪』日高一輝訳　河出書房（一九六七）、『幸福論』堀秀彦訳　角川書店（角川文庫一九七〇）など。なおラッセルは『自伝的回想』中村秀吉訳　みすず書房（一九五九）で、厳格にしつけられた子ども時代を悲惨なものとしてふりかえっている。

［3］　モーリッツ・シュリックとの会話　シュリックはウィトゲンシュタインの『論理哲学論考』につよく魅了され、一九二七年の二月にウィトゲンシュタイン自身との面会をはたした。ウィトゲンシュタインも相手の温和な人柄と明敏な理解力に信頼をもち、同年夏にはシュリックおよび数人との会合を定期的にもつようになる。この一連の場での「会話」、すなわち哲学上の議論が、哲学からはなれていたウィトゲンシュタインにとって転機になった。この交流をつうじて、ケンブリッジの旧知の数学者フランク・ラムゼイがシュリックに送った論文「数学の基礎」を目にしたり、またオランダの数学者L・E・J・ブラウアーの論にふれたことも大きいといわれる。こうしてウィトゲンシュタインはラムゼイやケインズとも、とぎれていた手紙のやりとりを再開し、一九二九年一月にはケンブリッジへの復帰をはたして本格的に哲学の世界にもどってくる。なお本書第三章の冒頭に引用された表現「神が到着しました。五時十五分の列車に乗ってきた、かれに会ったのです」は、ウィトゲンシュタインがケンブリッジに帰還したことを伝えるメイナード・ケインズの書簡。周囲の畏怖と待望の大きさがつたわってくる。

［4］　修道院の庭師　ウィトゲンシュタインは一九二〇年に教員養成所をおえたあと、夏のあいだウィーン近郊のクロスターノイブルク修道院で庭師としてはたらいている。このあと九月に小学校教員と

して赴任。一九二六年四月にオッタータールの小学校を辞職したあと、夏にかけて三か月ほどウィーン近郊のヒュッテルドルフにあった慈悲修道士会の修道院で庭園の物置小屋に寝泊まりし、ふたたび庭師としてはたらいた。

[5] フランク・ラムゼイ Ramsey, Frank（一九〇三―三〇） キングズカレッジの学部生当時、十八歳でウィトゲンシュタインの『論理哲学論考』を英訳、オグデンにひきついだ。ケンブリッジ大学のソサエティー「アポスル・クラブ（使徒団）」のメンバーでもある。トラッテンバッハをおとずれたのは一九二三年秋。ウィトゲンシュタインはその鋭い知性と才能を高く評価し、議論をつうじて刺激をあたえあった。病のための手術後、二十六歳で夭逝。ときに仲たがいもあったが、危篤の夜、ウィトゲンシュタインはラムゼイの病室を訪れている。

[6] 邦訳は『西洋哲学史』全三巻　市井三郎訳　みすず書房（一九六九、七〇）。

[7] 原著は一九四八年に刊行された。邦訳『人間の知識』全二巻　鎮目恭夫訳　みすず書房（一九六〇）。

[8] O・K・ブースマ Bouwsma, Oets K.（一八九八―一九七八）『ウィトゲンシュタインとの対話』。

[9] 「ドイツの社会民主主義についての本」 一八九六年に刊行された"German Social Democracy"をさす。邦訳は『ドイツ社会主義』河合秀和訳　みすず書房（一九九〇）。

[10] 原著はドイツで『探求の論理』として一九三四年に刊行された。『科学的発見の論理』はこれを英訳して五九年に出版したものである。邦訳は『科学的発見の論理』上下　大内義一・森博訳　恒星社厚生閣（一九七一、七二）。

第六章　ケンブリッジ大学哲学科

ウィトゲンシュタインには、一種解き放つような力があった。
――スティーヴン・トゥールミン

H3号室でおきた「対決」の観客は、これまで登場した顔ぶれですべてではない。ほかにも、まず学生たちがいた。多くはウィトゲンシュタインの崇拝者で、歩きかたもそっくり、話しかたもそっくり、服のえらびかたや議論のしかたまでそっくり、という青年たちである。さらに教授たちがいる。ジョン・ウィズダムをべつとして、教授陣はウィトゲンシュタインと個人的に、あるいは職業的に、敵対していた。それも当然のはなしで、哲学の教授は哲学の〈問題〉が存在することを前提に学究生活をおくるものである。哲学の問題がなかったら、どうやってキャリアをきずくのか。だれもみな、伝統的なしかたで哲学をおしえていた。つまりデカルト、カント、倫理学と認識論、哲学的論理、心の哲学[訳注1]といったおなじみのテーマである。ウィトゲンシュタインとポパーはどちらもウィーンからやってきた哲学者だったが、H3号室の夜、教授たちはポパーのほうに共感をもっていた。

ただ一九四六年当時、ウィトゲンシュタインをべつとして、ケンブリッジ大学の哲学はすでに華やかな時期をすぎていた。ケンブリッジはえぬきの二大巨頭であるバートランド・ラッセルとG・E・ムーアも、もはや衰えている。ただラッセルにとってこの衰退期はいわば、うすあかりのまま日没にいたらない北欧の夏の白夜のようなものだったかもしれない。すでに七十代にはいっていたが、このさき、まだ人生の四分の一がよこたわっているからである。だが哲学的にはとうに盛りをすぎていた。同世代のムーアもおなじことである。第一次世界大戦まえ、ムーアはケンブリッジの知的で文化的なエリートそのものだった。そのケンブリッジを、わかきウィトゲンシュタインが嵐のようにおそって、いわば占拠したのである。

ムーアはすでに引退していて、妻のドロシーは夫の負担になる訪問者たちをおいかえしていた。ムーアもときにはモラル・サイエンス・クラブに顔をみせたが、火かき棒の晩は姿がなかった。ポパーもウィトゲンシュタインも、ムーアが出席していれば、歓迎したことだろう——それはムーアの哲学のためというより、人柄による。ムーアは内気で、ひとの話に注意深く耳をかたむけ、心がひろかった。ほとんど無邪気なまでに誠実で、くじけない高潔さをそなえた人物だったのである。ラッセルのことばでは「くらべもののない純粋さ」である。ラッセルはある日、これまで嘘をついたことがあるかとムーアにたずねてみたことがある。ムーアはこたえた。「あるとも」。だがそれが最初で最後の嘘だったにちがいないとラッセルは信じている。

ポパーは講演におとずれたとき、すでにケンブリッジの哲学科のほとんどのメンバーと連絡をとりあっていた。ことにムーアは一九三六年に、みじかいあいだだがケンブリッジでの訪問講義にポパーをまねいていたし、ポパーがニュージーランドのポストにつくにあたっては保証人にもなっていた。

だがウィトゲンシュタインとムーアの関係はもっと息ながく、親しいものである。モラル・サイエンス・クラブの会合でポパーの講演に反論した三週間後にも、ウィトゲンシュタインはムーアに手紙をおくり、おいでいただければ名誉に思うと書いている。ただしムーアがウィトゲンシュタインのところにおもむいたという証拠はない。ムーア夫人はなるべくウィトゲンシュタインとは会わせないようにしていた。かれと会うと、夫は憔悴してしまうことが多いからだった。

ウィトゲンシュタインとムーアが出会ったのは一九一二年のことである。二人のつながりをみていくと、ウィトゲンシュタインのひととなりにくわえ、かれとケンブリッジとの関係までが肖像画のようにいきいきとうかびあがってくる。はじめて知り合ったとき、ムーアのほうはすでに名だかい学者で、わかいウィトゲンシュタインはまだ学生だった。しかしムーアはすぐに、講義のあいだ困惑したような表情をうかべている唯一の学生、ウィトゲンシュタインをすっかり気にいってしまった。のちになって、ムーアは書きのこしている。「哲学において、ウィトゲンシュタインはわたしより頭がいいとすぐにわかった。頭がいいだけではなく、はるかに深いものをもっている。ほんとうにたいせつで、ほんとうに価値のある探求をおこなうとき、じつにするどい洞察をしめす。そしてこうした探求をおしすすめるにはどうしたらいいのか、その最善の方法を的確にみぬくのだった」。

二人の力関係は、すぐに逆転しはじめる。一九一二年にムーアがヒューウェルコートのいちばん上の部屋を、ウィトゲンシュタインに文字どおりあけわたしたのは象徴的である。この力関係がどれほどウィトゲンシュタインにかたむいていたか、それは一九一四年に、ムーアがノルウェーまでウィトゲンシュタインを訪ねたいきさつをみてもわかる。この訪問に、そもそもムーアはのり気でなかった。だがウィトゲンシュタインがつよくもとめたのである。道中、ムーアはひどい船酔いになやまされた。そのころウィトゲンシュタインはノルウェーのベルゲンの北のちいさな村に、自分から追放されたようにしてくらしていた。一人で生活し、散歩し、論理学の問題を考えつづけていたのである。そこへ到着して、やれやれとおちついたムーア教授のおもな役目は、学生であるウィトゲンシュタインの考えを書きとることだった。そのメモをウィトゲンシュタインは校閲し、ムーアが理解しそこなっていると「激怒」するのだった。

ケンブリッジにもどったムーアは、論理学についてのウィトゲンシュタインの論文を文学士の卒業論文としてみとめてもらえるか大学当局にたずねた。それもウィトゲンシュタインの依頼だった。だが序文や脚注など、さだまった形式をとっていないため、当局はみとめないだろうという。この知らせをうけとったウィトゲンシュタインからはすぐさま、すさまじく猛だけしい、容赦のない手紙がとどいた。「いくつかの愚劣な細部についいて例外をみとめていただける価値がわたしにないのなら、わたしはまっすぐ地獄におちたほうがましでしょう。ですがわたしにその価値があり、あなたがそれをしてくださらないのなら、おお神よ、あなたが地獄におちたほうがましでしょう」。ムーアはさすがにはげしく動揺し、憤慨した。もとはといえば相手をたすけようとしていたのである。手紙の文面は数週間にもわたって、ムーアの頭のなかでがんがんと響きつづけた。以来、この二人はながらく口をきかなかった。一九二九年になってウィトゲンシュタインがケンブリッジにもどったおり、ロンドンからのおなじ電車に偶然ムーアがのりあわせていた。この邂逅で、二人はどうにか友情をたてなおしたのだった。

ウィトゲンシュタインがあらわれるまで、ラッセルはムーアこそ天才の理想を実現した人物だと考えていた。しかしウィトゲンシュタインのほうは、ムーアの知的な能力をみとめたことはなかった。「いかなる知性もなしで」人生をおくりうることの〈生ける証拠〉とまで考えていたのである。しかし、ムーアは哲学者として国際的にみとめられていて、ラッセルとともに、分析哲学の先駆として尊敬をあつめていた。今日、哲学科の学生が初歩的な質問をすると、よく教授はたずねる。「それで、正確にはなにをいいたいのかね」。ムーアは、リフレーンのように口にされるこの台詞の特許をとっておくべきだったかもしれない。かれおとくいのキャッチフレーズで、それなしでは一日もすぎなかった。そのくらい、つねに正確さにこだわっていた。

また、ムーアの関心のひろさもたいへんなものだった。実在論と観念論、確実性と懐疑主義、言語と論理など、どの議論にも大きく貢献し、常識の重要性をつよくうったえた。

外部世界が実在することを証明するためのエピソードでも知られる。自分の手をのばして「ここに手が一本ある」といい、つぎに「ここにも一本ある」といったのである。しかしムーアがもっとも有名になったのは、道徳について書いた『プリンキピア・エティカ』[訳注2]によってだろう。一九〇三年に出版され、たちまち大成功をおさめた。ケンブリッジ大学のソサエティーの一つであるブルームズベリー・グループ[訳注3]からは、聖なる著作とみとめられた——ただし熟読されるというより、上澄みをたのしむ感じで読まれたようだが。ヴァージニア・ウルフなどはある手紙で、「わたしたちをかしこく、善きものにしてくれる書物『プリンキピア・エティカ』をお読みになりましたか」と書いている。

この本でムーアは、倫理学において「善」とは基本的に定義できないものだとしている——黄色を定義できないのとおなじだというのである。「善いものは善い。それでおしまいだ」。善さをほかのもので定義しようとするこころみを、かれは「自然主義的な語謬」とよんだ。十八世紀の哲学者のデヴィッド・ヒュームは、「ある」から「あるべきである」をひきだすこと、すなわち事実から価値をひきだすのはまちがっているとのべたことがある。ムーアはそれとおなじ性質の誤謬だと考えたのである。ものごとの状態を記したもの(「ブルンジのひとびとは飢えている」)から、道徳的判断(「われわれはブルンジに食料をおくる必要がある」)を論理的にみちびきだすことはできない。すなわち、事実の記述から、論理で価値判断をひきだすことはできないのである。

それではわたしたちは、なすべき善きことをどうやって知ることができるのだろう。人間は直観によって善とはなにかを知ることができる。直観とは心の道徳的な眼のようなものだとムーアは考えた。眼が黄色をみわけるのとおなじように、心が善をみわけるのである。すると両親や、教師や、国や聖書ではなく、わたしたちの意識が道徳的な権威になる。ブルームズベリー・グループは、このムーアの論を解放的なメッセージとしてうけとめた。実験と性的解放——グループ外のひとびとなら、乱交と表現したであろうもの——をみとめた論、ととらえたのである。

とはいえ一九四六年当時の道徳科学学科が、自分たちの生活や、学生たちにあたえる教師の助言として、この「解放のメッセージ」という解釈をとるはずもない。この本についてマイケル・ウルフは「たいくつ。たいくつきわまりない」とうんざりしたようにかたづけている。だがムーアのようなきわめて品のある良心的な大学人たちは（そういう人物はまれなのだが）、学生にとって実質的に役だつものを提供していた。

というのも、学生たちは「ウィトゲンシュタインのおしえをうけたからといって、学力が向上するわけではない」からである。つまり知性のサーカスが好きなひとや、知的要求水準が高いひとには、ヒューウェルコートのウィトゲンシュタインの部屋はうってつけの場所だろう。だが「学生は一度ウィトゲンシュタインのおしえをうけると、ほかの教師の指導をうける時間的な余裕がなくなってしまう」ともいわれていた。ようするに学生たちは、試験に合格するという貴重な目的をとげるには「たいくつな」教授たちのおしえをうける必要があるのだった。

オックスフォードとちがって、一九四〇年代のケンブリッジには哲学の学者がすくなかった。オックスフォードでは政治学や哲学、経済学などの比較的あたらしい講座が新設されてその人気が高まり、学内のそれぞれのカレッジはこれに対応するため、教員を増員していた。規模も大きく財政的なゆとりのあるカレッジでは、二人か三人の教員をおいた。だがケンブリッジは大学全体で六人ほどの教員でまかなわなければならなかった。これでは、哲学研究の中心がよそにうつるのはむりもない。イギリスではウィトゲンシュタイン学派が生まれていたが、第二次世界大戦後はその中心もオックスフォードにうつっていた。ケンブリッジの学内でも、ウィトゲンシュタインの影響をみとめている教授や、書物や論文をつうじて謝意をあらわしている教授はいた。だがじっさいの哲学の教授法は、ウィトゲンシュタインのやりかたからほとんどなにも影響をうけていなかった。

ウィトゲンシュタインの生涯は、地理的にはケンブリッジ、ウィーン、ノルウェーの三つにわけられる。だが同僚の教授たちは、経歴の大半を大学に根づいてすごしていた。この教授たちはたんなるおしえ子はいても「弟子」はいなかったし、弟子になりたいといってきたりしたら、おそらくとても困惑したことだろう。当時のケンブリッジに、哲学専任の教員は四人いた。C・D・ブロード、R・B・ブレイスウェイト、J・ウィズダム、A・C・ユーイングである。ブロード以外の三人は火かき棒の夜、H3号室のあつまりにでていた。ケンブリッジ大学の歴史にも、哲学の歴史にも、この教員たちはほとんど足跡をのこしていない。しかしそれがほとんどの教師の運命なのである。公の場では、英国紳士の礼儀作法や立ち居ふるまいのお手本をしめした。ウィトゲンシュタインやポパーが属していた、さわがしい表現主義的なウィーンとは水と油の世界である。ケンブリッジの教授たちは寛容の原則を信奉していた。議論でも、相手の視点からものをみるようつとめるべきだと考えていた。礼儀ただしく節度のある口調で話し、怒りで声をあらげることなどおよそない。もっとも多くの学生によるとこうした上品な態度は、能力がなくてにぶいしるしだという。ともあれH3号室で攻撃的なやりとりをみまもっていた教授陣は、だんだん気づまりになって警戒したにちがいなかった。

けれどH3号室のあるじだったリチャード・ビーヴァン・ブレイスウェイトは、このできごとで、ちいさな役わりをはたしている。ピーター・ギーチの説明によれば、学生の脚のあいだをはいまわって火かき棒を回収したというのである。ブレイスウェイトは、ウィトゲンシュタインとポパーを二人とも知っていた。ポパーは一九三六年にロンドンをおとずれたときにブレイスウェイトと会っており、そのあとポパーはイギリスの学者援助評議会に助成金を申請するとき、ブレイスウェイトを保証人にたてている。評議会は亡命学者に資金援助をおこなう団体であったが、ともあれそれがポパーとブレイスウェイトの、生涯にわたる友情のはじまりだった――もっとも距離をおいたフォーマルなつきあいではあったが。一九四六年のはじめ、ポパーがニュージーランドからイギリスにわたってきた数か月後に、イングランド北部で二人はふたたび会っている。このときはアリストテレス協会と精神協会が共催した会合だった。まずブレイスウェイトが最初の講演をおこない、ついでポパーが論理学的規則の地位について技術的な講演をおこなった。ブレイスウェイトは、ケンブリッジにおけるポパーの連絡窓口になっていた。くだんのあつまりのときにも、ブレイスウェイトはポパーにロンドンからの汽車の時刻をおしえ、キングズカレッジの学長や研究員が催すハイテーブルでの夕食にまねき、夜は自宅に泊まるよう招待している。

一九〇〇年生まれのブレイスウェイトは、一九二四年にキングズカレッジの特別研究員にえらばれている。さらに、優秀だというので「アポスル・クラブ（使徒団）」にくわわるようまねかれた。これは知性に優れたひとびとだけが入会をみとめられるケンブリッジの秘密結社である。ブレイスウェイトは、はやくからウィトゲンシュタインの『論考』の重要性を認識していて、一九二三年にはモラル・サイエンス・クラブでこの書物について講演している。倫理学は専門ではなかったものの、一九五三年にナイツブリッジの道徳哲学教授になった。ここでかれは、数学者とゲーム理論家が開発した思考法を哲学に応用していく。それをこころみた最初期の哲学者の一人なのである。このころ経済学のほうではすでに、人間の複雑な相互作用をシミュレートするのに、単純なゲームの考えかたをもちこめるのではないかと考えられていた。ゲーム理論である。ブレイスウェイトは、これを道徳性の問題にあてはめた。

ひとつ例をあげよう。二人の独身男性ルークとマシューが、アパートでとなりあった部屋に住んでいるとする。ルークは夜ピアノを弾いてすごすのが好きである。ところがマシューの趣味はジャズトランペットである。どちらの楽器を演奏するにも、静かでおだやかな時間が必要だろう。さてどうしたらいいか。この二人がなにを優先するかというさまざまな想定にもとづいて、ブレイスウェイトが証明したもっともふさわしい解決策はこうなる。ルークはクラシックピアノを十七夜演奏し、マシューはトランペットを二十六夜演奏する。

こうした頭脳ゲームは、ポパーにとってもなじみ深い領域だった。しかしブレイスウェイトとの友情がはぐくまれるうえで役だったのは、二人とも科学哲学や確率、無限や因果関係に関心をもっていたことである。

ケンブリッジでは、因果関係はとくに魅力的なテーマだと考えられていて、ブレイスウェイトだけでなく、ブロードやラッセルもつよい関心をもっていた。たとえば二つの工場をめぐるある仮説があり、みんなこれに興味をそそられていた。一つの工場がマンチェスターにあり、もう一つの工場がロンドンにある。どの工場でも、午前中の勤務時間が終わるとサイレンが鳴る。二つの都市は百キロ以上はなれているが、正午になってマンチェスターの工場のサイレンが鳴ると、ロンドンの工場の労働者たちも工具をおいて仕事をやめる。これは経験的に真である。ヒュームなら、できごとの接近とでもいっただろうが、マンチェスターのサイレンが鳴ることが、ロンドンの労働者が工場からでてくることの原因ではないのはあきらかである。ここで問題なのは、それがなぜかということである。偶然のむすびつきで同時に起こる事象と、因果関係でむすばれている事象のちがいはどこにあるのか。ここに因果関係の神秘に力をみいだしてはならないのだろうか。あってもいいではないか——だれもみたことも、さわったこともないスパイのような行為者が存在していて、わたしたちがそれに気づかないだけではないのか。因果関係はキメラのような怪物であり、わたしたちの想像力をつうじてひとをもてあそぶ、トリックのようなものではないか。

こうした共通の関心があったことを考えれば、ポパーは火かき棒の夜、哲学にほんとうの〈問題〉が存在すると強調したとき、ブレイスウェイトからの支持を期待できた。また、たとえブレイスウェイトがポパーの哲学的な企図に同情的でなかったとしても、H3号室のあつまりでポパーのがわに立つ、べつの理由があった。その十三年前、ブレイスウェイトは『マインド』誌という公的な場で、ウィトゲンシュタインに謝罪を強いられているのである。『マインド』は、どの同僚も読んでいるはずのイギリス最大の哲学誌だった。

ウィトゲンシュタインは自分の考えが盗用されているのではないかと、いつも心配していた。謝罪の背景にはそれがある。一九二九年にウィトゲンシュタインがウィーンからケンブリッジにもどったあと、かれのセミナーにブレイスウェイトも出席していた。そして一九三三年、『ユニヴァーシティー・スタディーズ』という雑誌にのせた論文で、変化しつづけるウィトゲンシュタインの着想を解説しようとこころみたのである。ところがウィトゲンシュタインはこの論文を読んで激怒した。解説されたアイデアは誤解にもとづいており、自分のほんとうの着想とはいかなる関係もないといいきった書簡を『マインド』誌におくったのである。ブレイスウェイトは、ウィトゲンシュタインの名を不適切につかったと悔いる書簡を『マインド』に送った。しかし文末には辛辣なコメントをしるしている。「わたしがどの程度までウィトゲンシュタイン博士を誤解していたかは、わたしたちのだれもが待ちこがれている博士の高著が刊行されるまで判断できないでしょう」。ウィトゲンシュタインの飽くことなき完璧主義を考えると、著書は出版されないのではないかとブレイスウェイトは思っていたかもしれない。

ブレイスウェイト自身は、自分の考えていることを出版するのに悩んだりはしなかった。一九四六年の講義はのちに一冊の著書として発表されている。そこにはこうある。「ケンブリッジでG・E・ムーアやルートヴィヒ・ウィトゲンシュタインにまなんだことは、わたしにとって僥倖であった。この僥倖なしでは、わたしがいまのようなやりかたで哲学をしていないのはあきらかである」。だが本文中、ウィトゲンシュタインにはほとんど言及もしていない。

一九四七年にウィトゲンシュタインが引退すると、ブレイスウェイトは、ウィトゲンシュタインの方法にまっこうから反対していたポパーにむけて、教授職に立候補するようはげます手紙を書いている。ただじっさいには、ポパーは立候補しなかった。ポパーは以前、ケンブリッジのブロード教授が超常的なものに熱中していたことに対して礼を失するふるまいをしめしたこともあって、教授になれるみこみはあまりないと考えたのである。ウィトゲンシュタインの後継になったのは、熱心なウィトゲンシュタイン信者だったG・H・フォン・ウリクトだった。

あつまりの晩、H3号室にはもう一人ブレイスウェイトがいたかもしれない。聴衆のなかにかれの二人目の妻がいたといわれているからである。とても風変わりなこの女性は、結婚まえの名字でマーガレット・マスターマンとよばれていた。イギリス政府の自由党の閣僚チャールズ・マスターマンの娘で、マスターマンは第一次大戦の際、イギリス政府に宣伝局を設立したことで知られている。モラル・サイエンス・クラブの元秘書だったマーガレット・マスターマンは、夫が出席する会合やセミナーには姿をみせる習慣があった。いつも窓枠に腰かけるのが習慣だった。ある証人によると、彼女はショーツをはかずにスカート姿でとおすので有名だったという。おそらくこの証人は想像力が過剰なのだろう。彼女がなんども脚を組みかえるので、火かき棒のできごとには注意が散漫になっていたと語っている。

ブレイスウェイト夫妻は、愛想がよく寛大だった。ポパー夫妻がケンブリッジをおとずれたときには、いつも接待を申しでている。さらにこのあと紹介するように、かつてウィトゲンシュタインの仲間だったフリードリッヒ・ヴァイスマンがウィーンからイギリスに逃亡してきたときも、ウィトゲンシュタインは背をむけたがブレイスウェイト夫妻は手をかしている。一家に隠れ家と、わずかながら生活資金と、交遊先を提供したのである。

さて、おなじく学科の教員だったアルフレッド・シリル・ユーイングも、議論ではほとんどなんの役わりもはたしていなかったようだ。マイケル・ウルフはかれを「さえない小男」と形容している。だが、もしポパーが聴衆のなかにユーイングの姿をみつけたとしたら、感謝の気もちとともに思いだしたことだろう。さきにふれたが、学部長のムーアがポパーの件で学者援助評議会と資金援助のとりきめをすませたあと、一九三六年の短期講義について正式な招待状をポパーにおくったのはユーイングだからである。

一八九九年生まれのユーイングは、オックスフォードでまなび、数年間ウェールズでおしえ、一九三一年にケンブリッジに講師としてやってきた。モーリス・ワイルズ師は、ユーイングの講義をよくおぼえている。「いつもおなじ方法でおしえていました。まずちょっと説明して、つぎに「さて、ここから書きとりなさい」というんです。まるで高校にもどったみたいで、とてもうんざりしました。どんな質問にも、よくできた回答を用意してある。柔軟性というものがまるでありませんでしたね」。ユーイングはいつも、平地を歩くより、登山でもするほうがふさわしい重いブーツをはいていた。「まるで足がぬれるのがこわいみたいだった」という。数学者のゲオルク・クライゼルはユーイングを、「まだ母親と同居しているみたい」にみえたと語っている――そしてじっさいに同居していたのである。

ユーイングはきわめて宗教的で厳格な人物だった。A・J・エイヤーは、死後の世界になにを期待するかとユーイングにたずねたことがある。死後の生についての信念をからかったのだが、ユーイングは即答した——「アプリオリな総合命題が存在するかどうか、神がおしえてくれるだろう」。

H3号室での議論をユーイングがどのくらいまで理解していたかはわからない。モーリス・ワイルズはユーイングに、ウィトゲンシュタインのいうことはひとことも理解できないと語ったことがある。するとユーイングも告白した。「わたしにも理解できないんだ」。たとえ学生のまえでも、ウィトゲンシュタインはユーイングへの軽蔑をかくそうとしなかった。このころウィトゲンシュタインが没頭していたのは独我論、つまり、ひとがしっかりした知識をもてるのは自分についてだけであるという理論だったが、クラブの会合で、こう説明したことがある。「ユーイングに心があるという、まったく仮説的な想定をしてみよう」。あるいはもっとはっきりユーイングの著作をこきおろしたこともある。「神とは、讃えることこそふさわしきもの」というユーイングの定義をコーネルの討論で引用し、つぎのようにコメントしたのである。

頭をふりながらウィトゲンシュタインはいった。「この定義はなにもおしえてくれない。この定義には三つの概念があるが、どれもぜんぶ曖昧だ。かたい石が三つあるとする。石をとりあげてぴったり組みあわせたら、ボールになる。この場合なら、三つのかたちについてしっかり理解できる。でもやわらかくて、パテのようにぐにゃぐにゃの三つのボールを組みあわせて一つのボールをつくるとしたらどうなるか。ユーイングのやっていることは、それこそ三つの泥のかたまりからやわらかいボールをつくりだすようなものだ」。

さて、火かき棒の会合にいあわせた道徳科学学科の教員がまだのこっている。ジョン・ウィズダムである。ケンブリッジの哲学研究者としては、ウィトゲンシュタインの方法を心から支持していた一人である。人好きがして親しみやすく、人間的な雰囲気がつたわってくる。全体としてみれば勤勉な教師だったが、ときおり休講にして自転車でニューマーケットの競馬に出かけて賭け、自分の確率の理論をたしかめたりするのだった。

ブレイスウェイトとならんでウィズダムも、精神協会とアリストテレス協会がその数か月まえに共催した会で、ポパーと会っている。この会でウィズダムは、ひとが怒っていることをどのようにして理解できるか、という問題を提起した。たとえばやかんが沸騰していることでお湯がわいていると判断するように、怒りも物理的な兆候から推論できるものなのだろうか。すなわち心的な現象や感情のようなものは、明示的にあらわれたものから推論するしかないのだろうか、というものである。

ウィズダムは言語の使用法をつぶさに研究した。そして言語のつかわれかたが、文法の不規則で雑多な構造についてなにをあきらかにしているかを考察した。この課題にとりくむとき、かれはウィトゲンシュタインの方法をつかっている。もともとケンブリッジで教授になるまえもスコットランドのセント・アンドリューズ大学で数年にわたっておしえていたのだが、一九三四年にケンブリッジにうつってからは、みるみるうちに仕事の内容もスタイルも大きく変わっていった。それはウィトゲンシュタインのセミナーに出席しはじめてからだった。

ただ、ウィトゲンシュタインの取りまき達がたいがい陥るつねとして、ウィズダムも、師をあがめたたえる気持ちと怖れる気持ちのあいだで揺れた。あるいは師をよろこばせることと、でしゃばりすぎることとのきわどい綱わたりを強いられるはめになった。これはかれの最初の著書『他人の心』にもはっきりでている。「この書物がウィトゲンシュタインにどれほど大きなものを負っているかは、ウィトゲンシュタインの講義にでた者でなければわからないと思う。負債は巨大である。……同時に、わたしの考えかたはいくらか安直でみかけだおしである。十分考えつめていない。ウィトゲンシュタインからみとめてもらえるものにはなっていないだろう」。それでもウィズダムはウィトゲンシュタインのスタイルと研究方法を応用しており、哲学はじっさいになにを実現できるかについては恩師の懐疑的な見かたをうけついでいる。ウィズダムの講義につめかけた学部の一年生たちは、最初にきまってこうたずねられたものだ。「きみたちは哲学にウィズダム（叡智）をもとめているのかね？」

道徳科学学科の最後の教員は、C・D・ブロードである。ただ、かれは十月二十五日の会には欠席していた。ケンブリッジにいなかったためだが、たとえいたとしても、出たいと思わなかったろう。そういう意味では、この章に登場する順序も最後がふさわしい。当日は出席していたというまちがった報告もみかけるが、この年の秋はスウェーデンで一年の有給休暇に羽をのばしている最中である。

ブロードはブレイスウェイトの先任としてナイツブリッジの道徳哲学教授の職をつとめ、四人の教授のなかでもっとも名がとおっていた。ケンブリッジに反ウィトゲンシュタインの流れをつくりだした人物で、その派の代表でもある。おもな著作を一九二〇年代から三〇年代にかけて発表しており、その影響もあって、学外でもかなり高い評価をえていた。どの著書も、むかしながらの哲学の〈問題〉をあつかっている。心と身体の関係や、外部世界についてのわたしたちの知識はどのようにして正当と判断されるか、ある対象を知覚したときわたしたちの心でなにがおこるか、といった問題である。

一九四六年当時、ブロードはすでに倫理学に関心をうつしていた。会合のしばらくまえに発表した論文でとりあげているのも、倫理的な問題である。テロリストの行動が、ほんらいの標的であった犠牲者だけでなく、その場にいあわせただけの無関係なひとに影響をあたえる可能性がある場合の倫理問題、というテーマだった。いっぽうウィトゲンシュタインが、こうした実践倫理の問題を分析するのにエネルギーをついやしたことはない。かれにとって道徳とはひとびとが自分の生をすごすありかたのなかでしめされるもので、論理的に厳密なアプローチで分析できるものではなかった。道徳とはつねに、しめされるものであって、議論されるべきものではなかったのである。

ウィトゲンシュタインのかげにかくれてしまったものの、ブロードもラッセルにまなんだ時期がある。「聡明というより信頼できる」人物だと、当時ラッセルから評されている。教師としては、学者ぶったうぬぼれが目についた。まるでケンブリッジの会合の晩餐会のような気どり。講義には完全な朗読原稿をあらかじめ用意して、すべての文章を大きな声で二度読みあげる。ジョークは三度読む。受講していたモーリス・ワイルズによれば、三度読んだからジョークなのだとはじめてわかるようなしろものである。そして一年間の有給休暇のあと、最初の講義で、なんと前回の講義のつづきからそのまま読みあげはじめたという。「第四の点……」。

ブロードは、教室では入念かつ退屈な人物だったいっぽう、教室のそとでは意地のわるいゴシップをながしてよろこんでいた。ウィトゲンシュタインの背後でたえずあらさがしをしながら、自分の本では悪意のしたたる中傷をあちこちにまきちらす。モラル・サイエンス・クラブのあつまりには出たがらず、自分でこういっていた。「なにかを即興で話しながら哲学の議論に貢献するには、わたしは頭の回転がにぶいし、舌もまわらない。毎週たばこの煙がたちこめるなかに数時間もすわって、ウィトゲンシュタインがあのおきまりのやりかたで、苦労して意見をのべて、信者たちが、これもおきまりのばかづらで賞賛しながらそのことばに感嘆する。そんなものをながめているつもりはなかった」。一九二〇年代なかばに出した本ではこう書いている。「ウィトゲンシュタイン先生が笛を吹き、わかい友人たちがぎくしゃくしたリズムにのって踊り、哲学のおふざけを楽しむ」状況。

ブロードとウィトゲンシュタインの関係は、最後までとげとげしいままだった。ウィトゲンシュタインは死のまぎわ、医師のビーヴァン氏の自宅にむかえられてすごした。このとき、介護をひきうけていた妻のジョーン・ビーヴァンが、かれをからかったことがある。ブロードがお茶にくるといったのである。からかわれたとわかったあとウィトゲンシュタインはひどくむっつりして、まる二日というものジョーンと口をきかなかった。

それでもブロードは、一九三九年にムーアが引退したとき、ウィトゲンシュタインが教授に任命されるよう支援している。個人的な感情より正義感のほうが強かったのである。ウィトゲンシュタインもポパーもそこは高くかっていて、イギリス人ならではの正義感だと考えていた。ブロードはこう語ったとつたえられている。「ウィトゲンシュタインに哲学の教授職をこばむことは、アインシュタインに物理学の教授職をこばむようなものです」。また戦時中、ウィトゲンシュタインに給与を支払うべきかどうかというおかしな議論がもちあがったことがある。このときも、ブロードはウィトゲンシュタインの肩をもった。ウィトゲンシュタイン自身は、自分に給与を払わないようつよく主張していたのである。

戦時中の一九四二年、ウィトゲンシュタインはロンドンのガイズ病院で調剤助手としてはたらいていた。そして週末にケンブリッジにもどって講義をした。このときのクラスは失敗だとかれは感じていた――おそらく戦時中で、学生の水準もさがっていたのだろう。このため講義を「対話方式」にふりかえるよう提案し、これについては給与もいらない、あたらしい講義形式が満足のいく機能をはたすようにまるまで、経費だけでいいとのぞんだのである。当時トリニティーカレッジで財務担当もひきうけていたブロードは（自分なりに戦争に貢献するつもりでそうしたのだと語っていたが）、モラル・サイエンス・クラブに手紙を出した。

ウィトゲンシュタインはたいへん水準が高く、極度に良心的な人物です。かれがやろうとしていることに対し、支払いをためらう理由はないとわたしたちの多くが思うでしょうし、わたしとしてもそう断言するにやぶさかではありません。支払いをうけることに、本人がひどく気づまりな感情をいだくという事実はのこるにしてもです。ウィトゲンシュタインは、哲学を実践できるすべての瞬間に、哲学せざるをえないのです。教室で、いわばソクラテス的な対話をつづけることは、かれにとって哲学することの本質的な部分です。

ブロードは、ウィトゲンシュタインがおそろしく律義であるとよく承知していた。「わたしはウィトゲンシュタインを知っています。ですので、こうしたとりきめをしたからといって大学はいかなるリスクも負うことにはなりません。そのことには確信があります」。

［1］　心の哲学　心身の問題をあつかう哲学の領域。アリストテレスやトマス・アクイナス、デカルト、ヒュームなどが考察した歴史のあるテーマ。なお現代でも心の哲学は心理学や認知科学、脳科学などと密接に関係しつつ、あらたな展開をみせており、ダニエル・デネットなどが興味深い論文を発表している。

［2］　『プリンキピア・エティカ（Principia Ethica）』　善とは何であるか、またわたしたちは何をなすべきかという問いを平明な叙述で展開し、二十世紀の倫理学に大きな影響をあたえた。邦訳は『倫理学原理』深谷昭三訳　三和書房（一九七七）。

［3］　ブルームズベリー・グループ　ケンブリッジ大学には、知的に優秀とみなされた学生だけが入会をゆるされる閉じたソサエティー「アポスル・クラブ（使徒団）」があった。学生のメンバーを「兄弟」、卒業生を「天使」とよび、一部で密会的な性儀式がおこなわれるなど同性愛の側面をおびていたともいわれる。ブルームズベリーは当時のクラブの中心をなすメンバーが属していたグループで、メイナード・ケインズはこの中核的存在であった。

第七章　ウィーンという都市

一九二〇年代初期、ウィーンの哲学者たちの人間関係は複雑で、ひどくストレスが大きく、かつしばしば偏執的なものだったとわかる。
——スティーヴン・トゥールミン

そとからみれば、ウィトゲンシュタインとポパーがこうも激しく対立するというのはいささか信じがたいことかもしれない。たしかに表面的にはおなじ文明の洗礼をうけ、その崩壊にもたちあった人間同士なのである。ウィトゲンシュタインのほうが十三歳もうえではあるが、二人ともオーストリア・ハンガリー帝国末期の文化的高揚と、コスモポリタン的な政治状況をくぐりぬけてきている。さらに第一次世界大戦の敗戦で、生活には大きな影響もうけた。帝国の廃墟から近代的な共和国を建国しようとするこころみや、法人型国家に傾斜していく過程、さらにヒトラーとナチスの渦をともに経験してもいる。

そしてもちろん、ウィーンという共通点をわすれてはならない。アレーガッセ十六番地に「宮殿《パレス》」とよばれたウィトゲンシュタイン邸がある。オーストリアの鉄鋼王カール・ウィトゲンシュタインは大理石のホールがつらなる、この館でくらしていた。一八八九年四月二十六日、カールに、末子となる八人目の子どもが誕生した。これがのちの哲学者ルートヴィヒ・ヨゼフ・ヨハン・ウィトゲンシュタインである。

そこから一マイルほどはなれた地区、聖シュテファン大聖堂の南側のとびらをみおろす場所に、書物でうまった快適なアパートがある。カール・ポパーはここで一九〇二年七月二十八日にうまれ、子ども時代をすごした。こちらは裕福な弁護士の三人の子どもの末っ子だった。

二人の家のあいだに、ハプスブルク王家が支配するホフブルク宮殿がそびえている。そこでは、「帝国第一の官僚」とよばれたフランツ・ヨゼフ皇帝が、簡素な部屋でいそがしく執務をおこなっていたことだろう。最盛期にはハンガリー、チェコ、スロヴァキア、ポーランド、イタリア、ガリツィア、スロヴェニア、セルビア、クロアチア、そしてもちろんオーストリアを支配した帝国の首都にしては、ウィーンはおどろくほどこぢんまりとした都市である。

さらに共通点をあげると、ウィトゲンシュタインもポパーも、ユダヤ人である。音楽に関心をもち、文化のうえでは急進的なひとびとと親しかった。どちらも教師としての訓練をうけ、論理実証主義のみなもとであるウィーン学団とも接触があった。これほど文化的にも社会的にも学問的にもかさなっていればどこで結びついてもおかしくないのに、ウィーンではついぞ出会っていないのだから、世のなかは不思議である。

たとえば、ウィトゲンシュタインの知りあいに建築家のアドルフ・ロース[訳注1]がいる。ロー

ルキの愛称で呼ばれたウィトゲンシュタイン（前列右） 隣は兄のパウル。後列は右から姉のマルガレーテ、ヘルミーネ、ヘレーネ。長女のヘルミーネは弟妹にとって母のような存在だった。

スは作曲家のアルノルト・シェーンベルクの知りあいであるし、そのシェーンベルクの私的な音楽協会のコンサートにはポパーもでかけている。じっさい、ウィーンをぐるっとかこむリンクシュトラーセ通りのうちがわで、いつどこへいけばどの有名人にあえるかは、だれでも知っていた。そこはコーヒーハウスの世界、常連たちのつどう、ひとつのテーブルのような世界だったのである。一杯のコーヒーや水のグラスをまえに、シュトルーデルとよばれるウィーン風の巻きパイなどを食べながら、ひとびとは文章を書き、ふと議論にたちもどり、あるいは演劇を評し、知りあいを紹介しあった。

たとえばロースのモダニズム建築についてひとことといいたければ、あるいはアルバン・ベルクの十二音音楽について文句があれば、カフェ・ムゼウムかヘーレンホーフをのぞくといい。あるいは出版人のカール・クラウスが『ディ・ファッケル』誌に書いた才知あふれる文章に物言いをつけたければ、夕食どきにカフェ・ツェントラルにいけば本人に会える。クラウスはここで、夕食の大辛ソーセージを食べながら、ひとと会う習慣がある。ただしクラウスは夜どおしはたらき、昼間は寝ているのをおぼえておく必要がある。カフェ・ツェントラルでは詩人のペーター・アルテンベルクにも会えるだろう。友人と連絡をつけるため、れいによってつぎからつぎへと郵便はがきを書いているかもしれない。またゲーデルたち数学者は、白いテーブルクロスをかけたコーヒーハウスにいるだろう。このクロスに方程式をかきなぐるのである。

チェスをひと勝負というなら、政治亡命者でコーヒー・ハウスの常連、レフ・ブロンシュタインと腕くらべをしてみるのもいい。かれはのちに、革命運動でトロツキーとよばれて有名になる。大衆新聞の犯罪記者に会いたければ、おそらく下町にいくといいだろう。ヨゼフ・ロートのカフェ・ヴィルツルなどは「うす汚れたトランプ、コーヒーの匂い、オコシマー印のビール、安ものの葉巻、スティックパン」で有名で、記者たちはこのカフェで、ネタを漏らしてくれる情報源をまちながら、タロット占いをしているのである。ウィトゲンシュタインとポパーが、ヴィルツルでビールをのみながらトランプに興じるすがたを想像するのはたのしい。だが想像の世界だけでなく、二人にはウィーンで共通の知人や友人がおおぜいいたのは事実である。じっさい、すぐちかくをとおりすぎたことも多かったろう。たとえば一九二七年の七月十五日である。この日、警察は社会民主党の労働者デモと見物人たちに発砲し、八十四名を殺害している。ポパーは「婚約者とわたしはこの光景を目撃し、とうてい信じられない思いだった」と語っている。そして、すぐちかくにはウィトゲンシュタインと姉のマルガレーテがいた。ウィトゲンシュタインがつよくのぞんだので、マルガレーテは自家用車を帰らせて二人で街路をあるいていたのである。発砲をきいたマルガレーテはあわててかけだそうとした。ウィトゲンシュタインはきっぱりといった。「銃声をきいたときは、走っちゃだめだ」。

交際する相手がかさなっていた例としては、フロイトとのつながりがある。ポパーの両親はジークムント・フロイトの姉ローザ・グラフと親しかった。グラフは一九一六年の休暇をポパー一家とすごし、彼女の息子も軍服姿でそこをたずねている。かれは直後に戦死したため、それが母親との最後の出会いとなった。

いっぽうウィトゲンシュタインの姉マルガレーテは、当時ウィーンで華ひらいた多くの知的活動や芸術運動の一端をになっており、そこから一九三〇年代はじめにジークムント・フロイトと知りあっている。いきさつはこうである。第一次世界大戦のあと、マルガレーテは米国のオーストリア救援計画の特別代表に任命された。任命したのはアメリカ軍の救援管理官でのちの大統領、ハーバート・フーバーであった。マルガレーテは青少年監獄とグラーツ大学で精神療法の顧問として活動するようになり、それで、神経症治療の知識を深めるためにフロイトから分析をうけることにしたのである。ショールをかけたソファで二年にわたって分析をうけ、そのあともフロイトが亡くなるまで、親しくつきあいをつづけた。フロイトは、ウィーンを脱出する一九三八年六月三日、自著の『幻想の未来』に、こう署名してわたしている。「わたしのかりそめの出発日に　マルガレーテ・ストンボロー夫人に捧ぐ」。

　フロイトの仕事はマルガレーテの弟ルートヴィヒにも、カール・ポパーにも知的な影響をあたえている。ただし、効果は正反対だった。ウィトゲンシュタインは自分の後期の仕事を、精神療法とならぶものとしてとらえ

ポパーと姉のドーラ（中央）、アニー　ポパーは家族の愛情を一身にあつめて育った。

ていた。いっぽうポパーはフロイト理論を疑似科学、それもとりわけだらしのない疑似科学の典型であると攻撃している。

発酵するウィーン文化が生みだしたもののなかで、二人の哲学がすすむ方向にじかに影響したものもある。たとえば教育改革がそうだった。ポパーもウィトゲンシュタインも、ウィーンで教師としての訓練をうけている。時期もわずかに四年ほどのちがいしかない。そして二人とも子どもたちをおしえた。ウィトゲンシュタインはオーストリアの田舎の小学校で、ポパーは知的に障害のある子どもたちをあつめたウィーンの小学校と中学校で教壇に立った。ポパーの場合はフロイトの元同僚で、精神科医のアルフレッド・アドラーの後援をうけていた。

またウィトゲンシュタインもポパーも、カール・ビューラーとオットー・グレッケルの影響をうけている。カール・ビューラーは教育研究所の哲学教授で、ゆたかな想像力にあふれた人物だった。オットー・グレッケルはウィーンの教育顧問で、オーストリアの学校でみじかいあいだおこなわれた教育改革実験の〈生ける魂〉といわれた人物である。マルガレーテはフーバーの計画の代表をつとめていたころ、グレッケルと近しく接していたと伝えられる。

ウィトゲンシュタインが教育にたずさわったのは、一九一九年にイタリアの捕虜収容所から釈放されたあとの時期である。この方向転換はいっときの気まぐれなどではなかった。へんぴな寒村で、六年も教師をしたのである。ただこのことについては、ウィトゲンシュタイン家がながいあいだ社会運動にとりくんできたという背景も考えにいれる必要がある。長女のヘルミーネもまずしいひとびとの教育にかかわっていた。マルガレーテは一九四二年にアメリカ赤十字に志願して、そのあと生涯にわたって無給で仕事をしている（奇妙なことに、このポストを提供するかどうか決定したのは、CIAの前身である戦略サービス事務所である）。ただ姉たちとちがうのは、ルートヴィヒの場合、たんに貴族的な慈善精神から教育に手をそめたのではないことである。かれは自分の生活から、いらない装飾や虚飾をすべてとりはらい、ぜいたくどころかおよそ快適さをもたらすものをいっさいそぎ落とそうとしていた。そして禁欲的になり、オーストリア農村のまずしい子どもたちの教師になった。それも最後は、のりものもなく歩いてたどりつくほかないような人里はなれた村へと赴任したのである。

いっぽうカール・ポパーにとって、教育活動は禁欲とはまったくかかわりがない。知的な障害のある子供たちの教育にたずさわったのは、学校を卒業して始めた仕事の自然な流れだった。ウィーンに新設された教育研究所に入ったのは仕事への関心とはべつの、重要な動機があった。研究所は大学と一部の講義を共有しており、高等教育にすすめる可能性があったのである。いずれ説明するが、父親が急にまずしくなったため、ポパーは高校を退学していた。高校卒業試験をうけられなかったので、そのままでは高等教育にすすめなかった。

教育研究所は、オーストリアの教育改革計画をおしすすめるためにつくられた。それまでの教育は、子どもたちをからっぽな容器のようにみなして、そこに必要な知識をたくわえさせ、権威をうやまう念をそそぎこもうとしていた。だがこの改革ではそういう「つめこみ学校」方式をやめ、自己発見と問題解決をつうじて、子どもたちに積極的な参加をうながすことをめざそうとした。ポパーもウィトゲンシュタインも、子どもの参加をはげます方法の訓練をうけたのである。人間の心には、もともと枠組みをつくりあげていく力がそなわっており、その枠組みをつかって知識を組みたてていくことができる、という考えかたが根底にあった。

ウィトゲンシュタインはこのプログラムの「俗っぽいスローガンと計画」をからかっておもしろがっていたが、かれがのちになって子どもむけにつくった辞書『小学校のための辞書』は、オーストリアの地方文化を尊重し、方言をつかって書かれている。これはじつは改革精神とよく調和するものである。さらにかれの哲学のプロジェクトもその方向にすすんだ。これは後期の思想をしめす『哲学探究』にしめされているが、共同体でつかわれている日常の言語をみると、まったくもうしぶんなく機能しており、ゆたかで多様なかたちで言語がつかわれていることがわかるという考えかたである。また、かれの教えかたとも響きあってくる。実例をあげ、学生たちにこたえさせ、さらに問いかけていくというスタイルである。

ポパーは、研究所で訓練をうけたことでカール・ビューラーと出会い、大きな影響をうける。人間は問題を提示し、それに仮の回答を出しながら思考するという考えかたをまなんだのである。のちにポパーは、科学もこの方法で発展すると主張するようになる。科学者は事実をあつめてから、それがどうなるかをしらべるのではない。まず解決策を思いえがき、それからそれをささえる証拠をさがしはじめるというのである。

このビューラーをウィーンにまねいたのはさきの教育顧問グレッケルであった。ビューラーが活動しはじめたころ、ウィトゲンシュタイン自身はもう僻地の農村にいたので、直接まなんだことはないのだが、ビューラーのひととなりも仕事も知っていたのはまちがいない。そして子どもの言語学習プロセスに、ウィトゲンシュタインもつよい関心をいだいていた(ウィーン学団のモーリッツ・シュリックとウィトゲンシュタインがはじめて顔をあわせた会合にはビューラーと、かれの妻で有名な幼児心理学者のシャルロッテも同席している。おぜんだてをしたのはマルガレーテであった。この出会いも、のちに大きな影響をうみだすことになる)。ただしその後、ウィトゲンシュタインはときに、ビューラーは山師だと非難するようになる。

ポパーはこれと正反対の見かたをしていた。「教育研究所の教師たちからはまなぶものがほとんどなかった。だがカール・ビューラーからは多くをまなんだ」という。ビューラーのほうもポパーを高く評価していた。ポパーがニュージーランドのポストを申請したときには推薦状を書いている。ポパーの博士論文は「非常に叡智に富む哲学探求」で、さらに「教師としての能力を高く評価している」とそえてある。

こういうさまざまな共通点は同時に、ウィトゲンシュタインとポパーという二人のウィーン人のわかれ道をくっきりとしめすものでもあった。いっぽうには運転手つきの自家用車や、ボランティアの慈善活動がある。そしてまずしい僻村におもむくため、だれに強いられたわけでもなくウィーンを去るウィトゲンシュタインのすがたがある。もういっぽうには、赤貧に直面したポパーのすがたがある。この乖離の深さを理解するには、アレーガッセにあったウィトゲンシュタインの実家をおとずれてみる必要があるだろう。

訳注

［1］アドルフ・ロース Loos, Adolf（一八七〇―一九三三）装飾を廃した、いわゆるモダニズム建築で知られる建築家。ロース・ハウスなど当時のウィーンの革新性を具現する建築をのこした。フランツ・ヨゼフ皇帝は窓に日除けをつけないロース・ハウスのデザインを嫌い、この建物に面した王宮の窓をあけさせなかったといわれる。著書の邦訳には『装飾と罪悪』伊藤哲夫訳　中央公論美術出版（一九八七）など。また日本語で読める関連文献も多く、つぎのようなものがある。『アドルフ・ロース』アドルフ・ロース研究会（一九八六）、『アドルフ・ロース――世紀末の建築言語ゲーム』川向正人著　住まいの図書館出版局（一九八七）、『アドルフ・ロース』ハインリヒ・クルカ編、岩下真好・佐藤康則訳　泰流社（一九八四）、『アドルフ・ロース』伊藤哲夫著　鹿島出版会（一九八〇）、『マスメディアとしての近代建築　アドルフ・ロースとル・コルビュジエ』ビアトリス・コロミーナ著　松畑強訳　鹿島出版会（一九九六）。

第八章　ウィトゲンシュタイン宮殿のコンサート

大富豪が村の小学校教師になるとは、たしかに倒錯している。
――トマス・ベルンハルト

ポパーもウィトゲンシュタインも高い教養層の出身である。ポパーの父親は弁護士で、ウィーンの都心にアパートメントとオフィスをもっていた。蔵書は数万冊、趣味はギリシア・ローマの古典をドイツ語に訳すことである。ホームレスの境遇に関心をもち、まずしい労働者に住宅をあたえる委員会の委員でもあった。この宿泊所の一つには、ウィーンで青年時代をすごしたヒトラーも滞在したことがある。弁護士としての仕事は帝国から表彰され、フランツ・ヨゼフ皇帝のもとで勲爵士を受勲している。

しかしウィトゲンシュタイン家は、さらに階層が上だった。ポパー家のようなブルジョワ層を見おろす位置にある、富豪層だったのである。十九世紀末当時、ウィトゲンシュタイン家はオーストリアでも屈指の富を擁しており、これをしのぐのはロスチャイルドのウィーン分家だけであった。ルートヴィヒの父カール・ウィトゲンシュタインはオーストリアの鋼鉄カルテルのかなめにいた人物で、鋼鉄の価格を自在に左右する力をもっていた。

実業家としては天才だった。もし生粋のドイツ人でさえあったら、ビスマルクはかれをドイツ経済の運営にあたらせたろうという風評があったほどである。それはカーネギーやメロン、あるいはロックフェラーをアメリカ経済のかじとりにあてるような感じだったろう。

いまはアルゲンティニア・シュトラーセとよばれている旧アレーガッセにあったカールの邸宅は、豪奢な「ウィトゲンシュタイン宮殿《パレス》」であった（なおこの街は、いまでは戦後に急造され、荒廃したアパートで埋めつくされている）。だが一族の富をひけらかすことを好まなかったカールは、宮殿という呼称をさけて、ウィトゲンシュタイン・ハウスといっていた。場所はカルル六世の礼拝堂、バロックの偉容をほこる巨大なカルルスキルヒェのすぐそばである。十九世紀末の商業・産業界の新興貴族層がうつり住んだ地区の中心であった。オーストリア・ハンガリー帝国社会の、がんこで根づよい階層構造からいうと、ここは宮廷と政府高官からなる旧来の貴族層の、すぐ下の階層にあたる富裕層が住んでいた地区である。ウィトゲンシュタイン家をよく訪問していたブラームスはこう語っている。「一家のひとびとはだれも、まるで宮廷にいるようにふるまっている」。

こうした地位には公的な責務もつきものだった。ウィトゲンシュタイン家はマーラーやシェーンベルク、ウェーベルンやベルク、そしてもちろんブラームスのいたウィーンのなかでも、とくに名だかい音楽サロンだった。ブラームスのクラリネット五重奏が初演されたのもこの家である。カールと妻のレオポルディーネ・ウィトゲンシュタイン夫妻の子どもたちは音楽的な才能にめぐまれていて、ブラームスはこの子たちにピアノのレッスンを

アレーガッセ16番地のウィトゲンシュタイン家の邸宅入口　豪奢をきわめたつくりは「宮殿」と呼ぶにふさわしいものだったが、父カールはひかえめな「ハウス」という呼びかたを好んだ。

している。マルガレーテが病気になって髪をみじかくしたときなど、また髪がのびますようにとブラームスは年代物のシャンパンを少女の頭にすりこんでやったという。

クララ・シューマン、グスタフ・マーラー、そして指揮者のブルーノ・ワルターもしばしばウィトゲンシュタイン家をおとずれた（ちなみにワルターはポパーの祖母の親戚である）。リヒャルト・シュトラウスは、ルートヴィヒの兄パウルとデュエットでピアノを弾いたこともある。パウルはのちにコンサートピアニストになったが、第一次世界大戦で右腕をうしなった。パウルの委嘱でモーリス・ラヴェルは『左手のためのピアノ協奏曲　ニ長調』を作曲している。ちなみにパウルは、セルゲイ・プロコフィエフに委嘱した作品のほうは演奏しなかった。「一か所理解しがたい音があるから、弾くつもりはない」というのである。プロコフィエフは、パウルが音楽的に前世紀の人物だとやりかえしたのである。

ポパー家のひとびとも、ウィトゲンシュタイン家が後援したコンサートをききにでかけたものである。なおウィトゲンシュタイン家がパトロンであるコンサートやリサイタルの場合、演奏家のほうがウィトゲンシュタイン家にでかけたのだといって誇張ではない。この家で弾くのなら、ピアニストは、六台のグランドピアノから好きなものをえらべたからである。

一九〇一年から一九一二年までウィーン国立オペラの助席指揮者をつとめ、のちに音楽監督になったブルーノ・ワルターの自伝にはこうある。「ウィーンには、芸術と芸術家を奨励することがみずからの責任であると考えるひとにぎりの層があり、ウィトゲンシュタイン家はその高貴な伝統をひきついでいた。よく知られた画家や彫刻家、高名な科学者たちがウィトゲンシュタイン家をひんぱんに訪ねていた。わたしはいつも、人間性と文化がすみずみまでいきわたったあの雰囲気を、感謝しながら享受したものだった」。

とはいえ、むかしながらの貴族層とウィトゲンシュタイン家との関係は微妙なものだった。一族の独特な地位をたもとうとするこころみと、できるだけめだたずにいたいという思いがまざりあっていたのである。これはカール・ウィトゲンシュタインが、ウィトゲンシュタイン「宮殿」でなくウィトゲンシュタイン「ハウス」というよびかたにこだわったことや、多額の寄付を匿名でおこなったことにも示されている。また娘たちが乗馬のレッスンをうけることはゆるさなかった。自分を貴族と思って育つべきではないと考えたのである。いっぽうで、ある貴族が財務大臣に任命されたとき、カールはこれを批判する文を発表している。伯爵であることが、財務大臣になる十分な資格をしめすものではないと強く主張したのである。

カールは自分を急進派と考えており、ウィーンにおける美術の革新運動を積極的にささえていた。たとえば当時、荘重なテーマを荘重にあつかうという旧来の流派から袂をわかった芸術家たちがあらわれていた。かれらの作品を展示する「分離派美術館」が一八九七年に建てられている。この資金の大半はカールからでていた。画家のグスタフ・クリムトなどはカールを「美術大臣」とよび、娘のマルガレーテが一九〇五年に結婚したおりには肖像画をえがいている。この作品は豪奢な官能性にみちたものだが、モデルの暗いまなざしには不安の翳がさしている。マルガレーテはすぐさまこの肖像を田舎の別荘の屋根裏にしまいこんでしまった。

ウィトゲンシュタイン一家はめだたないよう気をつかっていたかもしれないが、それでも一族の富や芸術のパトロンとしての行動がすべての人の好みにかなうものだったわけではない。雑誌『ディ・ファッケル』は、豪勢な寄付を自慢するウィーンの有名な一家を、何度も痛烈に諷刺している。また二十世紀オーストリアきっての小説家で劇作家だったトマス・ベルンハルトは、自作でルートヴィヒ・ウィトゲンシュタインに偏執的なこだわりをみせ、富める者への毒舌をつらねている。一九八二年に発表された小説じたての『ウィトゲンシュタインの甥』［訳注1］では、ウィトゲンシュタイン家がクリムトのパトロンだったことについて、ほとんど獰猛なコメントをのべている。槍玉にあがったのはつぎのような作品である。

クリムト自身の作をふくめ、ウィトゲンシュタイン家の「クリムト時代」のぞっとするような絵画群。武器を製造していたウィトゲンシュタイン家は、クリムトをはじめ当時の名だたる画家たちに家族の肖像を描かせている。二十世紀初頭は、なりあがりの富裕層がメセナのような芸術のパトロンを気どって、自分たちの肖像を描かせるのが流行だったからである。こうした新興一族のつねとして、ウィトゲンシュタイン家には基本的に芸術のためについやす時間などなかったのだが、それでもパトロンではいたかったのだ。

ベルンハルトはさらに、ウィトゲンシュタイン家は「巨万の富によって窒息させられた、芸術と知性の敵」であるとまでしるしている。

すくなくとも第一次世界大戦のころまでは、ルートヴィヒが父の巨万の富を享受することをためらわなかったのはたしかである。ケンブリッジの友人デヴィッド・ピンセントはかなり裕福な家の生まれであったが、ある日ウィトゲンシュタインからアイスランドにいこうとさそわれたのに驚いて、日記にこう書いている。「どのくらい費用がかかるかときくと、かれはこたえた。「それはどうでもいいよ。ぼくは文無し、きみも文無しだ。でもきみが金をもっていたとしても、どうでもいいことだ。父のところにはいくらでもあるからね」。だから父親に二人分はらわせればいいと提案してきた」。旅行がはじまり、ピンセントがロンドンでどこに滞在するかという話になると、ウィトゲンシュタインはトラファルガー広場のグランドホテルにつれていった。「ウィトゲンシュタインはラッセルのところに泊まるときいて、ぼくはもうすこし安くすむホテルがいいといった。でもかれは耳をかさなかった。旅行中も、節約しようなんてまるっきり考えなかった」。

ウィトゲンシュタインがのちに住んだケンブリッジの自室は、家具が質素なことで有名になったが、第一次大戦まえはそうではなかった。ピンセントは一九一二年の十月に、トリニティーカレッジの部屋にオーダーメードの家具をはこびこむのを手伝っている。どれもロンドンからとどけられたものだった。ウィトゲンシュタインはケンブリッジで売られているような家具は「ぞっとする」といってみむきもしなかったのである。「かれは自分の好みにあわせて家具を特注していた。かなり風変わりな趣味だったが、わるくはなかった」。こうしたわけで、アイスランド旅行からもどると「ぼくたちはシャンペンつきの夕食をとった」。

ウィトゲンシュタインの父親は一九一三年に癌で亡くなる。ルートヴィヒはこのとき相続した財産により、オーストリア中でもっとも裕福な人間になる。ヨーロッパ全体で考えても、もっとも裕福な人間の一人になったといわれている。ポパーの場合、父親は戦後のインフレですべての貯金をうしなってしまったが、ウィトゲンシュタインの父親は海外に資産をうつしておいたために、その大部分をまもることができたのである。

しかし富豪としてのルートヴィヒはつかのまだった。戦争をくぐりぬけたあと、かれは精神的に別人になったのである。姉のヘルミーネは弟の同僚だった兵士たちがかれを「福音書の男」とよんでいたのを記録している。トルストイ版の福音書を肌身はなさずもち歩いていたからだった。ルートヴィヒは捕虜収容所からもどってくると、生きのこっていた兄パウルと、二人の姉ヘルミーネとヘレーネに自分の全財産をゆずってしまう(姉の一人マルガレーテにゆずらなかったのは例外だが、これは彼女がアメリカの富豪ジェローム・ストンボローと結婚しており、ゆたかな財にめぐまれていたためである)。

こうしてルートヴィヒは自分のあらゆる財産を、二度と自分の手にもどらないよう公証人に処分させた。公証人はこの手つづきをしたがらず、ルートヴィヒがどれほど苦労したかをヘルミーネは書きのこしている。ただ、弟の将来の展望としては、基本的に「完全に自由になること。しかし将来の状況によっては、兄と姉に援助してもらえるという事実を本人はなんの懸念もなくうけいれ」ていると書いている。

ウィトゲンシュタインの生活が、偏執的なほどつつましいものになったのは、このころからである。あとはひたすら、清潔でこざっぱりした状態でいることだけに情熱をかたむける日々になった。友人で、のちに建築の分野でいっしょに仕事をしたパウル・エンゲルマンは、この状況をつぎのように説明している。

財産だのネクタイだの、うわっつらの体面をととのえるために耐えられないくらい負担をかけてきたわずらわしいことを、いっそなにもかもうちすてたいという、あらがいがたい欲求がそこにはあった。ネクタイについては、わかいころはごく念入りに、洗練されたたしかな趣味の品をえらんでいたときいている。しかしウィトゲンシュタインがネクタイをやめたのは禁欲するためではない。……大なり小なりつまらないこと、ばかげたことだと判断したいっさいがっさいを、かれはすてようと決めたのだった。

ウィトゲンシュタインは甥のジョン・ストンボローに、これとちかい説明をしている。

けわしい山でながい登りにさしかかったら、重いリュックなどは登り口においていくだろうというのである。「それが金にたいする叔父の態度でした。重荷をおろそうとしたのです」。のちに、ウィトゲンシュタインへの追悼文で『タイムズ』紙はこう書いている。「ウィトゲンシュタインは隠者のような宗教的瞑想のしるしを帯びていた」。そしてかれの極端な禁欲と、隠遁生活についてふれている。

しかしゆたかな家の出であることの恩恵を、かならずしもすべてすてさったわけではない。ウィトゲンシュタインは一九二〇年代から三〇年代にかけて、ウィーン学団の中心だったモーリッツ・シュリックや、学団のメンバーの一人フリードリッヒ・ヴァイスマンと話しあっているが、このときはウィトゲンシュタイン家が所有していた閑静な別荘群をつかっている。たとえばウィーン郊外のノイヴァルデックには、春と秋にウィトゲンシュタイン家のひとびとが保養につかっていた別荘があった。またアウグスティニア・シュトラーセには兄と姉の共同の持ち家があり、そのつかわれていない部屋で会合をひらいた。また、ウィーンから自動車で西へ一時間のホッホライトには、丘陵のおくまったところに夏の別荘もあった。ウィトゲンシュタインは、ウィーンと姉たちにはつきない愛情をいだいていた。ケンブリッジにもどった一九二九年から一九三七年まで、そして一九四九年から死の年の一九五一年まで、夏とクリスマスの休暇はいつもオーストリアですごした。

それにそだちのよさは、財産ほどかんたんにはすてられない。友人の文芸評論家リーヴィスは、かれを悩める魂と考えていたが、それは生まれそだちのよさからくる態度ともきりはなせないという。「あのゆるぎない自信は、高い教養や、静かな気品とむすびついたものだった。そこになにか貴族的なものを感じたのは、わたしだけではないと思う」。リーヴィスが感じとったウィトゲンシュタインの苦悩は、きびしくつつましいくらしのスタイルをたもとうとする意志と、大金持ちだけがもつ余裕とがぶつかるところから生まれたものだったかもしれない。大富豪が村の小学校教師になるとはたしかに倒錯している、というトマス・ベルンハルトの表現は、それを端的にあらわしている。

ポパーにも高い教養があったのはたしかだし、おそらく静かな気品もそなわっていただろう。ただ一目で感じとれる貴族的な風采や、つかいほうだいの家族の金はなかった。一九一九年から一九二〇年にかけて、かれも質素な生活をしていたが、それはそうするしかなかったからである。ポパーは実家をでて「元は軍の病院だった建物のつかわれていない部分を、学生たちが極端につつましい学生寮につくりかえた部屋に住んでいた。わたしは独立したかったし、父の負担になりたくなかった。父はもうとうに六十歳をすぎ、そして戦後の天井しらずのインフレですべての預金をうしなっていた」。

ウィトゲンシュタインの父は、富をみせつけないよう家族にいさめてはいたが、ウィーンほどむすびつきのつよい都市では、ポパー家をふくむ多くの家族にとって有名な家名であったろう。ウィトゲンシュタインという名にはニュースとしての価値があった。日刊紙の社交欄やビジネス欄をにぎわせただけではない。名家として、カール・クラウスが編集

聖シュテファン教会を見おろす位置にあったポパー家の住居　数万冊の蔵書に満たされていたという。

をつとめた雑誌『ディ・ファッケル』などでは痛烈な皮肉と論評のまとにもなった。カール・ウィトゲンシュタインの事業や慈善行為や、経済にかんしてカールが書いた記事、ウィーンの文化生活におけるウィトゲンシュタイン家の位置などが、ポパー家の夕食のテーブルで話題にならなかったとは考えにくい。

カール・ポパーが、ウィトゲンシュタインに個人的な敵意をいだいていたのはあきらかで、たとえばピーター・ミュンツはこういう侮蔑的な発言を記憶している。「ウィトゲンシュタインはコーヒーハウスと塹壕の区別もできない」。ポパーにとって、コーヒーハウスは裕福でうすっぺらなひまつぶしの場、流行を追った思想の場なのである。ポパーは自分の学生で、のちに同僚になったイスラエルの哲学者ヨゼフ・アガシにコメントしている――『論理哲学論考』はコーヒーハウスのにおいがする。

だがポパーはウィトゲンシュタインの塹壕の知識について、まったく思いちがいをしている。『論考』ににおいがあるとすれば、それは塹壕のにおい、死と崩壊のにおいである。第一次世界大戦で、ウィトゲンシュタインは志願兵として、オーストリアのためにずばぬけた果敢さでたたかった。かれは戦場をさけるためではなく、前線に派遣されるために家族の社会的なコネクションをつかった。十七歳のときにヘルニアの手術をしていたので、ほんらい戦火からとおい場所で兵役につくことができたはずだったのである。だがかれは砲兵隊の偵察士官のポストにつき、任務をこえたところまで偵察をすすめるといってきかなかった。オーストリア・ハンガリー帝国では、英国のヴィクトリア十字勲章級の受勲に価する功績だったといわれるが、この戦闘はオーストリアにとって敗戦で、敗者に勲章はあたえられなかった。いずれにしても、この戦場のまっただなかで、ウィトゲンシュタインは『論考』にとりくんでいたのである。

パウル・エンゲルマンはいう。「ウィトゲンシュタインは従軍を、なににもまして優先されるべき義務と考えていた。友人のバートランド・ラッセルが反戦運動で投獄されたときいたときには、個人的な勇気にたいする敬意をかくさなかったものの、ラッセルのヒロイズムは場をとりちがえているとも思っていた」。

のちの第二次世界大戦でも、ウィトゲンシュタインはふたたび義務感をあらわにしている。すでに五十歳をこえていたにもかかわらず、ケンブリッジをはなれ、南ロンドンの病院で調剤師の助手としてはたらく手つづきをとった。ロンドン大空襲のさなかのことである。ここでも任務に全力をなげうって献身する才能をしめし、外傷性トラウマをしらべる医療チームを手つだっている。チームがニューキャッスルに移動したときは同行するようまねかれ、応じている。

また、逆説的ななりゆきからではあるが、ウィトゲンシュタインはべつのかたちでもイギリスの戦争遂行に貢献したといえそうだ。かれは一九三九年にアラン・チューリング[訳注2]と数学の論理における矛盾について話しあい、対立したことがある。矛盾はたいしたことではないというのがウィトゲンシュタインの見解だが、それはチューリングにいわせるとまったくあやまった固執であった。このころウィトゲンシュタインの言語哲学は『論考』のころとくらべて劇的に変化していた。『論考』のときはあいまいさのない、完璧で理想的な言語が存在すると信じていた。だがこの時期になると、ある共同体が内部に矛盾をふくむような言語をつくりだして導入しても、とくに問題はないと考えるようになっていた。

チューリングはごく初期のコンピューター「ボンブ」の設計理論を開発した人物で、これについてはウィトゲンシュタインと意見が対立したことが、ある役割をはたした可能性がある。そしてこのコンピューターは、ロンドン近郊のブレッチリーパークにあった暗号解読センターでドイツの「謎《エニグマ》」の解読をなんとかまにあわせるために役だったので、その意味で戦争に貢献したといえる。

ところでウィトゲンシュタインに侮蔑的なことばをなげたポパーのほうは、戦闘でたたかったことはない。第一次大戦の終結当時はまだ十六歳だったし、第二次大戦中は前線から数千マイルもはなれた安全なニュージーランドではたらいていた。ただこの地で、四十人ほどのオーストリア亡命者の逃走を組織するのに手をかしている。

ポパーはニュージーランド軍に参加しようとしたが、身体的な理由で却下された。しかしかれは『歴史主義の貧困』と『開かれた社会とその敵』の著者として、ナチズムの敗退に貢献したというべきだろう。もっとも『開かれた社会とその敵』の出版は、ナチス・ドイツの崩壊後であるが。のちにポパーは自伝『果てしなき探求』で、あの二冊が「わたしの戦争活動だった」としるしている。またアーネスト・ゲルナーが耳にしたことだが、ポパーは一九四六年、アイザイア・バーリンとA・J・エイヤーにこう語ったという。『開かれた社会とその敵』は「戦闘の書だった」。

いずれにしても第二次世界大戦が、ユダヤ系家族の出身であるポパーとウィトゲンシュタインにとって、個人的にかかわりの深い戦闘だったことはまちがいない。

訳注

[1]『ウィトゲンシュタインの甥』ウィトゲンシュタインの甥で、精神を病んだ音楽通のパウルという人物をモデルに、そのふるまいをつうじて、ウィーンの文化に対するパロディックで悲劇的な洞察を展開した小説。デイドロの『ラモーの甥』の流れを汲む作品ともいえるが、作者のベルンハルトはじっさいにパウル・ウィトゲンシュタインと交流があり、概念的な諷刺にはとどまらない。邦訳は『ウィトゲンシュタインの甥——最後の古き佳きウィーンびと』トーマス・ベルンハルト　岩下真好訳　音楽之友社（一九九〇）。

[2] アラン・チューリング　Turing, Alan（一九一二—五四）　英国の数学者。ケンブリッジ大学で学び、いわゆる「チューリング機械」の概念によって計算機科学の基礎の一角を築いた。キングズカレッジで教えた一九三九年にヴィトゲンシュタインの講義をうけた。両者の討論はこの時期におこなわれている。なお、チューリングは第二次世界大戦中にドイツの暗号機「謎《エニグマ》」を解読したことでも知られる。のちに服毒自殺。エニグマの解読に「ボンブ」を応用したいきさつについてはアンドリュー・ホッジス Andrew Hodges の評伝 *Alan Turing—The Enigma* がくわしい。

第九章　かつてユダヤ人として

西洋文明において、ユダヤ人はいつも身にあわない尺度で測られている。

――ウィトゲンシュタイン

社会的地位や財産のちがいはともあれ、ウィトゲンシュタインとポパーには、ある消しがたい共通の特徴がある。二人とも、ヨーロッパでもっとも同化のすすんだ都市ウィーンで、キリスト教に改宗した同化ユダヤ人の家庭に生まれたという事実である。ケンブリッジでの二人の対決は、いまだウィーンにルーツをのこすユダヤ系亡命者同士の衝突とみることもできる。社会的にも政治的にも強い個性をおびたウィーンの文化は、二人の思想家をむすびつけるどころか、生きることにたいする両者の姿勢がどれほどちがうかを、あらわにするのである。

ユダヤ人というアイデンティティーの問題は、複雑な性質をおびている。フランツ・ヨゼフ皇帝のもとにあったウィーンの多国籍キリスト教社会のなかで、多くのユダヤ人の地位はつねに過渡的な位置にあった。だが排除と同化という対立概念でとらえてしまうと、そのことがみえてこない。

ユダヤ人たちはこの地で、完全に排除されていたわけではない。とはいえ、完全に同化していたわけでもなかった。ユダヤ人のがわからみると、十九世紀なかばから後半にかけてユダヤ人が法的に解放されたことによって、いくつかの自己定義が生まれてきた。[訳注1] しかし自己をどう定義しようと、社会的な受容度はつねに他者のがわが決めるものである。排斥や差別、ことばにならない留保、いわゆる「ユダヤ人問題」。これらはどれもユダヤ人自身ではなく、多数派であるキリスト教社会の手のなかにあった。

ジークムント・フロイトは、ユダヤ人としての強いアイデンティティーを自分でみとめることができ、じっさいにみとめてもいた。「わたしは自分がユダヤ人であることをよろこんで、そして誇りをもってみとめています。そのことはご存じでしょう。とはいえ、あらゆる宗教に対するわたしの姿勢は批判的で否定的なものです。そしてそこにはユダヤ教もふくまれます」。しかしウィトゲンシュタインもポパーも、こんなふうに発言することはできなかったろう。キリスト教の信仰のもとで洗礼をうけたユダヤ人家族は多く、二人ともその出身だからである。ポパー家の場合、カールが生まれる直前にキリスト教に改宗している。ポパーの姉たちが生まれたころ、まだ一家はユダヤ教の篤い信者であるか、生まれだけのユダヤ人であるかをとわず、一貫し統合されたユダヤ人コミュニティーをかたちづくる傾向があった。かれらはおなじユダヤ人同士の大きな集団のなかで生き、はたらき、そこで社会的

しかしウィーンのユダヤ人たちは、ユダヤ教を信仰していた。

なまじわりをもち、結婚していた。世紀のかわり目のころのウィーンでは、改宗したユダヤ人たちも、インネンシュタットやレオポルトシュタット、アルザーグルントなど、ユダヤ人がおもに居住する区域に住むほうがくつろいでいられた。友人も、改宗しているかどうかをとわず、ユダヤ人のなかからえらんでいた。

　ヨーロッパのどの都市とくらべても、当時のウィーンはキリスト教に改宗したユダヤ人の比率がもっとも高かった。これは、反ユダヤ主義の文化観が浸透してユダヤ人にとっても内面化されていたことと、ハプスブルク帝国の社会で階層を上昇するには、改宗する必要があるとつよく考えられていたことによる。また法律でユダヤ人と、信仰心に篤いキリスト教信者との結婚が禁止されていたことも大きかった。ことなった宗教の二人が結婚するには、かたほうが相手の宗教に改宗するか、あるいは自分の宗教をもはや信じないと宣言する必要があったのである。そしてユダヤ人と非ユダヤ人の結婚では、ユダヤ人のがわが譲歩することが多かった。

　ドイツ語を話す文化とその社会のなかでそだったユダヤ人は、同化を重視していた。だが完全な同化はどうあっても不可能だった。たしかに家族や労働や、文化や政治生活の面では、ドイツ文化に完全に同化していたかもしれない。しかしウィーンの劇作家で小説家のアルトゥール・シュニッツラーが指摘しているように、「ユダヤ人は、とくに公的な生活において、自分がユダヤ人であるという事実を無視することはできなかった。それを無視する者はだれもいなかった。キリスト教徒がわすれるはずもなかったし、ましてユダヤ人がわすれるはずはなかったのである」。

これはウィーンにかぎった現象ではない。アラン・アイスラーはニューヨークの小説『ウエストエンド・アヴェニューのプリンス』で、簡潔にこう書いている。「もちろんキリスト教徒たちからみれば、かれはユダヤ人のままだった。そしてユダヤ人からみても、成功はしたかもしれないが、なんであれユダヤ人なのだ」。ポパーはよく、自分を「ユダヤ人」と感じるかとたずねられた。そしていつも怒ったように、そのとおりだとみとめるのだった。

ユダヤ人としての生まれ、改宗時期、また改宗のいきさつを暗示するいいかたがある。これには微妙なものやあからさまなものなど、いろいろあった。ドイツの歴史家バルバラ・ズッヒーはこうした表現をいくつも記録している。「赤んぼうのころに洗礼をうけた」というういいまわしは、だれかがユダヤ人であるとそっとほのめかす表現である。たとえば作曲家のフェリックス・メンデルスゾーンは「子どものころに洗礼をうけた」といわれる。ちなみにメンデルスゾーンはウィトゲンシュタインの父方の祖母ファニー・フィグドールと友人だった。メンデルスゾーンは、ファニーの甥で名ヴァイオリニストだったヨゼフ・ヨアヒムの最初のスポンサーになっている。

こうしたほのめかしをつかうひとびとからみて、もっとなじみのない「ユダヤ的」な表現もある。それは「宗旨がえした」といういいかたである。これは自分の意志で改宗をきめたことを意味した。

やがて、ユダヤ人は自分たちでもこうしたことばをつかいはじめた。赤んぼうのころに洗礼をうけた、といういいかたには微妙なからかいのトーンがあり、ときに他人の不幸をよろこぶ気もちがひびいていた。あるいは「あのひとにはあまり役にたたなかった」といういいかたもあった。あるいは改宗したひとについて、「ユダヤ人のコミュニティーを棄てたととがめるべきではない、カトリックやプロテスタントとしてそだったのは、本人の決定ではなかったのだ」という表現もあった。ひとかどの名をなした文化的英雄の場合であれば、それでも「われわれの一人」としてあつかわれ、「歴史にのこる偉大なユダヤ人」の誇らしいリストに列せられるのである。

ポパーを「赤んぼうのころに洗礼をうけた」とよぶこともできたろう。だがウィトゲンシュタインには、このあてこすりはあてはまらない。ウィトゲンシュタイン家の場合、改宗したのははるかまえの世代なのである。

改宗した多くのユダヤ人にも、ユダヤ教をまもっているひとびとにも、ウィーンで大多数をしめるキリスト教社会から自分たちが排除され、疎外されているという感覚はついてまわった。たしかに、アルノルト・シェーンベルクの予約者むけコンサートを聴いてたのしもうというポパーは、一九二〇年代にはむしろ変人にみえたにちがいない。シェーンベルクの弟子、ローナ・トルーディンクはポパーをこう思いだしている。「すばらしい人物で、思想家であるとともに偉大なひとだった。ただ、仲間とはなじまなかった。いい意味でのアウトサイダーだった」。ポパーがいつも周囲に対し、批判的な距離をおいていたのはまちがいない。歴史家のマラキ・ハコーエンはこれを根本のところでとらえている。「中欧からの亡命者であったポパーの生涯と著作は、リベラリズム、ユダヤ人の同化、中欧コスモポリタニズムのあいだにあったジレンマを体現している」。

ウィトゲンシュタインの場合も、自分はまわりの世界から孤立しているという感情が、性格の一部になっていた。だがポパーとは大きなちがいがある。ウィトゲンシュタインの場合、巨大な富をつうじて社会的にうけいれられやすい環境にあった。それでも、なお孤立感をぬぐえなかったのである。第一次大戦のあとは、とくに意識的に自己否定にかたむいたかもしれない。しかし生まれつき「富裕なオーストリアの上流階級の家族の相続者」であることをウィトゲンシュタインはつねに自覚していたとシオドア・レッドパスはいう。「そしてこのことをごく当然のようにしめすので、ひとはびっくりするのだった。かれがしばしば、自分が二流とみなすものを〈リンクシュトラーセ〉とよぶのはその一例である」。

リンクシュトラーセは、ウィーンの中央部をぐるりとかこむ、巨大でさわがしい環状道路である。そのようすはいまもかわらない。そこはウィトゲンシュタインの目には空疎な、虚飾とみせかけだけの場所にうつった。リンクシュトラーセにかこまれた地域はファッショナブルな街区としてとおっていたのだが、ウィトゲンシュタイン一族の者からみて、真に品位のある場所ということにはならなかった。

こうしたみくだすような姿勢は、ほかの点についてもみられる。ウィトゲンシュタインは晩年、トリニティーカレッジの五月の舞踏会に出るわかい女性たちの夜会服を「けばけばしくて安っぽい」といっていた。きっと第一次世界大戦まえ、輝かしかった日々のウィトゲンシュタイン宮殿の夜会ではずかしい思いをする服装なのだろう。

とはいえ、そういう威厳はウィトゲンシュタイン家としても、どちらかといえば近年になってからのことだった。かつてヘッセンからやってきたドイツのユダヤ人一家、ウィトゲンシュタイン家の社会的な地位は歴史のなかで大きくうつりかわっている。フランツ・ヨゼフ皇帝時代の社会の寛容度をしめす研究事例、といえそうなくらいである。ルートヴィヒの祖父はドイツの小国ヘッセンで、国王領の管理者の家に生まれた。それから羊毛商人になり、ウィーンの不動産商になった。その息子、ルートヴィヒの父は工業界に君臨し、芸術の支援者になり、古くからの由緒ある貴族につぐ準貴族になった。これがすべて、わずか八十年間におきたことである。しかし一九三〇年代の末になると、社会全体の構造が、オーストリアというあやうい薄氷のうえになりたっていたことがみえてくる。

ポパーとウィトゲンシュタインがウィーンでまなんでいた時期は、ヒトラーとホロコーストの種がまかれた時代である。ウィーンは「世界破壊のための試験場」になったと、出ているが、「野生の東部という消えうせたおとぎばなし」といったのは小説家のヘルマン・ケステンである。ウィーンは「死滅しようとする文化のまばゆい創造物」で、知的にも文化的にも未来をめざしていた。ここであらたに登場したものはどれも、息がつまるような古い伝統からなんとかしてのがれようとしていた。

このはげしいうつりかわりの原点は、十九世紀の急速な工業化によってもたらされた大変動のなかにある。そしてカール・ウィトゲンシュタインはその変動の原動力でもあった。十九世紀から二十世紀への境目に、あたらしい文化の地平が姿をあらわしつつあった。それは啓蒙の確実さをこばむ文化であり、装飾性に執着することも伝統にひれふすこともこばんでいた。それまでの伝統は帝国社会に重くのしかかってその地平を制限し、革新的なうごきを窒息させていたのである。ここに登場したのはあたらしいものを実験したいというねがいであり、機能性によって形式をつくろうといううごきであり、まっすぐで明快な表現をもとめる思いであった。

ホーフブルク宮をいただく都市の壁のうちがわで、帝国の支配的な形式主義や過去の遺産の精神からとおくはなれて、ウィーンは変貌をとげていった。そのときここは、不確実で変動する自己という理論をとなえたエルンスト・マッハの都市であった。無意識の力を発掘したフロイトの都市であった。伝統的な調性をすてさり、十二音体系をうちだしたシェーンベルクの都市であった。またおなじ時期、アルトゥール・シュニッツラーは文学をつうじて内的な独白と、人間関係をつきうごかす性の力をえがいた。さらに建築家のアドルフ・ロースは、建築から「装飾のための装飾」をとりはずしてしまった。いっぽうユダヤ人である自己を憎んでいたオットー・ワイニンガーは『性と性格』をあらわしている。[訳注2]これはウィトゲンシュタインもわかいころに読んで傾倒している。またカール・クラウスは、政治や文化の現実をおおいかくす決まり文句や隠喩といった言語形式を攻撃した。クラウスは公共生活の言語から、文化的に不正確な要素をとりさることをもとめたのだが、そこにはウィトゲンシュタインが言語に対していだいた関心と共通するものがある。

さらにウィーンは、ユダヤ人の家庭にうまれた知識人たちが大きな役割をはたした都市でもあった。かれらはコスモポリタンとしての複合的なありかたに積極的になじんでいった。さきにあげたフロイトやシュニッツラー、ロースやクラウスなど六人のひとびとも、すべてユダヤ系である。シュニッツラーはプロテスタントに改宗していたが、ヒトラーに挑戦するため、あえて自分のユダヤ人としての信念を公表したものだった。

一九二九年にウィーン学団が正式に発足したとき、十四人のメンバーのうち八人までがユダヤ人だった。またヴィクトール・クラフトなどほかのメンバーもユダヤ系とみられていた。皮肉家のレオン・ヒルシュフェルトは旅行案内の文でこう助言している。「ウィーンに滞在しているあいだは、あまりひとの関心をひいたり、独創的であったりしてはいけない。そういうことをすると突然、ユダヤ人だとうしろ指をさされる」。クラフトなどはまさにその実例だった。

多くのユダヤ系知識人は昔をふりかえって、ハプスブルク帝国期が黄金時代だったと回顧している。皇帝によるおおやけの寛容政策の影響もあって、国民性と文化がゆたかに混淆するなかで、制度的なあいまいさも生まれていた。ガリツィア人[訳注3]であれ、同化したウィーン人であれ、ユダヤのひとびとはこの地に落ちつける居場所をみいだしていた。この帝国こそ、もっともすすんだ統治形式であるという逆説的な議論まで生まれていた。リベラルな政府の確固たる枠組みにまもられ、そこではさまざまな意見が沸きたちながら、たがいにゆたかなものをもたらしつつ共存しえていたという見方である。
ルートヴィヒの父方の祖父ヘルマン・クリスティアン・ウィトゲンシュタイン[訳注4]が、ライプツィヒからウィーンにやってきて、不動産の商売をはじめたのは一八五〇年代である。そのころすでにウィーンは、ヨーロッパでもっともコスモポリタンな都市だった。多民族の自由をたたえる、こんな小唄がはやっていた。

キリスト教徒もトルコ人も、異教徒もユダヤ人も
老いも若きもここに住む
いさかいもなく調和して
自分の暮らしをもてるのさ

第一次世界大戦のまえ、ウィーンではユダヤ人の人口が爆発的にふえていた。一八五七

年の時点ではまだ住民の二パーセントにすぎなかったのが、一九〇〇年には九パーセントにふえている。そしてさらに戦争が勃発する時期まで、ゆっくりとふえつづけていく。当時ウィーンには、ワルシャワとブダペストにつぐ、ヨーロッパで三番目のユダヤ人コミュニティーが形成されていた。それでもこの数字だけではまだ、皇帝の宮廷と政府をのぞくオーストリアの日常生活でユダヤ人たちがはたした役割の重要さをしめしたことにはならない。

一九一三年、英『タイムズ』紙のオーストリア駐在員ウィカム・スティードはこう書きのこしている。かれはユダヤ人に好意的でなかったのだが、それでも「経済的にも、政治的にも、一般的な影響力という点でも、かれらユダヤ人は、王国でもっとも重要な要素である」。また一八九〇年代にウィーンの市長だったカール・ルエーガーのことばもある。ルエーガーはキリスト教社会主義者で、政治の場に反ユダヤの主張をもちこみ、反ユダヤ主義を利用して市長にまでのぼりつめた人物であるが、そのかれでさえ、こういわざるをえなかった。「わたしはウィーンのユダヤ人たちの敵ではない。かれらはじっさいそう悪くないのだし、われわれはユダヤ人なしではやっていけないのだから……。つねに積極的に活動しているといえるのは、ユダヤ人だけだ」。第一次世界大戦まえ、やとわれようもない生きかたをして失業していたヒトラーでさえ、一九一〇年から一三年にかけて、ウィーンでは生きのびることができた。それはホームレスの人びとに慈善をおこなっていたユダヤ人たちがいたことと（ポパーの父親はこの活動を支援していた）、ヒトラーの絵を買いあげたユダヤの商人がいたおかげだった。
もともとユダヤ人は文官や軍人の要職にはつけないよう排斥されていた。このため、たとえユダヤ教の信者でなくても、ユダヤ人の子弟が出世できるのは教育や知的職業の分野だけだった。一八八〇年代、当時の伝統的な中等教育機関ギムナジウムでは、生徒のほぼ三分の一がユダヤ人である。また職業学校であるレアルシューレでは五分の一がユダヤ人だった。さらに医学部のユダヤ人学生は半分にとどこうとしており、法学部でも五分の一、哲学部では六分の一をしめていた。歴史家のロベルト・ウィストリッヒは帝国期ウィーンのユダヤ人を研究し、ユダヤ人解放からうまれてきた市民エネルギーの怒濤のいきおいを、こうあらわしている。

一八六七年の憲法が施行されて、オーストリアのすべての市民が平等な市民権と政治的な権利をもてるようになると、ユダヤ人たちは創造的な才能を発揮しようと熱心につとめた。慈善組織の活動家になったり、新聞や教育雑誌を発行したり、また音楽や文学や経済、政治の分野で名をなした。銀行家として、慈善家として、大学人として、医者として、作家として、科学者として、ユダヤ人はオーストリアの発展にその役割をはたしたのである。……さらにオーストリアの同国人とともに国家の防衛をにない、多くの精神的闘争にも参加した。

ユダヤ人は自分たちの力を発揮できる機会があたえられたことを感謝しており、それだけにオーストリアに忠誠心をいだいていたのである。そのことと、またオーストリア帝国の多国籍国家としての性格を考えれば、ウィーンのラビの代表アドルフ・イェリネックが一八八三年にこう発言したのもなんら意外ではない。「オーストリア統一という理念の基準をになうのはユダヤ人である」。

この空気をつたえる辛辣な逸話がある。おそらくはつくりばなしなのだが、いわく、オーストリア・ハンガリー帝国の陸軍士官グループが、同僚兵士の墓に土をかけながらどういうことばをとなえたか、というものである。士官たちはそれぞれ自国の名において自国の兵士を葬った。したがってハンガリーやチェコや、スロヴァキアやポーランドの名において埋葬がなされた。だがユダヤ人の士官だけは、オーストリアの名において葬ったというのである。

しかしこの士官の忠誠心でさえ、オーストリアにしみわたっていた反ユダヤ主義から身をまもる手段にはならなかった。この宿命的な矛盾は、皇帝フランツ・ヨゼフが娘のマリー・ヴァレリーに語ったことばに象徴されている。「もちろんわたしたちはユダヤ人を保護するため、できるだけのことをしなければいけないよ。しかし心の底で反ユダヤ主義者でない人間などいるものかね」。これは伝記作家で批評家だった元外交官、ハロルド・ニコルソンのことばを彷彿とさせる。「わたしは反ユダヤ主義がじつに厭わしい。とはいえユダヤ人もきらいなのだ」。

どれほどユダヤ人の知識人がいごこちよく感じていたとしても、ウィーンのほかの領域は深いところまで反ユダヤ主義にそまっていた。ヒトラーが政権につく半世紀もまえに、カール・ルエーガー市長の支持者たちは「ルエーガーは栄え、ユダヤ人は不満にわめく」とうたったのである。オーストリアのユダヤ人たちが成功するほど、反ユダヤ主義というにがい果実も熟していく。歴史家のペーター・プルツァーはこう予言していた。「現代政治において、反ユダヤ主義をはぐくむ揺籃になる都市が世界にあるとするならば、それはウィーンである」。そしてポパーもウィトゲンシュタインも、この反ユダヤ主義のわざわいからのがれることはできなかった。

当時ヨーロッパのほかの国ぐにで、ドイツ語をつかうユダヤ人がひとところにかたまって居住すると、抑圧的な政府はこれを弾圧したものである。このためまずしい東部のユダヤ人たちは、ロシアのツァーによるポグロム（ユダヤ人虐殺）をのがれ、ものごいとして、あるいは行商人や小商人として、ウィーンにやってきた。このいわゆる「戸外のひとびと《ルフトメンシェン》」は、荷車をひいたり袋をせおったりしては、家から家へとウィーンを行商してあるいた。ウィーンの貧困地区に住み、はっきりわかるイディッシュ語、横にふさをたらした頭髪に毛皮の帽子、トルコ風のカフタン服ですぐそれとわかる。かれらは中流階級のユダヤ人たちとはことなる人種のようにみえた。中流というより元中流とでもいえるこのユダヤ教徒たちは、新聞社や弁護士の書斎、医士の診察室、仕事がえりのコーヒーハウスなど、ウィーン中流階級のユダヤ人の世界でゴシップの話題になっていく。この世界は、ウィトゲンシュタインが属したような上流階層とはまったくちがう宇宙だった。ポパーのもっとも古い友人で、ウィーン生まれの芸術史家エルンスト・ゴンブリッチは、東からおとずれた新参のユダヤ人にたいする反応をこう語っている。

じつをいえば、東部のユダヤ人たちは西側文化の伝統を理解し、うけいれ、同化するのに失敗することが多かった。そのため西のユダヤ人はかれらを軽蔑し、むごいほどおとしめていた。……わたしはこの敵対心について判決をくだしたり、非難したり寛恕したりする立場にはない。だがウィーンの同化ユダヤ人の多くが、東からやってきた新参者よりは、同国の異教徒のほうに共感をよせていたのは事実である。

中流階級のユダヤ人たちは、自分たち「ネクタイをしめたユダヤ人」と、東からの「カフタンを着たユダヤ人」をはっきり区別していた。

十九世紀がおわってオーストリア経済が深刻な問題にくるしむようになると、反ユダヤ主義の声も大きくなる。このとき、本能的な憎悪をあらわす手段として、かつての迷信にかわって科学が利用された。歴史家のスティーヴン・ベラーはこう語っている。

中欧でユダヤ人が社会にとけこめた背景には、リベラルで啓蒙的な精神という考えかたがあった。それをおびやかしたのは社会的ダーウィニズム、総合的ナショナリズム、人種差別から着想をえた生物学の成功である。「小男」、すなわちユダヤ人が成功することについては以前からねたみがあったが、ウィーンのカール・ルエーガー市長やキリスト教社会主義者たちはそのねたみをうまく操作する能力をもっていた。この能力とむすびついた「生物学的な転回」が、「科学的な」反ユダヤ主義というかたちをとって、ユダヤ人（とその同盟者）の解放という思想を、てぎわよく破壊したのである。

ユダヤ人の生活中心地区のそとでは、やがて「汚いユダヤ人！」というさけび声がきかれるようになる。ジャーナリストのテオドール・ヘルツルは、ウィーンのユダヤ人がまとまってドナウ河まであるき、キリスト教の洗礼をうけるという同化の夢をもっていたが、あきらめてシオニズムに転向した。そして一八九七年には「世界シオニズム組織」を設立する中心人物になる。かれの転換点になったのは一八九四年のドレフュス事件だった。ユダヤ人のフランス陸軍士官ドレフュスにたいしてドイツのスパイ容疑がでっちあげられたこの事件を、ヘルツルはパリで目撃したのである。

第一次世界大戦の終戦とともにオーストリア・ハンガリー帝国は敗北し、崩壊する。これが、ユダヤ人のコミュニティーにとっても分水嶺になった。このあと、オーストリア共和国が設立されるがすぐに崩壊し、それまでユダヤ人たちの繁栄をささえてきた帝国の合意も破壊される。わかいポパーが学生のころ、反ユダヤ主義はさらにおおっぴらで悪意にみちたものになっていた。表面だけみればウィーンはまだ光りかがやいていたし、教養のレヴェルも高くコスモポリタンで、帝国末期の姿をたもっていた。しかし政治は憎しみをはらんだものに変質していた。ウィーンの政治にあたっていたのは社会主義者で、まだユダヤ人のリーダーも多かった。だがオーストリアを統治していたのはカトリック教徒やキリスト教社会主義者、汎ドイツ主義者の党派で、こうした党派のなかでは反ユダヤ主義的な傾向がつよかったのである。

戦争の影響で、ウィーンのユダヤ人口は三割以上もふえていた。やってきたのはあいかわらず東からの亡命者で、中流階級の同化主義者の理想にはそぐわないひとびとだったが、オーストリアもウィーンも、苦痛にみちた生まれかわりを遂げつつあった。高名なヘブライ語学者のN・H・ツール＝シナイはウィーンから逃げだし、こうのべている。

戦争がウィーンと、現地のユダヤ人社会の存在理由を変えてしまった。ひとつには新参のユダヤ人たちが、解決しがたい深刻な問題をひきおこしたためだが、それだけではない。ある意味でウィーンのすべてのユダヤ人が難民になったのである。……そしていまやユダヤ人の政治的基盤も破壊された。オーストリア人が存在する必要はなくなった。いまではドイツ人だけがいるのだった。

多国籍帝国が内側にむかって爆発し、ばらばらの国民国家として再生した。このとき、それまで文化的なちがいを目にみえないものにしていた覆いがはぎとられ、とつぜん「ドイツ」となった国にユダヤ人がさらされる状況になった。このあとおとずれようとしていた破局を、ロベルト・ウィストリッヒは簡潔にこうのべている。「フランツ・ヨゼフ皇帝の退位とともに、野蛮なバーバリズムの洪水が堰を切ってなだれこもうとしている」。

ユダヤ系知識人の反応はさまざまであった。移住した者もいたし、社会主義や共産主義の地下運動に参加した者もいた。シオニズムに関心をもち、自分のユダヤ人らしさを再発見した者もいる。しかし多くのユダヤ人は、ウィーンの社会でこれまでしめてきた位置に自信をもつあまり、自分の身が危険にさらされていることをみとめようとしなかった。「悪魔でも、知りあいのほうがまだまし」とばかり、政府のカトリック的な保守主義を支援するユダヤ人もいた。マラキ・ハコーエンの言をかりると、こうなる。「完全にリベラルで複数主義的な国家という〈オーストリアの理想〉にたちかえりたいと願うあこがれが尾をひいた。が、この理想は、もともと多くのユダヤ人たちや帝国官僚の心のなかにしかなかったものなのである」。

こうしてウィトゲンシュタイン家は「不可触民」の地位へと転落した。いっぽうポパーがみずからにくだした判断は、国内で地位をえるのは不可能、したがってのこされた唯一の方法は海外移住、というものだった。だが亡命しても「オーストリアの理想」は手ばなさず、それがかれのモデル社会の枠組みになった。「ポパーは死ぬまで、同化した進歩的ユダヤ人のままだった」とハコーエンはいう。ただ、ポパー自身はこの表現をみとめなかったろう。ユダヤ人と形容されると、ポパーは心から、つよい異議をとなえた。しかしオーストリアでの地位をあきらめ、ニュージーランドという地に学問的な亡命をせざるをえなかったのは、かれがユダヤ人だったためである。亡命をおえてイギリスにわたったポパーは、同僚たちに自分の力を証明する必要があったが、その時間はあまりのこされていなかった。H3号室のあつまりは、かれにとって早い時期に自分の力をしめす舞台だったのである。

訳注

[1] 少数派の異教徒であるユダヤのひとびとは、キリスト教文化圏である欧州各地でながらくさまざまな市民的・法的制約のもとにあった。オーストリアの場合も、たとえばかつてユダヤ人は自由にウィーンに入ることを禁止されており、住居区域も指定されてきた。一八四八年の三月革命の翌年、ウィーン流入禁止令の解除をふくめ、いわゆるユダヤ人解放の諸法律が成立する。これらは一八六七年の自由主義体制の成立以降、実際に適用された。この一連の「解放」をつうじて、十九世紀の後半ウィーンのユダヤ人口は増加し、いっぽうで反ユダヤ主義も台頭していく。社会の微妙な空気のなかで、すくなからぬユダヤのひとびとがキリスト教に改宗し、祭日や身なり、言語などをふくめキリスト教社会のありかたに順応した。このひとびとが、同化ユダヤ人とよばれる。

[2] オットー・ワイニンガー　Weininger, Otto（一八八〇—一九〇三）『性と性格』ではユダヤ人と女性を劣位におき、人間を人種や性別によって大胆に分類している。ワイニンガー自身はこの書物を執筆した直後に自死をとげた。邦訳は『性と性格』竹内章訳　村松書館（一九八〇）。

[3] ガリツィア人　ハプスブルク帝国のガリツィアに住む、ロシア語の方言を話すひとびと。

[4] ヘルマン・クリスティアン・ウィトゲンシュタイン　Herman Kristian Wittgenstein（一八〇二—七八）コルバッハに生まれた。ウィーンで不動産をあつかう職についたのは、おおむね五十代のころである。

第一〇章　ポパー、『わが闘争』を読む

プロテスタント、すなわち新教徒だが、生まれはユダヤ人。
――ポパー

自伝『果てしなき探求』で、カール・ポパーはこう書いている。「父は考えぬいたすえにこう決意した。キリスト教徒が圧倒的多数をしめる社会で生きていくには、できるかぎり、攻撃のまとにならないようにしなければならない――それには同化ユダヤ人になることである」。カール・ポパーの父のシモンはボヘミア出身、母方の祖父母はシレジア（現ポーランド領）とハンガリーの出身だった。これらの地域のユダヤ人は、帝国のユダヤ人臣民のなかでも、いちばんドイツ化がすすんでいた。これらのユダヤ人がかつてのウィーン主流文化にどれほど深く浸透していたかについて、歴史家のマラキ・ハコーエンはこう説明している。「ユダヤ人たちは子どもをドイツの教育組織にかよわせ、ホワイトカラーの事務職につかせた。かれらはウィーンの専門職エリート層を変えたのである」。

ポパーの父親はこの動向の実例である。かれはウィーンのもっともリベラルな市長だったライムント・グリューベルの司法活動のパートナーになった。[訳注1] 息子カールのミドルネー

ム、ライムントはここからきている。ポパーの母親イェニー・シフは、ウィーンの上流ブルジョワ層ユダヤ人の出身である。ハコーエンはポパーの両親をこうよんでいる。「ウィーンのリベラル派がもっとも尊重していた、所有、法律、文化を体現していた家庭」。ポパーの両親は、カトリックでなくプロテスタントに改宗することに決めたが、改宗したユダヤ人の大多数がおなじ道をとっていた。おそらくユダヤ人にとって、プロテスタントの労働倫理と、個人の良心を重視する考えかたがいごこちがよかったのだろう。あるいは支配的な宗教であるカトリックに改宗するのは、いきすぎたうらぎりに感じられたのかもしれない。

ポパーは自分のユダヤ系の祖先に、どういう意識をもっていたのだろうか。一九三六年、オーストリアから亡命しようとしてイギリスの学者援助評議会に援助を申請するとき、かれはこう称している。「プロテスタント、すなわち新教徒だが、生まれはユダヤ人」。宗教コミュニティーからの接触をみとめるかという質問で、ユダヤ正統派の欄にはじつにきっぱり「ノー」と大文字で記している。しかもそこに下線を二度もひいて強調している。

とはいえユダヤ人であることは、離脱できないクラブに属するようなものだといわれる。それはただしいのだろう。ポパー自身の意識がどうあれ、かれの生まれがユダヤ人かどうかという詮索をのがれることはできなかった。たとえば一九六九年、『ユダヤ年鑑』の編集者がといあわせてきたことがある。ユダヤ人の生まれであるカール・ポパー博士が、「各界で高名なユダヤ人のリスト」に記載をのぞむかどうかというものだった。ポパーはこう告げている。たしかにユダヤ人の生まれではあるが、両親は自分が生まれるはるか以前に改宗している。自分も誕生洗礼をうけてプロテスタントとして育った。そしてこう書いている。

わたしは人種というものを信じません。人種差別やナショナリズムはどんなかたちであれ、きらいです。そしてユダヤ人としての信仰をもったことはありません。ですからいかなる理由で自分をユダヤ人と考えることができるのかわからないのです。少数民族には共感をおぼえますし、そのためにわたしはユダヤ系であると強調することもありますが、自分をユダヤ人とはみなしていません。

にもかかわらず、ポパーはつねに自分のユダヤ人としての生まれを意識していた。かれは一九八四年、イスラエルのアラブ政策をつよく批判した文章を書き、この政策のために「自分の生まれを恥じる」と宣言している。えらばれたひとびと、という考えかたは「悪」だというのである。

ポパーの考えでは、ユダヤ人がユダヤ人のままでドイツ人としてみとめてもらえると期待するほうが無理なのだった。かれは改宗した父親の選択をこう弁護している。

改宗することは、組織されたユダヤ主義にさからうことである。臆病者とそしられ、反ユダヤ主義をおそれた人間とののしられる。しかしそれには、こうこたえるべきである。反ユダヤ主義は、ユダヤ人とユダヤ人でないひとびとの両方がおそれるべき悪である。これを挑発しないことは、ユダヤ人として生まれたすべての人間のつとめである。じっさい多くのユダヤ人は住民に溶けこんでいる。同化はうまく機能した。たしかに人種的な生まれのために軽蔑された人間が、自分は生まれを誇りに思うと反応したくなる気もちはわかる。しかし人種的な誇りはおろかしい。たとえ人種的な憎悪がそのきっかけだとしても、悪は悪である。すべてのナショナリズムと人種差別は悪なのである。ユダヤ人のナショナリズムもその例外ではない。

ユダヤ人はみずからも、反ユダヤ主義をつくりだした責任と、社会の主流からみて外部にとどまっている自分たちのありかたに対し、責任をとらなければならなかった。このやりかたは、カール・クラウスも語っている。つまり、ユダヤ人はみずからつくりだして住んでいる文化的、社会的ゲットーから離脱すべきで、そうすることによって悪魔祓いができるという。

とはいえじっさいには、完全な同化とは実現できない夢にほかならなかった。ヘルツルの集団洗礼の夢とおなじである。だがポパーにはべつのヴィジョンがあった。フランツ・ヨゼフ皇帝が統治していたハプスブルク帝国からえた着想である。この帝国では多様性が花ひらく。それはリベラルでコスモポリタンな世界の設計図になるとポパーは強調した。

たとえば十種類ものちがう言語をはなす兵士たちがあつまっていたオーストリア・ハンガリー帝国の陸軍は、この帝国のリベラリズムのあきらかな見本だというのである。

しかし歴史的な真理はもうすこし微妙だった。フランツ・ヨゼフの帝国統治は、各地の民族ナショナリズムの興隆によっておびやかされていたのである。皇帝はこれを抑圧しようとしたのだが、成功しなかった。こうしたナショナリズムは排他的な性格をおびており、「よそ者」は歓迎されなかった。

第一次世界大戦ののち、ヨーロッパ中部、南部の諸国にうまれた激しいナショナリズムは、それぞれの国を思いのままに支配していった。ひとからみればユダヤ人にほかならないポパーは身の危険を感じていた。ヒトラーがドイツで政権をにぎるのは一九三三年になってからだし、オーストリアを併合するのは一九三八年だが、ポパーは中欧のユダヤ人が直面する問題を考察し、ごくはやい時期に深刻な予言をしている。「一九二九年の時点で、わたしはヒトラーの興隆を予測していた。ヒトラーはなんらかのかたちでオーストリアを併合するだろう。そして西側諸国との戦争がはじまるだろうと考えていた」。じつにするどい見とおしである。かれはヒトラーの『わが闘争』[訳注2]を読んでいて、それを真剣にうけとめたのだった。ポパーが中学校の教師になり、『科学的発見の論理』をしあげようと心をかたむけていたころ、ウィーンの街角は「ナチスの鉤十字章を身につけた若者のグループ」で占拠されていた。「そしてかれらはナチスの歌をうたいながら、歩道を行進していた」。ポパーは、ドイツでヒトラーが政権をにぎる直前のできごとをこう思いかえす。ナ

1930年代、ウィーンの中学校の教師をしていたころのポパー（左）　暗記重視の伝統的なやり方でなく、生徒自身が自己発見をとおして問題解決をはかるという教授法をおこなった。

チスの制服を身にまとい、ピストルをもった若者に出会った。オーストリア南部のカリンティア州の出身だという。青年はいった。「なんだと、議論しようだと。してたまるか、おれはぶっぱなすんだ」。「文化」ということばをきくと銃に手をのばすという、ゲーリンクの悪名たかい発言を連想させられる。このできごとが、自分にとって『開かれた社会とその敵』を書きあげる種子になったのかもしれないとポパーはふりかえっている。

一九三〇年代にはいると、オーストリアのユダヤ人コミュニティーにかかる圧力はますます重く、息ぐるしいものになっていく。ドイツではすでにヒトラーが政権についていた。オーストリアでは、キリスト教系の協調組合主義が政権をにぎっていた。差別はつよまるいっぽうである。ロベルト・ウィストリッヒはつぎのように語っている。

ユダヤ人であれば、あとはだれであろうとおなじだった。富裕な階級であろうと、貧しい階級であろうとかわりはない。ゲットーに住んでいようと、華やかな名門であるブルク劇場に出演していようと、あるいはユダヤ人らしさを一徹につらぬこうと、こんなに同化しているとみせびらかそうと、なんであれ関係なかった。個人的な地位も関係なかった。ウィーンの反ユダヤ主義からみれば、すべてはたえざる批判のまとでしかないのである。たとえいかなる職業をえらぼうと、ユダヤ人であることへの偏見と敵意を避けるすべはなかった。

オーストリアのナチス党は大学生活も支配した。ナチスの学生たちは暴力をつかって、ユダヤ人学生の立ち入りをみとめない禁止区域をつくりだしていった。

最悪の事態がすぐそこまでせまっていた。しかしそれが目にみえるようになるころ、ポパーはすでにヨーロッパから遠くはなれたニュージーランドにいた。結局、ようやく学校教師をやめて学者になれるという希望をいだきはじめたときに、オーストリアでは本格的な学問のキャリアにすすむ扉がとざされてしまったのである。とじた扉の鍵はナチスがにぎっていた。事態はわるくなるいっぽうである。それならいっそあたらしい場所でキャリアを築こう。ポパーはそう決意したのだった。だが学者としてのふつうの生活から排斥されているという思いはつのった。それはこののちポパーの前途に、つねにつきまとっていく。窓際においやられたという思いが生んだうらみ。それが一九四六年十月二十五日、モラル・サイエンス・クラブの会合で噴きだすのである。

訳注

［1］ポパーの父　ジモン・ジークムント・カール・ポパー　Popper, Simon Siegmund Carl（一八五六―一九三三）　ウィーン市政で最後のリベラル派といわれたライムント・グリューベル市長による、グリューベル法律事務所のパートナー。グリューベルが市長を退任したのち、紆余曲折をへて市長に就任したのがカール・ルエーガーである。はげしい反ユダヤ主義や政治的辣腕で知られ、大衆的な人気が高かった。ウィーンの社会的状況の変化を象徴するこの市長の交代を、ポパーはごく身近なものとして知る位置にいた。なおポパーの母であるイェニーの家系には音楽家や学者が多い。ポパー自身も音楽を好み、わかいころは音楽家をめざしたこともあるが、才能がなかったとみずから語っている。

［2］『わが闘争』　ヒトラーの自伝。なお、若い学生としてウィーンにあったヒトラーは当時全盛をほこっていた市長ルエーガーの政治的姿勢に感銘をうけ、『わが闘争』のなかでも「天才的市長」「偉大な政治家」と賛美している。邦訳は『わが闘争』上下　平野一郎・将積茂訳　角川書店（角川文庫一九七三）ほか。

第一一章　すこしだけユダヤ人

問題を掘り下げるのに疲れはてたとすれば、それは問題の底までいきついたということである。そのとき切り札があらわになる。「ようするに、これがわたしのやることなのだ」といいたい気分になる。
——ウィトゲンシュタイン

ポパーとウィトゲンシュタインの文章をならべると、おなじ点を批判することができる。どちらにもユダヤ人への自己憎悪、ときには反ユダヤ主義的なものまでみられるという点である。ことにウィトゲンシュタインはこの批判をまぬがれないだろう。

ポパーは社会的状況や政治的世界に関心をもち、それらの世界に身をおくユダヤ人と接していた。その意味でかれは外部の状況をみていた。いっぽう、予想のつくことではあるが、ウィトゲンシュタインのほうは自分自身や、またほかのひとびとの内心に目をむけていた。いわば内部の状況をみていた。そしてユダヤ人であることは、自分の思考を制御するメカニズムなのではないかという考えにとらえられていた。ユダヤ人は生まれつき、ある方法で思考するのではないかという考えである。ウィトゲンシュタインはいつもそのおそれにさいなまれていた。ユダヤ人であることは自分の不可欠な部分であると同時に、自分の思考を制限したり、思考をゆがめる機構としてはたらいている、とのべたこともある。

一九三〇年代のはじめに、ウィトゲンシュタインは自分のユダヤ人としての生まれを認識しはじめている。だがこれは一見すると不思議に思える。ウィトゲンシュタイン家はユダヤ人としての出自をふり捨てるために最善をつくしていたからである。父方の曾祖父は、もとはモーゼス・マイヤーという名前だった。だが一八〇八年、一家はウィトゲンシュタインと名のるようになる。モーゼス・マイヤーが不動産を管理していたヘッセン地方の王家、サイン・ウィトゲンシュタインスの名前をもらったのである。このため、ルートヴィヒがこの王家の子孫だという誤った説をよくみかける。『ザ・タイムズ』紙もウィトゲンシュタインの追悼文で、かれがオーストリアの有名な家系の出だと書いている。「祖先には、ナポレオンとたたかったウィトゲンシュタイン王子がいる」。

ルートヴィヒの父方の祖父は、プロテスタントに改宗している。また母方のユダヤ人系の一家は、ずっと昔からキリスト教に改宗しており、キリスト教の家族との婚姻をくりかえしている。ルートヴィヒの母親はローマ・カトリックの信者で、ルートヴィヒはローマ・カトリックの洗礼をうけている。伝統的なありかたのユダヤ人からみると、ウィトゲンシュタインの母方の祖母マリー＝エ・シュタルナーはユダヤ人の生まれではないし、ウィトゲンシュタインもユダヤ人ではない。

ただ、いずれ説明するが、この家族構成であってもナチスの魔手からのがれられるわけではない。とはいえ、ケンブリッジでウィトゲンシュタインにロシア語を教えていたファニア・パスカルは、かれをユダヤ人とはみなさなかった。それはウィトゲンシュタインの家族的背景と、かれが洗礼をうけた経歴のためである。パスカル自身はウクライナのユダヤ人の家庭に生まれ、スラヴの反ユダヤ主義のはげしさを実体験として知っていた。彼女はいう。わたしの祖母ならルートヴィヒのことを「すこしだけユダヤ人」とよんだでしょうね。

ルートヴィヒや兄や姉たちが、ユダヤ人としての「遺産」をどううけとめたかには解釈の余地がある。その手がかりは、兄のパウルがウィーンの「制限つき」アスレティック・クラブに入会を希望したという逸話だろう。制限つき、とはユダヤ人は入れないということである。ルートヴィヒは、てきとうな嘘をついて入会審査をごまかしてはと考えたが、それではとおらないとパウルは考えた。結局二人はべつのクラブをみつけた。しかしこの逸話がほんとうなら、ナチスによる一九三八年のオーストリア併合（アンシュルス）の直後、パウルが「恐怖で青ざめて」妹たちに、「ぼくらはユダヤ人としてあつかわれる」と語ったという事実をどう理解したらいいのだろう。そしてパウルの恐怖は根拠のあるものだった。

このときドイツでは、ニュルンベルク法が施行されてすでに三年たっている。[訳注1] ユダヤ人として分類されたひとびとは、この法律によって市民権を剥奪されていた（ただしドイツ人としての国籍はのこっている）。この法はじっさいに、たとえばユダヤ人のコンサート・ピアニストが公の場で演奏することを禁じた。自身ピアニストであるパウルが、演奏を禁じられていたひとびとを知らなかったはずはない。当時のウィーンとプラハは、仕事をさがすユダヤ系ドイツ人の音楽家であふれていたのである。パウルがアスレティック・クラブの一件でみせた現実的な選択を考えると、併合後におどろいたのはよけい奇妙にみえる。

べつの逸話もある。ルートヴィヒの叔母のミリーは、ルートヴィヒの叔父にあたる兄のルイスにこうたずねたという。わたしたちがユダヤ人の生まれだという噂はほんとうなの？ ルイスはこたえた。「純血のユダヤ人さ、ミリー、純血のね」。のちにミリーの孫娘は、ウィトゲンシュタイン家にとって、ユダヤ人としての生まれはなにより重要な問題だったのだとしている。

この点について、ルートヴィヒ自身はどう思っていたのだろう。第一次世界大戦の初期に志願兵として従軍していた当時、かれは陰鬱な調子で書きのこしている。「今年ではないにしても、来年にはわれわれは負けるかもしれない。きっと負ける。わが人種が敗北するという考えには、心底めいってしまう。ぼくはまったくドイツ人だからだ」。

ウィトゲンシュタイン家はウィーンのカトリック系キリスト教社会に深くくみこまれており、ユダヤ人としての背景は、たとえ意識してはいたとしても、日常生活ではいかなる役割ももたなかった。ここまでの一連の逸話は、そのことを意味している。つまり、ユダヤ人であることを積極的に否定することはなかったにせよ、ユダヤ人であることは自分たちにとっても「目にみえないもの」になっていたのである（ただし、いずれ紹介するように、のちにルートヴィヒは自分のユダヤ人らしさを否定しそうになって、罪の意識を感じたりしている）。

ここでウィトゲンシュタイン一家を批判しようとしているのではない。たとえば自身ユダヤ人で、ウィトゲンシュタインとは第一次世界大戦のころからの知りあいであるパウル・エンゲルマンによれば、一九三八年以前、ウィトゲンシュタインは自分がユダヤ人の生まれであったことを、多かれ少なかれ忘れていたのだという。

ウィトゲンシュタインが賞賛していたオットー・ワイニンガーやカール・クラウスといった人物の場合には、ユダヤ人固有の環境が影響していたとわかる。また、かれら自身がそれを意識していたのもたしかである。しかしウィトゲンシュタインの場合、かれらのようなかたちで祖先からの影響をうけるには、遠くなりすぎていた。オーストリア併合までは多かれ少なかれ忘れていたようだ。

しかしエンゲルマンにどういう印象をあたえたにせよ、一九三〇年代には、ウィトゲンシュタインは自分のユダヤ人としての性格をつよく自覚するようになっていた。この時期、ウィトゲンシュタインはユダヤ人らしさについて文章を書いているし、自分の罪の「告白」も書きのこしている。そして一九三一年と三七年には、かぎられた友人たちや知りあいに、この告白を読みあげている。告白をきかされたほうはおどろき、またあまり喜ばなかった場合も多かった。[訳注2] ウィトゲンシュタインの「罪」の一つは、自分が四分の三のユダヤ人であるのに、ひとびとが四分の一のユダヤ人と誤解しているのをそのままにしておいた、というものであった。

ウィトゲンシュタインのつぎの考察は、かりにだれかべつの人間が（たとえばT・S・エリオットなどが）語ったとすれば、文面だけをみるかぎりまったく反ユダヤ主義的だと非難されたはずである。

ユダヤ人の、ずるがしこい秘密主義的な性格は、ながい迫害の産物だといわれることが多い。それがまちがいであるのはあきらかだ。反対に、ユダヤ人が迫害にもかかわらず存続しつづけたのは、こうした秘密主義的な傾向があったからであって、それはたしかである。

ヨーロッパ人の歴史におけるできごとに、ユダヤ人はごく重要なかたちでかかわってきた。だがユダヤ人の歴史は、その重要性にふさわしいありかたではとりあげられていない。それはヨーロッパ人の歴史において、ユダヤ人がある種の疾患として、異常として、経験されてきたからである。異常なものを正常な生活の水準でとりあげたくはないからである……。

あるいはこういってもいいだろう。身体の全体感覚が変わらないかぎり（または身体についての国民の全体感覚が変わらないかぎり)、ひとびとはこの腫瘍を身体の自然な一部とみなすことはないだろう。だとすれば、ひとびとにとっては腫瘍に耐えるのが最善の手段なのだ。ひとりひとりの人間に、この忍耐という寛容を期待すること、あるいは腫瘍を無視してくれるよう期待することはできる。しかしひとつの国にたいしてそれを期待するのは無理である。国が国であるのは、まさにそうしたことがらを無視しない点にあるからだ。

ウィトゲンシュタインはさらに、自分は「再現するかたちで」しか思考できないと、みずからをとがめている。他者の、すなわちユダヤ人でないひとびとのオリジナルな思考を、とりあげることしかできないというのである。これがユダヤ人の特徴だとかれはいう。「もっとも才能のあるユダヤ人の思想家でも、わずかな才能しかない(わたしもその一例である)」。ここでもユダヤ人の精神について一般化をおこなっている。おなじように、のちにケンブリッジ時代の弟子で友人のモーリス・オコーナー・ドゥルーリーと宗教的感情について議論をしたとき、ウィトゲンシュタインは、自分の思想が「百パーセントユダヤ的なもの」であると語っている。

ユダヤ人であるとはどういうことかをウィトゲンシュタインが考えていたころ、ドイツの新聞やラジオ放送は、ヒトラーのキャンペーン演説でうめつくされていた。のちにウィトゲンシュタインの伝記を書いたレイ・モンクは、右の文を引用しながら、きわめて不快に感じつつ、つぎのようにいわざるをえないという。「じっさい、ユダヤ人についてのウィトゲンシュタインの発言でもっとも衝撃をうけるのは、人種差別にみちた反ユダヤ主義の言語や、そのスローガンを自分でつかっていることである。……ウィトゲンシュタインの一九三一年の発言には、ヒトラーのもっともゆるしがたい見解や、なげかわしくも無意味な、多くのたわごとに似たものがある」。

ウィトゲンシュタインの無意味な「たわごと」のなかに、ユダヤ人は国の動脈における危険な異物であるというういいかたがある。クラウスやポパーとちがってウィトゲンシュタインは、ユダヤ人の同化というものはありえないし、ユダヤ人を同化しようとすれば、うけいれる国の文化が危険にさらされるだけだと考えていたようにみえる。そしてナチスのニュルンベルク法の背景にあるのは、まさにこうした考えかたであった。

しかしモンクはいう。ウィトゲンシュタインの意識は、ヒトラーの『わが闘争』とおなじではない。ウィトゲンシュタインのナチスめいた言辞は、「あたらしい出発をめざしていたウィトゲンシュタインにとっての、自分むけの隠喩」のようなものだった。

一九三一年と三七年の二つの告白のあいだの時期に、ウィトゲンシュタインはソ連をおとずれている。この国の大学で教えるか、肉体労働者としてはたらこうと考えていたのだった。ユダヤ人の性格についてのあらっぽい発言とこのソ連訪問、そして告白はどれも、モンクのいう浄化プロセスの一部とみるのがもっともシンプルな説明だろう。いちばん底にある岩盤まで掘りさげて、そこからものごとを構築しなおそうとするこころみである。

古びた秩序と衰退を根こそぎとりのぞくには、政治においてもこうしたこころみが必要だとウィトゲンシュタインは考えていた。ソ連を根元からつくりなおそうとするスターリンの仮借ない運動に同感するようになったのも、そのためだった。

ウィトゲンシュタインがファニア・パスカルに語ったことばが思いだされる。パスカルをひどく困惑させたのは、(知的な)切除によって、自分が健康になったというウィトゲンシュタインの表現だった。かれは自分が樹木のようなもので、すべての枝を切りすてなければ、健康になれないと感じていたのである。

ウィトゲンシュタインが、ユダヤ人らしさについて語ったことを後悔したり、考えを変えたりした気配はまったくない。この考察からかれがひきだしたモラルは、たとえ一見ひびきあうものがあるとしても、『わが闘争』の結論とはおよそ似ても似つかない。ウィトゲンシュタインのモラルは「われわれはどのようにして生きるべきか」という問いへのこたえとまったく一致している。すなわちユダヤ人としての特徴は、病にむかう力として考えてはならない。ユダヤ人であることの唯一の罪は、そのほんらいの性質を認識しないことにある。みずからの限界をはっきりみとめる素直さがもとめられる、というのである。

ウィトゲンシュタインのこの考察の中心には、宗教的な面でユダヤ人として生きることではなく、人種としてユダヤ人であるとはどういうことかという問いがある。それは重要な点である。ずっとのちになるが、一九四九年にウィトゲンシュタインはO・K・ブースマにこう語っている。「現代のユダヤ主義は理解できない。もう犠牲もささげられていないし、なにがのこるのかぼくにはわからない。たぶん祈りといくつかの歌だけだろう」。

一九三八年三月十二日、ドイツによるオーストリア併合がなされた。これによって、ユダヤ人としての背景をもつウィトゲンシュタインもポパーも、深い影響をこうむったのはもちろんである。併合の二日後、ヒトラーはホフブルク宮殿のバルコニーに立ち、熱狂した数十万のウィーン市民の歓迎をうけた。群衆は英雄広場（ヘルデンプラッツ）にあつまったが、オーストリアで一度にこれほどの人があつまったためしはなかったという。ヒトラーはひとびとに語った。「ドイツの国の総統として、首相として、わが故郷オーストリアがドイツ帝国と一体になったことを歴史に報告する」。

この併合、いわゆるアンシュルスによって、ウィトゲンシュタインは自分の一族がユダヤ人であるという現実に直面した。かれはほどなく、ナチス高官とのかけひきをおこなうためにベルリンにおもむかざるをえなくなる。

訳注

［1］ニュルンベルク法　一九三五年秋に制定された、ドイツ帝国下の法。祖父母四人のうち三人までがユダヤ人であれば完全なユダヤ人として分類するという、いわゆる「血の理論」をもとに「ユダヤ人」を区分した。この法により、ユダヤ人と分類されたひとびとは政治的権利をうばわれた。またドイツ人との結婚、性交渉も禁止されるなど公私にわたる生活の自由を制限され、大幅な迫害が「合法的に」おこなわれる状況がはじまった。当時のようすについては本書一二章にもくわしいが、ニュル

ンベルク法について思想家のハンナ・アレントは、それまですでにユダヤ人が事実上追いこまれていた状態を法制化したものであると指摘している。なおドイツのオーストリア併合（アンシュルス）は一九三八年三月。以後ウィーンもニュルンベルク法下におかれた。

［2］　ウィトゲンシュタインの「罪の告白」　たとえば友人のファニア・パスカルもこの「告白」をきいた一人だが、彼女は、子どもが病気で手がはなせないときにウィトゲンシュタインがやってきて強引に長い告白をはじめた、待てる話であろうにあまりに身勝手であると激怒している。

第一二章　ルキ坊やの活躍

わたしは帝国総統のもとからやってきた。総統は、ユダヤ人を物理的に絶滅させる命令を出されたところだ。

——ナチス親衛隊SS上級グループ総統、ラインハルト・ハイドリッヒ

……ここひと月ふた月、神経がすりへる。ウィーンにいるぼくの家族はたいへんな事態にまきこまれている。

——ウィトゲンシュタイン

一九四〇年二月、カール・ポパーはまだニュージーランドで学究生活をすごしていた。異国で日々フラストレーションを感じつつ、だがゆっくりとではあれ、なんとか落ちつこうとしていた。おなじころ、ルートヴィヒ・ウィトゲンシュタインはベルリンにいた。かれのほうは、姉たちや親族をナチス親衛隊SSの手からすくいだそうとする交渉のただなかにあったのである。

ドイツではすでに一九三五年からニュルンベルク法が施行されていて、オーストリアでもナチスを支持する活動がさかんになりだしていた。だがウィトゲンシュタイン家のひとびとは、身の危険があるとは夢にも思わなかったようである。あるいは日ごろの生活で、自分たちがユダヤ系の生まれであることを意識していなかっただけかもしれない。おそらく現実から目をそむけていたのだろう。あるいは自分たちがウィーンの社会でしめている地位は安全なものだと信じていたのかもしれない。むりもなかった。一九二〇年、ルートヴィヒが寒村の教師になるという計画をうちあけたときなど、兄のパウルは驚いて手紙をおくっている。「ウィトゲンシュタイン家の家名は信じられないくらい名誉のあるものだ。その名誉をになうのはオーストリアにいるぼくたちしかいない。父、ルイス叔父、クララ叔母の知りあいがつくる巨大なサークル、わが家がオーストリアの各地に所有している不動産、家のさまざまな慈善活動……」そういうことを思いだせ、と弟をうながしているのである。

だがナチスがドイツで政権をにぎったとき、その帰結を考えたルートヴィヒは最悪の事態をみとおしていた。「一国の統治が、ならず者たちの手に落ちたということの意味を考えてほしい。ふたたび中世さながらの暗黒時代がおとずれようとしている。異端審問のように、ひとびとが生きたまま焼き殺されるようなおそるべき事態になったとしても……、ぼくはまったく驚かないだろう」。だがこうした暗鬱たる予測にもかかわらず、かれもオーストリアへの影響までは心配していなかったようである。ウィトゲンシュタインがリンツの学校の生徒だったころ、ヒトラーはおなじ学校の二学年下で、二人とも当時十四歳だった[訳注1]。その人物がいまや偉大なるドイツへの愛着をしめす印として矢車草をつけ、赤と黒と金色の帝国旗をふりながら、ドイツ風のあいさつとして友人たちに「ハイル！」とさけんでいる。そのことはすっかり忘れていたのである。だからドイツが自分の故郷オーストリアに軍隊をおくりこもうとしているという新聞記事を読んでも、ルートヴィヒはばかげた噂としか思わなかった。「ヒトラーはオーストリアをほしがってはいない。オーストリアはヒトラーにはなんの役にもたたないだろう」。

ウィトゲンシュタインは千里眼より、哲学のほうにひいでていたというべきかもしれない。というのもこれは、じつに一九三八年三月のオーストリア併合（アンシュルス）前夜の発言だからである。そして翌日じっさいにヒトラーが併合したことをドゥルーリーから聞いても、ウィトゲンシュタインは「驚いたことに、それほど困ったようにもみえなかった」という。「姉上たちに危険はないのかとたずねると、「とても尊敬されているから、だれも手をふれようとはしないだろう」とこたえた」。オーストリア社会におけるウィトゲンシュタイン家の地位について、パウルが二十年まえに語ったことばを思いださせる返答である。しかし個人としてのウィトゲンシュタインは、みかけよりはずっとつよい不安をいだいていた。

ウィーンでは、たちまち目のまえに現実がつきつけられた。パウルが衝撃をもってみとめているように、ウィトゲンシュタイン一家はユダヤ人とみなされたのである。そして周囲からユダヤ人とみられることは、このとき、きわめて危険な立場に立たされることを意味した。オーストリアではまたたくまにユダヤ人への迫害がはじまっていた。それはドイツ本国よりもさらに熾烈をきわめたのである。まるでオーストリアがそれまで耐えた時間をとりもどそうとするかのようだった。ヒトラーがヘルデンプラッツ（英雄広場）で演説してから二日もたたないうちに、ユダヤ人の公務員と判事は職をおわれ、地位の高い実業家が殺害された。ユダヤ人の医師や弁護士は、舗道に書かれた併合反対のスローガンを歯ブラシでこすりおとすよう強いられた。勝ちほこった群衆がかれらをとりかこみ、嘲笑しながら見おろしていた。ユダヤ人が所有するアパートや商店や会社は略奪された。

この事態を目のあたりにしたイギリス人のノーマン・ベントウィッチはこう証言している。「だれであろうと容赦はなかった。世界でもっとも教養の高い、そしてヨーロッパで三番目に大きなウィーンのユダヤ人コミュニティーが、暴行と迫害と絶望にみまわれたのだ。そしてドイツに敵対するとみられた国の領事館をとりまいて、移住許可を手にしようとするひとびとの長い列ができた。列は数マイルにもおよんだが、ならんでいるひとびとはたえまない攻撃にさらされていた」。

四月には国民投票がおこなわれた。結果は、じつに九九・七一パーセントの国民がドイツとの統一を支持したのである。この数字はヒトラーが事実上の統一をなしとげたのちの、オーストリア人の感情をかなり正確にあらわしている。ただし国民投票のキャンペーンと

オーストリア併合2日後、英雄広場で「歴史への報告」演説をするヒトラー　オーストリア史上空前の大群衆が広場を埋めつくした。

投票そのものが、いたるところにナチスの圧力がかけられた状態でおこなわれたこともわすれてはならない。カトリック教会も信者たちに「国民の義務」としてオーストリア併合を支持するよう、つようながしていた。

投票のあと、ただちにゲーリンクはこう宣言する。ウィーンから「ユダヤ人は四年以内にいなくなる」し、「ユダヤ人は去るべきだ」。そしてヒトラー生誕の地であるリンツでは、四年以内どころか、ただちにユダヤ人を排除することになった。

この段階でのナチスの政策は、ユダヤ人に出国を強制することだった。その圧力がどれほどすさまじいものだったかは、じっさいにオーストリアを去ったユダヤ人の数をみれば一目瞭然だろう。三月の併合のあと、十一月におきたユダヤ排斥の暴動「水晶の夜」[訳注2]までに、オストマルク（オーストリアはこうよばれるようになっていた）から五万人のユダヤ人がいなくなっている。さらに一九三九年五月までには、オーストリアのユダヤ人のじつに半分以上が国をはなれているのである。

ナチスは、出国を強制しながらユダヤ人の財産を身ぐるみはがすことで、帝国の金庫をうるおしていた。新オーストリア当局は、この目的をめざしてすばやく行動しており、ゲーリンクはまずユダヤ人による事業を登録するよう命じた。住宅の不動産をのぞいて、これらの事業の価値は二十二億五千万ライヒスマルクにのぼった。四月十四日からは「移民税」が課され、課税資産の二十五パーセントが税金として徴収された。そして移民、すなわち出国者は移住したあと帝国の敵と分類され、五千ライヒスマルクをうわまわる資産はすべてさしおさえられることになった。このため四月二十七日からは、五千ライヒスマルクをこえる資本はすべて登録を義務づけられ、ナチスの目をぬすんで財産が隠匿されたり、こっそりと運びだされたりしないようにされた。

そして一九三八年十一月には「水晶の夜」事件がおこる。この襲撃は、パリでユダヤ系ポーランド人の若者がドイツ人外交官を殺害した事件に対する「復讐」として、ごく意図的に遂行されたものだった。殺害犯の家族はドイツ当局によって他の一万五千人のポーランド国籍のユダヤ人ともどもドイツとポーランドの国境へと移送され放置された。

「大ドイツ化」の時期をつうじて、ユダヤ人の商店や産業、シナゴーグやコミュニティーの組織は、水晶の夜をうわまわるはげしさで破壊された。ナチス党がはじめたこのユダヤ破壊は、党の指導陣がいきすぎと感じるまで、止められることはなかった。オーストリアにおける損害は四百万ドルと推定されているが、じつはそれだけではすまない。ドイツではユダヤ人コミュニティーから、五千ライヒスマルクをこえる資産の二十〜二十五パーセントをユダヤ人資産税として徴収していた。そしてオーストリアのユダヤ人たちもおなじような税を負担させられていた。全体でみると、移民税と罰金は二十億ライヒスマルクにも達し、これがナチスの武器庫につぎこまれていたのである。

パウルの苦悩のいっぽう、ルートヴィヒの姉ヘルミーネとヘレーネは、自分たちがウィーンのユダヤ人コミュニティーからはっきり一線を劃しており、安全であると感じていたかもしれない。事実、ウィトゲンシュタイン家はユダヤ人コミュニティーとは関わりをもたずにきた。完全な同化方針をとっていたのである。これはルートヴィヒの父方の祖父にあたるヘルマン・クリスティアンの決定にしたがったもので、ヘルマンは十一人の子どもたちにユダヤ人と結婚することを禁じていた。

しかしルートヴィヒの父親カールはこの命令にしたがわず、ローマ・カトリックに改宗した半ユダヤ人の家庭から妻をむかえている。そのためカールの子どもたちは、たとえ外見はユダヤ人にみえなかったとしても、生まれは部分的にユダヤ人だった。無事にすごせるかもしれないという、かれらのあらゆる思いは、一九三八年五月三十一日にオーストリアで施行されたニュルンベルク法によってうち砕かれたことだろう（アメリカ人と結婚していたマルガレーテは例外で、彼女は戦争中ニューヨークで安全にすごしている。上の息子トマスは軍務戦略局ではたらき、その弟のジョンはカナダ軍の諜報局につとめていた）。

一九三五年九月にニュルンベルクでひらかれたナチ党会議のあと、ヒトラーがドイツ帝国議会であきらかにしたところによると、ニュルンベルク法の目的は、ドイツ民族がユダヤ人とまずまずの関係を構築できる司法体制を築くことにある。この司法体制により帝国市民という概念が導入されたが、ドイツのユダヤ人にはこの帝国市民の身分がみとめられなかった。ユダヤ人は市民権のない臣民になり、自国にいながら外国人としてあつかわれた。市民（ライヒスビュルガー）として、政治的権利と社会的権利を完全に享受できるのは、ドイツ人およびドイツと関係のある血脈の人間のみにかぎられたのである。

歴史的にみるとニュルンベルク法は、それまでのユダヤ人解放をご破算にするものとみることができるだろう。またこの法律はさらに、ドイツ人とユダヤ人が結婚することも、婚外交渉をもつことも禁じていた。ドイツ民族が生きのびるためには、ドイツ人の血の純潔が必須だと宣言したのである。だがこれらの原則は、ユダヤ人とはだれかという苦しい問いをもたらした（併合のあとウィトゲンシュタインもこの問いに懊悩し、かつ、ひきこまれることになる）。じつはヒトラーの演説の最終草稿も、この問いをめぐってしあがりがおくれていた。決まったのは、発表のぎりぎりまぎわであった。

問題の中心は、血統上、一部だけユダヤ人であるドイツ人の身分をどうさだめるかということにあった。ナチスはこれを「混血児」とよんでいた。こののち補足的な命令がひとしきりつづき、できるだけ広い網をはろうとしていたナチ党と、実務的な理由から網をせばめようとしていた役所との内部闘争に決着がつく。というのも、ドイツ社会はユダヤ人の同化度が高く、数世代にわたって通婚がくりかえされていた。このため今回の法律があまり厳格にあてはめられると、ユダヤ人の配偶者をもつ多くのドイツ人や、祖先にある程度のユダヤ人がいるドイツ人の不満がこうじる危険性があったのである。ナチスもこの点はのまざるをえなかった。

ナチスの人種理論家にとって、こたえは「混血児」の祖父母にあった。祖父母のうち三人がユダヤ人であれば、その子孫はユダヤ人と分類する。二人だけがユダヤ人なら、それにくわえてユダヤ教を信じているか、ユダヤ人と結婚している場合のみユダヤ人と分類する。だが、ユダヤ人ではないと分類されたからといってナチスの恐怖からまぬがれたわけではない。半ユダヤであるこのひとびとはアーリア人とはみとめられず、したがって完全なドイツ市民としてはあつかわれなかった。分類では「第一度の混血児」と定義され、生存はしだいに脅かされていったのである。

ではこの決定のもとで、ルートヴィヒ・ウィトゲンシュタインと、兄や姉の身分はどうなるのだろうか。父親のカールが完全なユダヤ人だとすると、まず祖父母のうち、父方の二人はユダヤ人になる。母親のレオポルディーネは片親がユダヤ人なので、半ユダヤ人。あわせると祖父母の三人がユダヤ人である。この計算にしたがうとルートヴィヒたちは完全なユダヤ人で、帝国市民ではなくなる。だが、もし父親のカールの片親だけがユダヤ人であれば、カールは半ユダヤ人になり、ユダヤ人の祖父母の数は二人。この場合、子どもたちは「第一度の混血児」になる。さらに、もしユダヤ人の祖父母が一人だけであると証明できれば、子どもたちは「第二度の混血児」ですみ、まともな生活をおくれる可能性がたかまる。迫害され、資産をうしなうこともまぬがれるかもしれない。

一九三八年七月十五日、ヘルミーネとヘレーネは、新政権のもとでユダヤ人に要求されている資産登録をおこなった。しかし父方の祖父のヘルマン・クリスティアンは完全なユダヤ人ではないと主張し、人種再分類をもとめているという留保をつけた。

というのも、一九三五年から第三帝国に存在した手つづきにしたがって「解放」される道があったのである。この手つづきは、ユダヤ人を第一度または第二度の混血児に再分類するか、または「混血児」を完全なドイツ人の身分に再分類するものであった。またいわゆる「美点」によって解放される道もあった。国家や党に貢献したとみとめられる場合である。これはヒトラーの副官ルドルフ・ヘスが決定をくだしたもので、一九一四年の戦争勃発時から軍隊に勤務していたか、ドイツとその友軍のために前線でたたかった「雑種」とその家族は、「忠誠心には忠誠心を」という原則にもとづいて再分類されることが可能だった。

ルートヴィヒとパウルはかつて志願兵として前線でたたかい、負傷して勲章も受けていた。そこで、ヘルミーネがパウルとルートヴィヒの第一次大戦の受勲リストをつくった。

ウィトゲンシュタイン家がニュルンベルク法の檻からのがれようとした最初のこころみである。すなわち、一族がオーストリアに勇気をもってつかえていたことをしめす証拠をそろえることだった。この方法での再分類は、ベルリンで内務大臣と帝国首相府がとりあつかっていたので、ヘルミーネとパウルは勲章をもってベルリンの「高官」に会いにいった。しかし、あいにく一九三八年には総統が、こうした請願受理に憤りをあらわすようになっていた。「わたしはこうした免除をもとめる申請をバケツに何杯もうけとっている。党の同志諸君よ、何杯もだ！　どうやらドイツ帝国全体のユダヤ人より、諸君の知りあいのご立派なユダヤ人のほうが数が多いようだ。これはスキャンダルだ。もうがまんならん」。一九三八年、この動乱の年の晩夏に、ウィトゲンシュタイン家の姉妹はあらたな打撃にみまわれる。姉妹を世話することになっていたパウルが、移住、すなわち出国を決意したのである。これを決めた理由は、それこそ圧倒的なものだったにちがいない。一九一四年にロシア戦線で右腕をうしなったパウルは、それでもコンサートピアニストとしての経歴を苦労しながらこつこつと築きあげてきた。あいた時間には田園地帯を散歩するのが趣味だった。しかしもうオーストリアでは、ピアニストとしての経歴をつづけることができない。そしてナチスの国家でくらせば、ユダヤ人が田園をそぞろあるくことさえ、暴行してくれというようなものだった。すでに軍隊で勇敢にたたかって片腕をうしなっている。ここにとどまっていても、自分のもっとも好きなピアノの演奏はおろか、散歩すらできない。せめてその二つをしたいと考えたのである。

さらに、内密の理由もあった。家族にはいわずにいたが、パウルには二人の娘がいたのである。エリザベスとヨハナという名だった。母親のヒルデはオーストリアのカトリック教徒で、パウルからピアノの個人レッスンをうけたことがあった。おそらくパウルは慈善行為として無償で教えたのだろう。ヒルデはベートーヴェンの好きな、才能のある生徒だったが、典型的なウィーンの郊外家庭の出身だった。パウルの貴族的な姉妹たちから結婚に賛意をえるのはむずかしかったろう。父親は路面電車の運転手だった。そしてこれにもまして、パウルのむずかしい立場をつたえる要素がある。ヒルデはパウルより二十八歳年下で、かつ目がみえなかった。一九二一年、六歳のときにかかったジフテリアとはしかがもとで視力をうしなっていたのである。片腕をうしなった中年のコンサートピアニストと、目のみえない若い生徒はたがいにいつくしみあい、愛しあっていたにちがいない。心をうつロマンティックな物語である。パウルがヒルデの将来をどれほど心配したかは想像にかたくない。また子どもたちが手もとから引きはがされてナチス国家によって育てられることもおそれた。富と家族と、そしてキャリアのすべてが重大な危機にさらされていた。

パウルは、ヘルミーネとヘレーネにも、いっしょに国をはなれてほしいとたのんだ。だが二人の姉妹はこれをこばみ、パウルは一人でスイスに移った。そこからまずイギリスをおとずれてルートヴィヒに家族の状況をつたえ、自分がおちつくべき場所を相談した。弟はアメリカをすすめた。

一九三九年四月、パウルはヨーロッパをはなれて無事にニューヨークに到着した。かれはこのあと、ドイツ帝国とウィトゲンシュタイン家との交渉で辣腕を発揮することになる。ヒルデと二人のおさない娘たちはこのあと亡命者として、ひとりの友人につきそわれて諸国を転々とする。ウィーンからイタリアにいき、そこで不安な待ち時間をすごしたあとスイスにうつる。ここで数か月すごしたのち、ふたたびイタリアにもどって、ジェノヴァから難民であふれかえるちいさな船にのった。それはイタリアからのがれる最後の難民船のひとつであった。ここからヴェネズエラへ、そしてパナマへ、さらにパウルと再会するためにキューバへむかい、ようやくニューヨークについたのである。

この当時、スイスも安全ではなかった。たとえばスイスの警察長官ハインリッヒ・ロトムントはベルリンにおもむき、スイスの「ユダヤ化」を阻止するキャンペーンについてほこらしげに報告している。パウルがオーストリアからのがれてスイスに入国したのは、かろうじてそのひと月まえだった。ベルリンでロトムント警察長官は、ユダヤ人亡命者のパスポートに赤いJの記号をおしてスイス国境警察が確認できるようにすれば、難民の流入をくいとめられると要求していた。

これほど不穏な状況で、なぜウィトゲンシュタイン家はオーストリア内外にたくわえた巨富を活用し、家族全員で国外へ逃げなかったのかという疑問がうかぶかもしれない。移住許可をえるのはむずかしくないはずだった。この時点のナチスは、富裕なユダヤ人に課した懲罰的な出国税を、貧しいユダヤ人を出国させる資金調達の手段とみなしていたからである。しかしウィーンは二人の姉妹にとって故郷であったし、いずれにしてもヘレーネは病の床についていた夫のマックス・ザルツァーをすてて国を離れることなどできなかった。

とはいえいまやたのみの綱のパウルも国を去り、のこされた二人にかかる重圧はつよまるいっぽうである。国際的な状況もますます暗鬱になりつつあった。このころ姉妹が感じたであろう不安を考えると、なんとか自分で身をまもろうと、つい無謀な手だてに走ったのもむりはない。

一九三八年夏、ヘルミーネとヘレーネはユーゴスラヴィアの偽造パスポートを入手する。ユーゴスラヴィア市民といつわれば、いよいよというとき楽に出国できるのではないかと期待したのである。だが、たちまち警察がパスポート偽造者のもとにふみこみ、姉妹も逮捕された。監獄ですごした時間はみじかかったが、それでも健康をそこねた。貴族的な物腰の、ひかえめな深窓の淑女たちの目に、このとき将来がどれほど寒ざむしくみえたことだろう。二人とも贅沢も尊敬ももとめず、ウィーンの公共生活では慈善を生きかたの基本としてきたのに、である。ルートヴィヒはこの年の十月、姉二人のことを考えると心配でたまらないとG・E・ムーアに語っている。

いまや一家が現実的に期待できるのは、七月の資産登録のときに提出してあった人種再分類をもとめる留保だけになった。父方の祖父ヘルマン・クリスティアン・ウィトゲンシュタインがユダヤ人でないと証明できれば、ユダヤ人の祖父母の数が一人へり、半ユダヤ人として再分類される。その可能性はまだのこされており、ルートヴィヒのミリー叔母の孫娘、ブリギッテ・ツヴィアウアーはすでにこの可能性をめざしてうごいていた。一九三八年九月、ブリギッテはベルリン政府の帝国系譜調査局にあてて、ヘルマン・クリスティアンはヴァルデックの王家の私生児と知られていたと申告する。ヘルマンの十一人の子どもの写真も同封し、じっさいに子供たちをみれば、だれもユダヤ人とは思わないはずだと主張した。これで人種の方程式からユダヤ人の祖父母が一人へる可能性があった。マルガレーテの息子のジョン・ストンボローの考えでは、ヘルマン・クリスティアンが私生児であるというのは「ありそうにないが、ありえないことではない」。結局のところ、マイヤー/ウィトゲンシュタイン家は、ヘッセンにいた時代、王家から庇護されていたらしいとストンボロー少佐は指摘している。

結論からいうと、ナチ当局の調査でものをいったのは祖先の調査ではなく、ウィトゲンシュタイン家の資産のほうだった。ベルリンの帝国銀行はウィトゲンシュタイン家の巨大な資産に関心をもったのである。それも大半が米国で保有されていた。ヒトラーの戦争機械には資金が必要だった。ゲーリンクは一九三八年十一月に帝国国防評議会で、再軍備のためにドイツの外貨準備がなくなろうとしているとのべている。オーストリアを併合し、オーストリアのユダヤ人たちから財産をうばって外貨を獲得したというのに、すでに底をついていたのである。

ではこのとき、ウィトゲンシュタイン家の富はどのくらいだったのだろう。カールのあとをついで鉄鋼産業にたずさわった子どもはいなかったし、そもそも事業をやろうという者が一人もいなかった。するとウィトゲンシュタイン家の資産は、一九一三年にカールが亡くなった時点から変化していないと考えるべきだろう。さらに戦後のオーストリア共和国をなやませた不況と、インフレによるマイナスの影響も考えなければならない。

しかしカールはオーストリア産業に直接かかわらなくなってから、米国やオランダ、スイスなど、外国に投資するという賢明なやりかたをえらんでいた。このためポパー家とちがって、オーストリア経済が崩壊しても破滅的な打撃をうけなかったのである。それでもルートヴィヒが一九一九年に自分の相続分を兄と姉たちに譲りわたしたとき、長姉で一家の長のヘルミーネは、ウィトゲンシュタイン家がすでに「資産の多くの部分をうしなっていた」と語っている。くわえて一九三〇年代の世界不況で、資産価値はさらに低下したにちがいない。それでも一九三八年にルートヴィヒはケインズに語っている。「うちは戦前は金持ちだったけど、いまでも裕福なほうだよ」。

もちろんこうした表現があくまで相対的なものであることは、ブラームスプラッツ四番地にあるヘレーネの旧邸宅をおとずれてみれば、だれでもすぐわかる。一九二〇年当時で一家の資産は二億ドルと評価されており、一九三八年の時点でなお、オーストリアでもっとも裕福な家のひとつなのである。ブラームスプラッツ四番地の邸宅も持ち家のひとつにすぎず、ブラームスプラッツ七番地にも邸宅があった。そのほかにも三つの大邸宅をふくむ十一件の不動産をウィーン市内に所有していた。それだけではない。数エーカーもの森林にかこまれた郊外の広大な不動産、ホッホライトもあった。

ウィトゲンシュタイン家が直接間接に所有するこうした資産は、パウルがリストにのこしている。ぎっしりタイプうちしたフールスキャップ判の用紙でじつに五枚にわたる。そこには米国の大手企業三十社の社債や株式など、国際的な有価証券がはいっており、さらにストラディヴァリウスをふくむ古楽器のコレクションも書きとめられている。あれやこれやをみるとたしかに、帝国銀行がウィトゲンシュタイン家の海外資産を人種再分類の交渉材料とみたのは、意外でもなんでもない。

ある筋によると、ウィトゲンシュタイン姉妹はウィーンの弁護士アルトゥール・ザイス＝インクヴァルト博士に交渉の手だすけを依頼した。博士は商業的利益の分野を専門にしており、やがてニュルンベルク裁判で重要戦犯として告発され、絞首刑になる人物である。のちにザイス＝インクヴァルトが勾留されたとき、カナダ陸軍の情報士官として偶然通訳についたのはウィトゲンシュタインの甥、ジョン・ストンボローだった。ザイス＝インクヴァルトにウィトゲンシュタイン家とのつながりを気づかれたくないと考えたストンボローは、じかに顔をあわせずにすむようこころみたという。ザイス＝インクヴァルトを逮捕するアメリカ人にもこういった。「手錠をみせれば、あとはもう通訳などいらないだろう」。

つまるところザイス＝インクヴァルトは、オーストリアでヒトラーの利益をはかっていた人物である。オーストリア併合前の法人型国家と、ドイツのナチ党員との仲だちをつとめたが、そもそも併合前にすでに圧倒的なキャリアをつんでいる。オーストリア共和国の末期には内務大臣をつとめ、オーストリアが第三帝国のオストマルク州になってからはナチス親衛隊の上級グループリーダーで、オストマルク州帝国知事になる。一九三九年四月までこの地位にあり、ついでポーランドのハンス・フランク総督の代理、そのあとオランダ総督としてオランダにいたユダヤ人の国外追放を監督した。

この経歴をみれば、ザイス＝インクヴァルトがウィトゲンシュタイン家のために行動したとは考えにくい。一九三八年七月にウィトゲンシュタイン家が「解放」申請を提出したさきは、かれの担当下にあった帝国知事局だったのだが、まったく実を結ばなかった。しかしザイス＝インクヴァルトとウィトゲンシュタイン家のあいだに結びつきがなかったわけではない。ザイス＝インクヴァルトの兄リヒャルトは、問題をもつ子どもたちのための国立教育機関の責任者で、ナチ党員でもなく、慈善活動をつうじてマルガレーテとは知りあいだったのである。マルガレーテは戦後、リヒャルトの家族に食料の包みを送っている。リヒャルトの介入があって、当局がパウルにスイス出国をみとめたというのも十分に考えられることだろう。

さてじっさいには、帝国銀行が交渉にはいった段階から、ウィトゲンシュタイン家はベルリン当局と直接のとりひきにはいった。この問題についてはヒトラーがみずから最終決定をくだしたのだが、当時の統計をみると、「解放」を獲得するのがどれほど至難であったかわかる。一九三九年には、人種分類変更の申請が二千百件提出されている。だがそのうち総統が認可したのは十二件にすぎないのである。

さらに、ほかの変更申請者がたどった悲劇的な結末の一例を知ると、ウィトゲンシュタイン家の「解放」の価値がよりはっきり透けてみえる。たとえばハリエット・フライフラウ・フォン・カンペの例がある。ハリエットの父はビスマルク時代のユダヤ人実業家で、ドイツでもっとも裕福な人物といわれた銀行家のゲルソン・ブライヒレーダーである。またハリエットの夫はプロイセンの貴族の出身だった。この背景にもかかわらず「解放」のためのあらゆる手段がつき、ハリエットは自分のほんとうの父親はブライヒレーダーではなく、「アーリア人種」であると主張した。さらに全財産を帝国に寄付するという申し出までおこなっている。しかし彼女をむかえた運命は一九四二年の国外追放、そしてリガの収容所への収監だった。ハリエットの兄弟たちも、兵役をつとめたこと、ナチ党をはやい時期から支援していること、アーリア人種になるつもりがあることをのべて、反ユダヤ人的な措置からの免除をねがい出ている。しかし一九四二年十二月までドイツ帝国全体のユダヤ人の出国許可と退去決定を担当していたナチ親衛隊のアドルフ・アイヒマン中佐は、すべての請願を却下した。ハリエットの兄弟たちはユダヤ人である。「総統がくりかえし表明された意図から判断すると、なおさらユダヤ人である」。兄弟は東部への国外追放こそまぬがれたものの、無一文でスイスに逃亡した。

こうみてくると、ウィトゲンシュタイン家の交渉が成功したのは、たんに提示された資産の額だけが鍵だったわけではなく、帝国銀行がその資産をあまり煩雑でないやりかたで処理できるかどうかにかかっていた面もあるらしい。ともあれこれが、オストマルク州の当局レベルでなく、ベルリンの最高レベルでとりあつかう問題だったことはまちがいなかった。

マルガレーテとブリギッテ・ツヴィアウアー、そしてルートヴィヒは、三名の弁護士をたてて帝国首相と内務省、帝国銀行の外国為替局と交渉をおこなった。この弁護団はアメリカ人の弁護士と、ウィトゲンシュタイン家の持ち株会社の顧問弁護士、そして、重要な要素であるが、ナチ側の交渉担当者の示唆によって雇用したウィーンの専門弁護士である。人種分類の担当組織は帝国系譜調査局だったが、この組織は上部からの命令にしたがう役割に甘んじていたらしい。

交渉のあらましは、家族の祖先についてのブリギッテの申したてをみとめるかわり、ウィトゲンシュタイン家の資産のうち外国通貨だての部分の大半を帝国銀行に譲渡するというものだった。しかし戦争の脅威がますにつれ、交渉はながびいた。打開をもとめて家族の代理人がチューリッヒに、ベルリンに、ニューヨークにと、たえずとびまわるあいだ、姉妹は神経の糸も切れる思いでくらしていた。

当時、ヒトラーはこう脅していた――「ユダヤ人どものおかげで諸国がふたたび世界大戦にまきこまれるようなことがあったら、ヨーロッパのユダヤ人は絶滅する結果になるだろう」。ヒトラーはチェコスロバキアを分割し、占領した。そしてソ連のスターリンと不可侵条約を締結した。この時点でまだウィトゲンシュタイン家は帝国銀行との交渉をつづけていた――かつ、交渉相手は帝国銀行だけではなかった。

アメリカからは、パウルが交渉額に異議をとなえた。自分の弁護士としてウォッチテル・マンハイム&グループ弁護事務所のサミュエル・R・ウォッチテル弁護士をやとい、自分の利益をまもらせた。姉妹の今後の安全をあがなうために必要な金額なら第三帝国にはらう用意はあるが、それ以上は、びた一文もはらわないという考えだった。ナチの姿勢は脅迫であって、悪党と交渉するときには弱みをみせてはならないという主張である。ルートヴィヒあての書簡に弁護士のウォッチテルはこう書いている。パウルは帝国銀行がおりあえるはずの金額を申しでている。にもかかわらず、帝国銀行はウィーンの姉妹に圧力をかければ、パウルにもっと譲歩させることができるという腹づもりなのだというのである。だが姉妹の弁護士の一人シェーナー博士は、姉妹をまちかまえている危険の大きさをほのめかし、帝国銀行側がしめした額をのむべきだとパウルにうながした。マルガレーテもパウルにそう懇願していたのだが、パウルのほうは、マルガレーテがあまりに軟弱で、とかく譲歩しすぎだとみなしていた。かれは、自分のものの見かたをわかろうとしない相手に対して、すぐかっとなるたちだった。

この一件をめぐって、末の弟ルートヴィヒの役まわりはどういうものだったのだろう。ウィトゲンシュタインは、当時ケンブリッジではイタリア人の経済学者、ピエロ・スラッファとしたしかった。オーストリア併合直後、現地にいこうとするウィトゲンシュタインにスラッファは警告したようである。いまいけば、ドイツ国籍のユダヤ人としてオーストリアに足を踏みいれることになる。それがどういうことか、ウィトゲンシュタインも事態を認識した。ドイツ国籍になったのはおそろしいこと、「灼熱した鉄」のようなことで、オーストリアに入れば二度と生きてもどれないだろうとみとめたのである。

一九三八年三月十八日、ウィトゲンシュタインはケインズあての手紙にこう書いている。「ドイツがオーストリアを併合したためわたしはドイツ市民になり、ドイツの法律のもとで、ドイツのユダヤ人になりました（祖父母のうち三人が、成人になってから改宗したためです）」。だがウィトゲンシュタインが祖父母についてふれたこのことばや、四分の三ユダヤ人であるという以前の「告白」は、さいわいアイヒマンの目にはとまらなかったようである。この時点でもなおウィトゲンシュタインは家族の運命にまだ楽観的で、「ウィーンの家族はみんなほとんど引退する年齢で、とても尊敬されており、つねに愛国心をもち、そのように行動してきました。ですから総じて、なんらかの危険にさらされる可能性はすくないはずです」と書いている。

しかしルートヴィヒは、イギリスにおける自分の身分には不安をもち、帰化を考えていた。理論的には第三帝国国籍になった二週間後、トリニティーカレッジに、自分がイギリスにとどまる許可はまだ有効かと訊ねている。また、英国籍をとりやすいよう、学部の講義リストに自分の名前がのるようつよくもとめていたと同僚のA・C・ユーイングは記憶している。カレッジの学部委員会の議事録にはこうある。「「学部委員会の要請にもとづき」大学で講義をおこなう許可を内務省からうけるよう、ある「外人《エイリアン》」から申請があった。しかしこの手つづきは当の外人自身によってなされるべきであり、大学当局がおこなうものではないと可決された」。ウィトゲンシュタインがこれをみたら、さぞ気をもんだことだろう。

いまや、イギリス人になることがなによりも優先した。ウィトゲンシュタインの弟子で精神科医になったドゥルーリーによれば、ウィトゲンシュタインは戦争が勃発したら、外国人として拘留されるのではないかと心配していたという。一九三九年、開戦が宣告されたあと、ウィトゲンシュタインはポンティプリッドのドゥルーリーを訪問したおり、すぐ警察に出頭するように命じられたことがある。これは忘れられない体験だったことだろう。ホテルの支配人がウィトゲンシュタインという外国名に疑念を感じ、さらに灯火管制についてドゥルーリーが冗談をいうのを耳にして、ウィトゲンシュタインの到着を警察に通報してしまったのである。

ウィトゲンシュタインはまえにもイギリスの国籍をとることを本気で考えたことがあったが、「にせのイギリス人」にはなりたくないという理由でやめていた。だが中欧からナチズムの現状がつたわってくると、合法的なドイツ人でいるより、にせのイギリス人でいるほうがましに思えてきた。かれは役にたちそうな弁護士をさがして、ケインズに援助をもとめた（ケインズの援助は長年にわたり、異例なほど手あついものだった。かれはじっさいにケンブリッジとの窓口になり、現金を用意し、ソ連へのビザも手配し、さらに帰化の手だすけまでしている）。一九三八年の五月はじめ、ウィトゲンシュタインはケンブリッジ・デイリーニューズに、帰化申請中という通知を出している(これは帰化のために必須だった)。しかしケインズが推薦した弁護士のグットキン氏がけんめいに努力したにもかかわらず、イギリス国民になれたのはようやく翌年、一九三九年の四月十二日であった。この日、ウィトゲンシュタインはイギリスへの忠誠を誓った。そして六月二日金曜日にイギリスのパスポートを取得している。パスポート番号は二三四一六一であった。これでやっとウィーンにもどり、ドイツの首都ベルリンを訪問して、姉たちの将来を確保する交渉にのぞめるようになった。

七月五日水曜日、ウィトゲンシュタインはベルリンに到着した。宿は瀟洒な都心地区で、ポツダム広場ちかくのホテル・エスプラナーデである。二十世紀はじめにオープンしたこのホテルは、ベデカーの旅行案内によれば「最高級」とある。ベルリンでこの格づけをえたホテルは、ほかにアドロン(ナチの高官のお気に入りのホテル)とカイザーホーフだけである。ウィトゲンシュタインはつぎの日もベルリンにとどまり、七月七日金曜日にウィーンに入った。姉のヘルミーネは、ルートヴィヒが明晰で、また状況のこまかな点に精通していたことで、帝国銀行の外国為替部長(おそらくライネル博士)に強い印象をあたえたと誇らしげに語っている。

そののち二週間とおかず、ルートヴィヒはパウルとその弁護士であるサミュエル・ウォッチテルに会うため、今度はニューヨーク行きの客船クイーンメリーの乗客になった。ニューヨークではレキシントン・アベニューの、ロックフェラー・センターにちかいホテルに投宿している。のちに思いおこすとニューヨークで気にいった唯一の人物は、セントラル・パークで二度靴をみがかせたイタリア人の靴みがきの少年だけだったという。この少年には言い値の倍額をはらってやった。

一九三九年八月三十日、ヘレーネとヘルミーネは、運命を決する淡青色の紙片をうけとった。二人は完全なユダヤ人ではなく「第一度の混血児」であると証明する書類だった。しかしこの身分はまだ安心できるものではない。というのは家族のほかのメンバーにとって、公務員や専門職、また学術関係の仕事をつづけていけない立場を意味したからである。じっさいにルートヴィヒのいとこエルンスト・フォン・ブリュッケ教授は大学から追放され、亡命している。

しかしようやく、ほんとうに安堵できる日がおとずれる。一九四〇年二月十日、帝国系譜調査局のクルト・マイヤー局長が、ウィーンのナチ党支部に書簡を送って確認している。あきらかに問いあわせにこたえたものだろう。一八〇二年九月十二日にコルバッハで生まれたヘルマン・ウィトゲンシュタインが、ニュルンベルク法の目的に照らしてドイツ人であるとみとめるものである。この書簡は全文を引用するに値する。

一九四〇年一月十二日付マイヤー／ウィトゲンシュタイン一家についての手紙への返信

ウィトゲンシュタインおよびその子孫の祖先の出生については、総統と帝国首相の命令にもとづき、一九三九年八月二十九日の帝国内務省の指示のもとに私みずからが決定した。このため祖先の関係について、本局はみずからの管轄でさらに詳細な調査はおこなっていない。総統と帝国首相の決定は、ヘルマン・ウィトゲンシュタイン（一八〇二年九月十二日コルバッハで誕生）に制限なしに適用されるものであり、この者はドイツ人とみなすべきである。またそのすべての子孫はその血をひくものとみなすべきである。このためこの者の孫たちに、第一帝国市民命令の第二節第二項・第二文の法的推定は適用されない。

ヘルマン・ウィトゲンシュタインの多数の子孫の生まれについては判決がすでに下されているので、帝国市民法の目的にもとづく人種的分類には、もはや困難なところはないはずである。必要であれば、疑問となる事例における同様な祖先についての判決を、系譜調査局から入手することができる。

クルト・マイヤー博士

ここで「第二節第二項・第二文」とあるのは、ユダヤ教を信じるものは完全なユダヤ人と分類するという規定である。すなわち、ヘルマン・クリスティアンが改宗するまえコルバッハのシナゴーグの信徒であったとしても、ドイツ人として再分類されるための障害にはならないという意味をもつ。

この決定をひきだす力になったのは姉妹の末弟であるルートヴィヒ、「ルキ坊や」であった。ルートヴィヒがニューヨークについた数日後、パウルは自分の弁護士サミュエル・ウォッチテルにこう書き送っている。「倫理的要請をみすごすことはどうしてもできない」。そして弁護士の案に同意した。一九三九年八月二十一日、パウルはチューリッヒで三通の覚書きに署名し、帝国銀行との取引を成立させて家族の葛藤に終止符をうったのである。「二人の姉に対する弟の愛情と愛着により」ウィーンにのこっている自分の預金と資産を、ヘルミーネとヘレーネが困ったときのための基金に組み入れるよう手配した。またスイスの企業をつうじて保有していた家族の共有財産を清算することも了承した。これはウィトゲンシュタイン家の資産の大半であったが、ナチスへの支払いにあてるためである。さらに「混血児」の身分を保証し、ウィーンの一族に安全な暮らしをもたらす契約書の原本に署名した。こうして、ベルリンのナチス政府の高官もすぐさま関心をよせる巨費をなげうって、ウィトゲンシュタイン姉妹の安全は買いとられたのである。それは目もくらむ膨大な額、じつに一・七トンの黄金であった。これだけで一九三九年にナチスが接収したオーストリア国庫の金保有量の二パーセントにあたる。

オーストリアでユダヤ人の国外追放が最高潮に達するのは、これからほんの一年ほど後のことである。しかしウィトゲンシュタイン家の姉妹はこのあと、とくにいやがらせもうけず終戦まで生きのびることができた。ただ、この戦争のために兄弟の仲にはとりかえしのつかないひびがはいった。パウルが帝国銀行との交渉に際してみせたかたくなな態度、非現実的で譲歩しない姿勢のために、自分たちの生命は危険にさらされたのだと姉妹たちは責めた。マルガレーテには、さらにべつのしこりがあった。パウルがオーストリアからスイスに脱出するときは、彼女が自分のつてをつかって許可をえた。パウルはおかえしをすると約束したのに、それをはたさなかったというのである。パウルは反論した。自分はみじかいあいだながらチューリッヒまでいって、文字どおり義務をはたしたではないか。

この敏感な、独立自尊の男性の目からみれば、姉妹のほうがものの見かたがせまく、いたずらに身を危険にさらしたとみえた。逃げるべきだという自分の忠告に対しては、考えすぎだといって無視したではないか。こうしてどちらも歩みよることなく、怒りをかかえ袂をわかったままになった。家族の絆も、やはりナチスの犠牲になったのである。

当時、帝国と交渉したのはウィトゲンシュタイン家だけではなかった。帝国は財産の接収に合法的な彩りをつけることをいつものぞんでいた。これらの交渉は、およそ対等なものとはいいがたかったが、それでも真の意味で〈交渉〉ではあった。歴史家のラウル・ヒルベルクは指摘する。「あの破壊のプロセスにおいて、ユダヤ人がある程度の操作可能性と、ドイツ人どうしをたがいに競わせる可能性、そしてものごとをひきのばす戦術をつかう余地のあったのは、この財産の〈アーリア化〉の段階だけだろう。しかしこれは危険なゲームだった。時間はユダヤ人には味方しなかったからだ」。

いっぽう、ポパー家のひとびともオーストリアにとどまっていた。ウィトゲンシュタイン家の家族のように富裕ではなく、幸運でもなかった。母方のシフ家の親戚は十一名がホロコーストの犠牲になっている。ポパーの両親はすでに世を去っていた。カールがウィーンを去ったあと、のこった姉のアニーはスイスに移住してロマンティックな小説を書いた。小説家になるまえはダンサーだった。だれかがアニーが〈きわどい〉小説を書いたというと、ポパーは激怒したものである。

ポパーもイギリスの市民権を二度申請している。一九三八年のオーストリア併合まえに一度、一九四一年に一度である。最初のときは居住年数の資格規定ではねられ、二度目は戦時中で市民権の新規うけいれが停止されていたため、みとめられなかった。戦時中は、友好的な外国人という分類で無国籍ですごしたのである。ロンドン・スクール・オヴ・エコノミクスでの職につくためニュージーランドをはなれるときは、ニュージーランドの出国許可とイギリスの入国ビザの両方を手にいれる必要があり、外国人としての身分のためにいらいらするわずらわしい思いをいくども経験した。ウィーン時代からの友人で美術史家のエルンスト・ゴンブリッチに「出国のトラブルときたらぞっとするようなものだ」と書いている。しかしどれも最終的にはかたがついた。一九四六年になって帰化手つづきが再開されると、ポパー夫妻はただちにイギリス市民権をみとめられたからである。ただイギリスにむけて出国しようと商船ニュージーランドスターに乗船する直前、最後のめんどうがもちあがった。「われわれは五週間から六週間かかるつらい船旅を、見知らぬひとびととおなじ部屋ですごすために三百二十ポンドもはらわされて、うんざりした。とくにいやだったのは煙草の匂いで、海の上でこれをがまんしていると気分がわるくなり船酔いしてくるのである。でも最後には慣れるしかなかった」。一九四六年の一月初旬、ポパーはついにイギリスに到着した。同年イギリスで帰化手つづきが再開されたすぐあと、一家はイギリス市民権をえている。

ポパーはオーストリアを愛していたが、過去にははっきりと背をむけていた。ウィーンにもどるつもりがありますかと一九四五年にたずねられ、「いいえ、けっしてもどることはありません」ときっぱりこたえている。戦後ウィーンで常任の教授職を提示されたが、ことわっている。もっともオーストリアとドイツのラジオ番組には出演しており、一九八六年にはウィーン大学でも短期間の客員教授をつとめた。一九六九年には、ウィーン生まれの経済学者フリードリッヒ・フォン・ハイエクにこう語っている。オーストリアに隠棲することも考えたが、オーストリアの反ユダヤ主義のために考えを変えたという（ハイエクとポパーは一九三五年にロンドンで出会っている）。

それでもポパーはイギリスで二重国籍をもつことが合法かどうかを慎重にしらべ、のちにオーストリアの市民権をふたたび取得している。自分が妻よりさきに死んだとき、のこされた妻がオーストリアに帰国しやすいようにと考えたのである。ポパーの妻はユダヤ人ではなかったし、オーストリアにまだ家族が生きていて、故郷への愛着をうしなっていなかった。歴史家のマラキ・ハコーエンは、ポパー夫人がいつも故郷をはなれたことを嘆いていたと語っている。「世紀の後半をどこですごすのであれ、夫人はひどいホームシックにかかっていた。夫妻とも、中欧の災厄の犠牲者だったが、すくなくとも夫の夢は移住する本人とともにあった。しかし妻の夢は移住によってうち砕かれたのである」。

　歴史家のフリッツ・スターンは、銀行家のゲルソン・ブライヒレーダーを追悼する悲痛な文章のなかでこうのべている。ブライヒレーダーはプロイセン王国にあって富裕で、影響力があり、物質的な報酬もえていたが、「帰属意識と安全性の感覚、自分が安全にうけいれられているという感覚だけはあたえられなかった。それこそがおそらく同化の苦悩の本質なのだ」。ここにはポパーとウィトゲンシュタインのどちらにもあてはまるものがある。

　しかしこの一連のできごとの背景には、べつの意味もあったことをつけくわえておきたい。ケンブリッジのH3号室で対決した二人は、ともにナチズムの災厄をくぐりぬけてきた。戦争によって自分の文化がおしつぶされ、家族が危険にさらされ、くらしが破壊された。しかし一人は富と影響力をつかって、個人的にも哲学的にも、気のむくまま好きな場所へとおもむくことができた。だがもう一人はそうではない。哲学において自分の場所をみいだし、そこに自分の刻印をのこし、生計をたてていくために、たよれるものは自分しかなかった。

　富と自由と社会的地位のちがい、学界でのうけいれられかたの大きなギャップ。格差をまざまざとみせつけるできごととしては、つぎの章でとりあげる政治的な殺人事件もそのひとつといえる。そしてその事件のために、ウィーンの哲学界の相貌はさまがわりすることになった。ポパーにとっては失意の場であったウィーン哲学界だが、この事件ではルートゥヴィヒ・ウィトゲンシュタインが、距離をおいてではあれ、重要な役まわりをはたしている。

訳注

［1］ リンツの工業高等学校。なおヒトラーは一八八九年四月二十日生まれ、ウィトゲンシュタインは同年四月二十六日生まれで同い年である。ヒトラーは小学校を卒業したのち実科学校を成績不良で中退した経緯があるため、学年がことなる。

［2］ 水晶の夜 一九三八年十一月七日、当時十七歳のヘルシェル・グリュンシュパンが在仏ドイツ大使館の書記官エルンスト・フォン・ラートを射殺した。この直後の九日から十日にかけてドイツ全土で反ユダヤの暴動が発生した。破砕されたガラスが散乱した様子から、「水晶の夜《クリスタルナハト》」とよばれる。百九十一のシナゴーグをはじめユダヤのひとびとの住居や商店が衝撃され、破壊されたが、ゲッペルスは九日のナチス党指導者会議で「自発的」暴動は鎮圧しないようにと示唆している。なおこのあとユダヤのひとびとには、破壊の「罰金」として十億マルクが科された。

第一三章　哲学者シュリック、ウィーンに死す

「この野郎、これでも食らえ」

——ヨハン・ネルベック

一九三六年六月二十一日、朝の九時になろうとする時刻、モーリッツ・シュリックはいつものように自宅を出た。住まいはプリンツ・オイゲン・シュトラーセを登りきった区域にあり、ベルヴェデーレパラスのひろびろとした幾何学式庭園をみおろすアパートである。市電のD線はシュリックをのせ、ウィーンの都心にむけてゆっくりと坂をくだっていった。哲学教授をつとめるウィーン大学までは、ほんの十五分ほどの道のりである。威圧するように巨大な大学正面玄関につながる石段から数ヤードのところで市電をおりると、シュリックは鉄のゲートを足ばやにすぎて、洞窟のような中央ホールにそって歩いた。ついで右におれ、法学と哲学の教室にむかう階段をのぼる。この五十四歳の哲学教授は、すでに講義の時間におくれていた。講義の内容は「自然界の哲学」である。因果関係や決定論などのテーマ、そして人間には自由意思があるかという問題をとりあげていた。

シュリックはおよそ華のある話し手とはいえない。それどころか、ほとんど聞きとれな

いくらいの声で単調な話しかたをする。なのに講義はいつも満員だった。かれの思想は明晰で、論理学から倫理学にわたる関心分野の広さに学生たちはひかれていた。チョッキを着た白髪の姿には威厳と権威がただよう。だが同時にあたたかく、魅力があることでも評判で、わかい世代に人望があつかった。またウィーン学団とよばれる、哲学者と科学者のグループの設立者でもある。シュリックは学団のかなめで、思想の原動力としてアカデミズムの世界にもつよい影響力をもっていた。なんといってもウィーン学団を、論理実証主義の思考を哲学界の中心勢力になるまでにそだてた人物である。そしてシュリックの場合はさらに、あのウィトゲンシュタインをふたたび哲学の世界につれもどした人物としても知られていた。

だがこの日、講義にいそぐシュリックを、ありがたくない人物が階段のうえで待ちぶせていた。かつて博士課程にいた教え子、ヨハン（ハンス）・ネルベックである。ネルベックは以前、シュリックを脅迫したことがある。そのため精神疾患病棟に二度収容され、妄想性の統合失調症と診断されていた。もとの指導教官だったシュリックに偏執的なうらみをいだいた理由のひとつは、女子学生のシルヴィア・ボロウィツカにあった。ネルベックは彼女に夢中だった。彼女自身もいくらか神経質で不安定な気質の持ち主だったが、ともあれネルベックのくどき文句をすべてしりぞけて、哲学教授にロマンティックな思いをいだいているともらしたのである。ネルベックにしてみれば、自分でなくあの教授をとるとは理解しがたい判断ミスであった。とはいえアメリカ女性と結婚し、二人の子どもがいたシュリックが、彼女の愛情にこたえたかどうかはさだかではない。だが事実はどうでもよかった。ネルベックの狂った想像のなかでは、二人は灼熱の恋に身をこがしていたのである。

しかもかれにとって、教授から加えられた打撃はそれだけではなかった。ネルベックは

ウィーン学団の創始者モーリッツ・シュリック
聡明で温和な人柄が、多くの優れた学者をひきつけた。

統合失調症と診断されたのち、しばらくは病院の観察下におかれた。その後職さがしをしたものの、挫折つづきでほぼ徒労におわっていた。とくにある仕事でことわられたことが、じくじくとうずくような傷跡になってのこった。成人教育センターで哲学をおしえるポストにつきかけたのを、秘密にしておこうとした精神疾患の病歴があきらかになって就職できなかったのである。ネルベックはこれもシュリックのせいにした。精神疾患病棟に収容されたのも、もとはといえばシュリックが苦情を申したてたせいではないか。かれは報復をたくらみはじめた。

それ以来というもの、たとえばシュリックが講義で真理命題や真理の性質について分析しつつ、ときおりメモから目をあげて学生たちを眺めると、眼鏡をかけたうすきみわるいネルベックの姿がにらみつけている。プリンツ・オイゲン・シュトラーセの自宅にもどれば、たえまなく電話がかかり、受話器をとると侮辱と脅迫のつぶやきがながれはじめる。日ごろは冷静な教授も、これにはさすがにおびえた。友人や同僚にもそう告げている。警察にも知らせ、警備もたのんだ。だがしばらくして、脅しだけでじっさいにはなにもないと判断されると、警察は保護をやめた。シュリック自身も警察に連絡するのをやめた。「こわいんだ」と同僚に語っている。「警察のほうで、狂っているのはわたしのほうだと考えはじめるのじゃないかと思ってね」。

そして六月二十一日の朝、九時十五分。シュリックが哲学教室にむかう階段の踊り場にさしかかったとき、ネルベックは自動拳銃をとりだした。至近距離から四発の弾丸が発射された。四発目はシュリックの足を直撃したが、これはまったくよけいだった。最初の二発で心臓に穴があき、ついで胃と大腸が撃ちぬかれていたからである。哲学教授モーリッツ・シュリック博士は即死だった。いまでも現場には青銅のプレートがかかげられ、当時の凶行をつたえている。

四発の銃弾の犠牲になったのはシュリックだけではなかった。ネルベックはこのとき、ウィーン学団の最後の息の根をとめたのである。当時のカトリック法人型国家のオーストリアでは、すべての教育組織に反ユダヤ主義が浸透し、ますます猖獗《しょうけつ》をきわめていた。そのなかで、ウィーン学団はすでに勢力をうしないはじめていた。そしてシュリック殺害のニュースがひろがると、新聞は無責任な臆測をながしはじめた。被害者はユダヤ人で、犯人はカトリック法人型国家政府の支持者だろうという。なげかわしい兆候である。ウィーンがどれほどかたくなな土地柄かをみせつけるようななりゆきだが、さまざまな新聞が何十本もの記事を書きたてた。殺人犯にほめたたえんばかりの同情をよせ、シュリックを口ぎたなく攻撃する記事まであった。

たとえば、学界のある同僚がアカデミクスという匿名で書いた記事がある。事件を「しかるべき文脈」でとらえなおし、読者にこの殺人事件の「真実と動機」をつたえると称するものである。それによると、シュリックは哲学における邪悪な新流派を代表する人物で、形而上学に敵対していた。さらに、これをささえているのは社会の最底辺にひそむユダヤ人や共産主義者、フリーメーソンたちである。大衆はそのことを知る必要がある。また、この「論理実証主義」という哲学は神の存在を否定し、聖霊の存在を否定し、人間は細胞のよせあつめにすぎないと考えている。モーリッツ・シュリックを殺害した弾丸は、狂人の論理によるものではない。生命の意味をうばわれた魂の論理にみちびかれたものである。いまやイデオロギーの領土を占領している邪悪な力から、この領土を奪回すべき時がきた……。

ユダヤ人は、自分たちの文化組織でユダヤ人の哲学者におしえさせるがよい！　しかしキリスト教国であるドイツ・オーストリアの大学における哲学教授の職は、キリスト教の哲学者のものであるべきだ！　最近、オーストリアのユダヤ人問題を平和的に解決することが、ユダヤ人みずからにとっても利益になることがくりかえし表明されている。それができなければ、ユダヤ人問題が暴力的に解決されるのはさけられないことになるだろう。ウィーン大学のおそるべき殺人事件をきっかけに、ユダヤ人問題について真に満足すべき解決策をみいだす努力をすすめることがのぞまれる。

シュリックの息子をはじめ、ひとにぎりの勇気あるひとびとは、書きたてられたことに反論しようとした。シュリックがユダヤ人であるとか、無神論者であるというのはまちがいである。かれはドイツ・プロテスタントである。子どもたちは洗礼も堅信礼もうけているし、共産主義者とのかかわりもない。ユダヤ人の助手たちをまわりにあつめているというのもまちがいである。ユダヤ人の助手は一人だけで、フリードリッヒ・ヴァイスマンという司書だが、それも大学からユダヤ人を排除せよというキャンペーンにしたがってすでに解雇されている。

とはいえ、考えてみればシュリックや助手の人種問題は、この殺人事件とそもそもなんら関係がない。その単純明快な論拠で反撃しようとは、だれも考えなかった。当時の政治的雰囲気をまざまざとしめす点である。

ネルベックは殺人罪で裁判にかけられた。だがこれほど悪意にみちた世相のなかで、殺されたシュリックはふさわしいむくいをうけただけ、という心情が大衆のあいだにひろまってしまったことを考えれば、どういう判決がでるかはわかりきっている。ネルベックは死体のうえにかがみこみ、まだ煙のたちのぼるピストルを手にしたまま現行犯で逮捕された。ある証人は、かれが「この野郎、これでも食らえ」とさけんでいたと証言している。また、この殺害者はみずからすすんで自白していった。

判決は十年だった。殺人は絞首刑にあたる罪だったことを考えると、かるいものである。法廷は、犯人が自白したことや精神疾患の履歴があることを考慮にいれた。それでも犯罪の重大さにかんがみて、べつの処罰があたえられた。かたいベッドに寝かせる、しかもベッドは三か月ごとにあたらしいものにとりかえるというものである。

だが結局のところ、ネルベックのじっさいの刑期はさらにみじかかった。この判例はすぐに有名になり、投獄された殺人犯は世間の目からみて、心理的に不安定な独身者からゲルマン民族全体の英雄に変身したのである。事件から二年半後のオーストリア併合ののちは保護観察あつかいで釈放され、戦時中は鉱物油局地質部の技術者として第三帝国に奉仕している。一九四一年に完全な釈放をもとめたが、これは拒否され、有罪判決にあたって剝奪された博士号をふたたび名のることもみとめられなかった。ようするに、役人たちもさすがに、政治的な対立のなりゆきとして殺人行為が正当化され、免責されてしまうとしたら、いきつくところはどうなるかと考えたのである。

しかしそのころには、法人型国家を支持するひとびとの目からみると、さまざまなことがゆるぎない「事実」になってしまっていた。シュリックはユダヤ人の哲学者である。ドイツ人の高貴な魂を破壊するためユダヤ哲学をおしつけようとしていたのである。またネルベックはイデオロギーによる確信から行動し、オーストリアの哲学に巨大な貢献をした。したがってオーストリアの哲学界から、そして全国のオーストリア人とドイツ人からも、感謝をうけるに値する人物である……。

ウィトゲンシュタインとポパーのあいだにあったウィーンというつながりを考えた場合、モーリッツ・シュリックの殺害はそれを断つきっかけになったといえる。論理実証主義というあたらしい流派にとって、哲学のかなめになる作業は命題の意味を明確にすることだけであった。これは科学的な方法で可能になる。だがこの哲学はナチスを支援する力が成長するにつれて、その餌食になった。論理実証主義をめぐる本格的な議論は中断され、外国に輸出されて、のちに英語の世界で再開される運命をまつことになる。

だが、かつてシュリックがウィーンにやってきたころ、時代はもっと開明的だった。ドイツの下級貴族の出身であるシュリックはベルリンで、マックス・プランクのもとで物理学者として訓練をつんだ。当時の一流の科学者たちとは個人的にも知りあいだった。一九二二年にウィーン大学の教授に就任してからは、学者としての能力で大学の評判を高めただけではない。思いがけない稀な才能をそなえていたこともあきらかになる。それは、才能のあるひとびとをひきよせるという磁石のようなはたらきだった。

まもなくシュリックは優れたひとびとを周囲にあつめ、毎週木曜の夜に哲学の問題を話しあうようになる。このグループはウィーン学団とよばれるようになった。そして両大戦間の時代には、むかしから信じられていた哲学的前提をくつがえすまでになった。とくに、哲学の世界から倫理学と形而上学を追放してしまったことは大きい。こうして、ウィーン学団が採用した論理実証主義はのちに流行になった。じっさい英語圏の世界全体をつうじて、既存の哲学界をゆるがすほどになるのである。

ウィーン学団のメンバーは哲学者だけではない。経済学者や社会学者、数学者、論理学者、科学者。名前をあげるならオットー・ノイラート、ヘルベルト・ファイグル、ルドルフ・カルナップ、クルト・ゲーデル、ヴィクトール・クラフト、フェリックス・カウフマン、フィリップ・フランク、ハンス・ハーン、オルガ・ハーンなどそうそうたるひとびとが参集していた。[訳注1] オルガ・ハーンはハンスの妹で、目が不自由だったがブール代数の専門家である。葉巻を吸うことでも知られた。さらにフリードリッヒ・ヴァイスマンもメンバーだった。ただ、快活だったヴァイスマンの性格も、勃興するナチズムと、のちにはウィトゲンシュタインのあらあらしさに飲みこまれてしまうことになる。

ウィーン学団はさらに、カール・ポパーとルートヴィヒ・ウィトゲンシュタインの哲学上のむすびつきをうむきっかけにもなった。ウィトゲンシュタインは学団の名誉会員で、学団をみちびく精神的なリーダーであると世間ではみられていた。が、じっさいにはウィトゲンシュタイン自身は、会員になることも、リーダーであることもこばんでいた。逆にポパーはメンバーになることをのぞんでいたが、みとめられず、結局は対立する役まわりになっていく。H3号室の会合から何年もまえに、ウィトゲンシュタインとポパーにはすでに対照と対立の構図がなりたっていたのである。

ウィーン学団は、気性も知的な関心のありかたもさまざまな学者たちのあつまりである。だがそこにシュリックという魅力的で気もちのいい司会者がいて、エゴの対立をおだやかにやわらげ、温和なユーモアで場の緊張をほぐしていた。だからこそ、一種の運動にも似た凝縮力をもつことができたのである。会合の招待状を発送するのはシュリックだけの役割で、それもいい点だった。招待状をうけとったほうはきちんとした特権をあたえられたと感じ、シュリックそのひとに感謝したからである。ただ、ぎゃくにポパーのように、招待状をうけとらなかった人物は、自分がただしく評価されていないと感じることにもなった。

グループのじっさいの立役者は、シュリックとおなじドイツ生まれの論理学者、ルドルフ・カルナップである。またウィーン学団の政治的な姿勢は、経済学者で社会学者のオットー・ノイラートによってしめされていた。ノイラートはとほうもないエネルギーとウィットに富む人物で、人生と女性を愛した。労働者風の帽子、手入れをしないぼさぼさの赤髭、巨大な体軀でみまちがえようもなかった。ひとに出す手紙には、署名がわりに象の絵を描くのだった。

いっぽう若手の学者のなかで、知的にもっとも鋭かったのはクルト・ゲーデルだろう。論理学から数学をみちびこうとするラッセルのこころみがかならず失敗すると証明するのに、しばしばゲーデルの不完全性の定理が援用された。本人は小柄で眼鏡をかけ、人づきあいはぎこちなかった。

ウィーン学団のメンバーは、数学と物理学の研究所がはいっていたボルツマンガッセの建物の一階にある、すすけた読書室で会合をひらいた。黒板のまえには半円形に椅子がおかれ、煙草をすったりメモをとったりできるよう、うしろのほうに長いテーブルが用意されていた。

メンバーはみなウィーン在住で、二十名をうわまわることはめったになかったが、ほかにも、ときおり外国からゲストをむかえた。たとえばアメリカのW・V・クワインやポーランドのアルフレッド・タルスキ、イギリスのA・J・エイヤー、ベルリンのカール・ヘンペルなどである。[訳注2] おとずれたゲストたちは、風変わりな植物を餌にした鳥のように、自国にもどってその種をまくのだった。こうしてウィーン学団の影響は急速にひろまった。たとえば一九三六年にはエイヤーが『言語・真理・論理』という書物をイギリスで出版している。かれはこの本で一夜にして有名な学者になったのだが、たしかに美しく組みたてられた論争的な作品である。これは、数か月にわたってオーストリアで吸収してきたアイデアにもとづいて構想されたものだった。

会合はいつもおなじ手順ですすめられた。まずシュリックが静粛をもとめ、議論の特定のポイントにかかわりのある手紙を読みあげる。これは名だたる寄稿者のもので、たとえばアインシュタインやラッセル、ドイツの数学者ダフィッド・ヒルベルトやニールス・ボーアなどである。それからまえの週にみんなで決めておいたテーマについて、議論がはじまる。

メンバーをむすびつけていた信念は、哲学に科学的な方法をあてはめることがたいせつだという発想だった。ほかの学問とおなじように哲学も、論理学的に厳密であることで大きな恩恵をこうむることができると考えたのである。この点、哲学界のもう一方の首都ともいえるケンブリッジの哲学者たちとは意見を異にしていた。ケンブリッジでは逆に、科学は哲学から学ぶべきものがあると考えていた。ギルバート・ライルの表現でいうとつぎのようになる。「ウィーンでは、哲学は血を吸う寄生虫のように考えられていた。しかしイギリスでは、治療用のヒルのように考えられていた」。

しかしウィーン学団の真の敵はケンブリッジではなかった。ドイツ観念論である。フィヒテ、ヘーゲル、そしてカントの特定の面をふくむドイツ観念論の流れ。この流れは、物理学や論理学にくらべると、心と精神に特権的な役割をあたえている。だがウィーン学団にとってドイツ観念論は、晦渋で、無意味な儀式と精神的混乱をくみあわせたものとみえた。

学団の会合は白熱したものだった。メンバーは自分たちが、なにか斬新であたらしい運動の中心にいると感じ、それまでの哲学の歴史でいちばん獰猛な〈竜〉のようなものを退治しているのだと考えていた。一九二九年にシュリックは、経済的条件もよく名誉も高かったドイツでの教授職をすすめられたが、これをことわっている（しかしこの時点のウィーンをあきらめて、ボンにもどろうという人間がいるだろうか）。このときウィーン学団のメンバー数名が集まって、シュリックをたたえる書物を出版することにした。『科学的な世界観　ウィーン学団』というこの書物は、ウィーン学団の目的と価値観を表明する、なかば公式の綱領になった。ここには運動の知的な〈父〉として、三人の名があげられている。アルベルト・アインシュタイン、ルートヴィヒ・ウィトゲンシュタイン、バートランド・ラッセルである。

科学の世界における最新理論で、アインシュタインは学団にとってとくに輝かしいスターだった。時間と空間についてのかれのおどろくべき反‐直観的記述は、ひじかけ椅子にすわって頭をかかえて省察するだけで、世界についてなにかを発見できるというカントの主張にまっこうから異議をとなえるものだからである。かつてカントのしめした発見の一つは「すべてのものに因果関係がある」ということだった。この論は世界のはたらきについてなにかしら語ってはいる。だが経験的な観察から生まれたものではなく、省察である。その意味ではニュートンの物理学の法則も、省察からみちびきだすことができる。しかしアインシュタインはそれらの考えかたが不合理であるとあばいたことになる。省察だけでニュートンの法則を演繹することはできない。さらに、アインシュタインの理論によって、これらの「法則」そのものがいつわりであるとあきらかになったのだった。

ウィーン学団の第二の名誉会員はバートランド・ラッセルである。ラッセルの魅力は、どぎついほどの経験論（世界についてのすべての知識は、経験から生まれるという理論）を主張していたことと、数学と言語にいちはやく論理学を応用してみせたことにあった。かれの『プリンキピア・マテマティカ』は一九一〇年から一三年にかけて出版された。ルドルフ・カルナップとハンス・ハーンはこの内容を理解し、消化できた、ごくひとにぎりのえりぬきの読者である。カルナップは一九二〇年代はじめのハイパーインフレの時期、ドイツで大学院生として貧乏ぐらしをしていたが、当時ラッセルに手紙をおくり、自分で買う金がない『プリンキピア・マテマティカ』の、全千九百二十九ページにおよぶ三冊本を無心したことがある。ラッセルは三十五ページにわたる返事を書いて、おもな証明点をあらいざらい、くわしく説明した。いっぽうハーンは、ウィーン学団の全体のメンバーにむけておなじような解説者の役割をはたした。かれはラッセルの論理学について集中講座をひらき、「公式の墓場」としかいいようのないこの本から、哲学的エッセンスの真髄をしめしてみせたのである。

しかしウィーン学団がもっとも深く尊敬の念をいだいていたのは、ウィトゲンシュタインだった。一九三三年二月、A・J・エイヤーは友人のアイザイア・バーリンに、ウィーン学団の印象をこう書きおくっている。「メンバー全員がウィトゲンシュタインを神のようにあがめている」。ラッセルについては「キリスト(ウィトゲンシュタイン)にさきだつ預言者」のようにみられているにすぎないという。

ただし一九三二年の十一月、エイヤーが二十四歳の研究生としてオックスフォードからウィーンを訪問したときには、ウィーン学団にとってもっとも強烈なウィトゲンシュタイン崇拝の時期はすでにすぎていた。かつて一九二一年にウィーンでドイツ語版の『論理哲学論考』が出版されたときは、すぐに大きな反響をよんだのである。シュリックははやくからこの書物の独創性を高く評価し、一九二〇年代なかばの時点でウィーン学団は『論考』をセンテンスごとに読みあげ、議論している。これは一年のほとんどを費やさなければできない苦しい作業だったのに、一度ならず二度まで全体の分析がおこなわれたのだった。

ただシュリックがウィトゲンシュタインとじっさいに顔をあわせるまでには紆余曲折があり、『論考』の読解作業なみの忍耐が必要だった。なんとしてもウィトゲンシュタインと会いたいと考えたシュリックは、一九二四年に手紙を書きおくっている。手紙では、あなたの基本的な考えかたの重要性とただしさを自分は確信したと説明している。

これにはウィトゲンシュタインも心をひらいて応じた。この時期かれはオーストリア南部の寒村で小学校の教師をしていたので、シュリックをこの田舎の村にまねいた。だがあいにくシュリックのほうはべつの用事がはいり、すぐに村をおとずれることができなかった。ようやく訪問したときにはウィトゲンシュタインはすでに辞任して、ひっこしてしまっていた。

こうしたすれちがいのあと、ようやく二人をひきあわせたのはルートヴィヒの姉マルガレーテである。教師をやめたルートヴィヒがウィーンにまいもどり、クンドマンガッセに建てるマルガレーテのあたらしい住宅の設計に熱中していたころだった。会えたいきさつはこうである。まずマルガレーテの息子のジョンは、シュリックの学生であった。この縁を背景に、一九二七年にルートヴィヒの強い依頼があってマルガレーテがシュリックに連絡をとったのである。ただルートヴィヒは、シュリック自身に会うことは強くのぞんでいたものの、シュリックが提案してきたウィーン学団のメンバー同席という案はこばんだ。

はじめての面会の当日、シュリック夫人は、夫がまるで聖地巡礼にでも出かけるようなおももちで出かけていったのをよくおぼえている。「かれは恍惚状態で家にもどってきました。ほとんど口をきかず、なにか訊ねるのをひかえさせる雰囲気がありました」。

ウィーン学団のメンバーの一人ヘルベルト・ファイグルはのちに、にがにがしくふりかえっている。シュリックはウィトゲンシュタインの天才にあまりに圧倒されてしまったため、「ウィトゲンシュタインのほとんど催眠術的な魔力に屈するずっとまえから、はるかに明晰なかたちでシュリック自身が表現していた哲学上の深い洞察を、ウィトゲンシュタインのものだと主張するようになった」。

こうした会合をいくどかひらいたのち、やっとウィトゲンシュタインはウィーン学団のメンバー一人か二人に同席をみとめるようになる。同席したメンバーにはヴァイスマン、カルナップ、それから回数はすくないがファイグルがいた。会う場所はさまざまだった。アレーガッセにあるウィトゲンシュタイン宮殿、あるいはそこから歩いて十分そこそこのシュリックのアパート。またはそのあいだにあった、ウィトゲンシュタイン家の所有になる屋敷のひとつ。だが、こうしたとりきめのために辛酸をなめた人物が一人いる。赤貧のヴァイスマンだった。

ヴァイスマンは洞察力にめぐまれた鋭い人物で、本来、どの大学であれ職をえることができたはずだった。しかし当時のウィーンでは学術界におけるユダヤ人の削減をもとめる声が強くなっており、このため、シュリックがかれに計らってやれたのは司書の地位だけだったのである。とくにヴァイスマンの場合、まだ博士課程を修了していなかったこともひびいた。

ヴァイスマンはもともと貧しい家庭の出身である。銀行に蓄えなどあるはずもなく、司書の給料は雀の涙にすぎない。まして妻とおさない息子をかかえていては、ウィーン北東部のごみごみとしたユダヤ人街に住むしかなかった。フルヒトガッセにあるこのちいさなアパートはウィーンのスラム街ともいうべきレオポルトシュタットにあった。活気にみちているとはいえ雑然と建てこんだこの地区は、ウィーンの瀟洒でゆたかな中心部をとりまく環状道路リンクシュトラーセの外がわ、ドナウ運河をわたったところにあった。

ウィトゲンシュタインの場合、ウィーンが故郷であるとはいっても、ヴァイスマンの住む地区に足を踏みいれたことなど一度もなかったろう。意図というものの意味について説明しながら、かれはこういう実例をあげたことがある。「たとえば「ヴァイスマンくん、フルヒトガッセに行きたまえ!」といったとする。それはどういう意味になるだろう」。このとき、貴族的な育ちのルートヴィヒは、社会的には差別になるジョークを口にしたことになるかもしれない。

それでもヴァイスマンは、この奇矯な人物の個性にうちのめされていた。一族全体でみればウィーンの半分を所有していると思われる資産家の出身、ルートヴィヒ・ウィトゲンシュタイン。かれにとことんひかれたからこそ、痩せおとろえ、なかば飢えた状態で、律義にウィーンの町をひたすら歩いて都心のあつまりに参加していた。じっさい、ほとんどひとつの都市をよこぎるほどの距離なのである。

これは、ファイグルが口にした、さきのシュリックについてのにがにがしいコメントを連想させられるなりゆきである。また、やはりウィーン学団のメンバーであったオーストリアの数学者、カール・メンガーもこういっている。ウィトゲンシュタインという「偶像」に、ヴァイスマンは「グロテスクなほど卑屈にしたがっていた」という。「とくにヴァイスマンは、ウィトゲンシュタインが意見を変えると、自分もそれにしたがって意見を変えてしまう」。そこまでウィトゲンシュタインの弟子と化していたのだろう。じっさい、額をてのひらでたたく癖まで習いおぼえていたほどだった。

だがヴァイスマンがこれほどの「大旅行」をして（レオポルトシュタットの貧民街の住民なら大旅行というだろう）集会におもむいても、むだ足のこともあった。ウィトゲンシュタインが哲学について話すのをいやがり、詩を朗読するといいはることもよくあったからだ。このころウィトゲンシュタインが好きだったのは、ベンガルの詩人ラビンドラナト・タゴールの詩だった。

ウィトゲンシュタインが魅惑されたのは、タゴールの詩のもつ結晶のような純粋さと、ひかえめに表現された精神性だったにちがいない。そしてウィトゲンシュタインは壁にむかって朗読するのが好きだった。囚われの論理学者たちは、内心のいらだちをみせないように苦労しながらその背中をみつめつつ、われらがメシアのメッセージを読みちがえているのではという疑念がきざしてくるのを感じることもあったようである。

詩人としてのわが虚勢は、汝が目のまえに、恥辱のうちに滅びさらん
おおわが師なる詩人よ、われは汝の足元に座す
わが生が、簡素で率直なものとならんことを
汝が草笛に楽の音を満たすごとくに

ウィーン学団の基本的な主張では、有効な命題は二種類しかない。このシンプルな見かたは哲学界にとって大きな魅力だった。有効な命題の一つは、命題の意味そのもののために、つねに真であるか偽であるかどちらかになるものである。たとえば「すべての独身者は結婚していない」という命題や、「二たす二は四である」といった数式である。または論理的な推論で「すべての人間は死ぬ。ソクラテスは人間である。だからソクラテスは死ぬ」などがこれにあたる。有効な命題のもう一つは、経験的な命題である。たとえば「水は摂氏百度で沸騰する」や「世界はひらたい」などである。これは検証によって真偽が決まるが、たとえ偽であっても意味をもつものである。

ウィーン学団にとって、これ以外のすべての命題は文字どおり無意味だった。たとえば神が存在するかどうかという命題は検証できない。宗教的な意見表明である。したがって、あっさり屑かごいきなのである。当然ながら形而上学的な命題も「知の屑かご」いきになる。美学や倫理学、生命の意味についての見解も、おなじく屑かごへ。たとえば「人を殺すのは悪いことだ」とか「いつも正直でいなければならない」とか、「ピカソは芸術家としては、モネよりも優れている」などの命題は個人的な判断をしめすものにすぎない。「わたしは人を殺すことを認めない」や、「わたしの考えでは、すべての人はいつも真実を語るべきである」、あるいは「モネよりピカソが好き」などとおなじである。「人間に到達できないものは何もない」とウィーン学団の綱領は謳いあげる。「人間が万物の尺度である」というのである。

学団によれば哲学のほんらいの役割は、形而上学的な考察にふけることではない。科学者がつかう概念を明確にし、これをさらに研ぎ澄ますことである。学問というゲームのもっとも重要なプレーヤーは科学者である。哲学者は、ゲームの戦術を分析することでチームを援助するにすぎない。哲学はつねに科学に従属する。

とはいえさすがにウィーン学団から見ても、ものごとはそこまで単純ではない。命題は検証可能だから意味があるのだとしたら、ではどうすれば検証したことになるのだろう。ウィーン学団の初期のころ、メンバーはこれを確定するのにさんざん苦労した。たとえば「命題の意味とは、それが検証される方法である」という定式がある。これをどうすれば「征服王ウィリアムは、ヘイスティングズのたたかいに勝った」という歴史的な命題に適用できるようになるのか。科学は予測をしめすべきであり、それは検証できるものだとウィーン学団は考えていた。とはいえ一〇六六年のノルマン人によるイングランド征服について、いったいどういう「検証可能な予測」をつくりだせるというのだろうか。

ひとつのこたえとして、こういう考えかたができる。つまり歴史家が伝統的にもちいた手段、たとえば古文書や書簡、考古学的な証拠、口頭の証言などがある。これは科学者にとってのブンゼンバーナーや三脚、試験管といった道具とおなじように、ある特定の理論のただしさを証明する証拠として使うことができる。

さらに歴史的な命題はじっさいに予測を生みだしていると考えることもできる。というのは、もしある命題が真であれば、そのあとに関連した命題が登場して、その命題をうらづけるという予測ができるからである。

しかし歴史的な命題は、原則として検証可能であるから意味がある、という主張は、のちに多くの人びとから奇妙だと考えられるようになる。意味があるとみられるすべての命題を、この検証可能性という拘束衣におしこむのはあまりに人為的ではないか。このやりかたでは、「ヘニーは頭が痛い」といった命題も、命題そのものを検証する証拠だけで評価することになりかねない（「ヘニーはアスピリンが必要か」）。

これにかわるものとして、たとえ検証できなくても意味がある命題は存在する、という常識的な見かたがある。たとえば「ひとびとが部屋からいなくなると、家具は蒸発してなくなる（そして人びとがもどってくると、家具もふたたびあらわれる）」という命題にも、意味があると考えるのである。たとえ検証は不可能であるとしても。

ウィーン学団の内部でも、検証可能性の原則については懐疑的な見解がつよまっていき、一九三〇年代なかばには、ほぼ完全に放棄されるようになる。A・J・エイヤーは、のちにウィーン学団の運動の失敗について質問されて、こうこたえている。「もっとも大きな欠陥はなんだったかって？　ほとんどすべてがまちがっていたことだと思うね」。しかしひところのウィーン学団は、西洋社会で流行最先端の哲学教義だったのである。

意味のある命題とは、分析的な命題か、観察によって真偽を決定できる命題だけである、というかれらの理論は、論理実証主義とよばれるようになった。分析的な命題とは、たとえば「すべての三角形には三つの辺がある」のように、つかわれる語や記号の意味をしらべるだけで、真偽を評価できる命題である。

そして多くの論理実証主義者にとって、ウィトゲンシュタインの『論理哲学論考』は聖典だった。検証可能性の原則もこの著作からとりだしたものである。ラッセルとおなじように、ウィーン学団も『論理哲学論考』をウィトゲンシュタインの中心理論の一つと考えていた。すなわち、すべての数学的な証拠は、どれほど精密なものでも、たんなる同語反復にすぎない。また論理的推論も、すべてたんなる同語反復にすぎない。これはたとえば「雨が降っているとすると、雨は降っているか、降っていないかである」や「すべての人間は死ぬ。シュリックは人間である。だからシュリックは死ぬ」のような命題のことである。こうした命題は現実の世界についてはいかなる情報もあたえてくれないし、内容がない。これらの命題は、文や方程式の内的な関係について語っているにすぎない。これらは、シュリックが死ぬかどうか、外出するときに傘をもっていくかどうか、シュリックがじっさいに人間であるかどうかなどについて、なにもおしえることはできない。

とはいえウィーン学団がウィトゲンシュタインの『論理哲学論考』をただしく理解していたかどうかには、解釈の余地がある。ウィトゲンシュタインは、語りうる命題と、わたしたちが沈黙をまもらなければならない命題をはっきり区別していた。そこでは、科学的な命題は語りうる命題にふくまれるし、倫理的な命題は語りえない命題の分類にはいる。

だがウィトゲンシュタインは、語りえない命題を無意味であると考えていたわけではない。ウィーン学団の多くのメンバーが誤解していたのはここである。反対にウィトゲンシュタインは、わたしたちが語りえない命題こそがほんとうに重要なのだと考えていた。

ウィトゲンシュタインが『論理哲学論考』の重要な点について書いた手紙をみてみよう。ウィーンの著名な編集者にあてたものである。「この本のポイントは倫理的なものです。……わたしの著作は二つの部分で構成されています。この本に書かれている部分と、書かれていない部分です。そして重要なのは、まちがいなく、書かれていないほうなのです」。

オットー・ノイラートなどウィーン学団の一部のメンバーはまもなく、ウィトゲンシュタインが確信犯的なトリックスターだと考えるようになっていく。ルドルフ・カルナップはとくに、ウィーン学団によるウィトゲンシュタインの文章の解釈と、ウィトゲンシュタイン本人とがずいぶん対照的なのに驚いていた。

ウィーン学団は、いわば鼻っ柱のつよい科学者たちで構成されていた。かれらは形而上学や道徳的な説教、精神性などは無内容なものとしてしりぞけていた。そして最初は、『論理哲学論考』もそれらを拒否していると考えていたのである。ところがウィトゲンシュタイン自身を目のあたりにしてみると、詩を朗読したりしていて、どうやらほとんど神秘主義者のようなのである。

カルナップはこう語っている。

ウィトゲンシュタインのものの考えかたや、ひとや問題に対する姿勢は、たとえ理論的な問題にむかう場合であっても、科学者というよりむしろ創造的な芸術家にちかかった。宗教的な預言者や予見者にちかいといってもいいかもしれない。……ときにえんえんと時間をかけて苦しみ、だがようやくなにかをつかむと、かれのことばはわたしたちのまえに、まるで新しく創造されたばかりの芸術品か神の啓示でもあるかのように立ちあらわれるのである。

ウィトゲンシュタインとウィーン学団のメンバーとのあいだに誤解や緊張がうまれるのは、おそらくさけられないことだったろう。そしてそのあとは深い亀裂がのこされたままになった。とくにカルナップとの対立は根本的なところからでたものだったといえる。おだやかで冷静な性格のカルナップは理想的な言語が必要だと考え、人工語であるエスペラント語を支持するようになった。だが、なんら害があるわけではないこのエスペラント語への熱意に、ウィトゲンシュタインは激怒したのである。言語は有機的なものでなければならないのだと、かれはつよく主張した。

カルナップはいつもウィトゲンシュタインに敬意を表してゆずる。が、ウィトゲンシュタインが前提XとYから結論Zをどうみちびいたかについては、ていねいな言葉をえらびながらも、思慮深い疑問をなげかけることをやめなかった。ところがこれも、空論家の杞憂だと一蹴されてしまう。「ぼくは、匂いをかぎわけられない人間の手助けはできない。

そういう人間はそもそも鼻がないのだから」。

最終的な決裂が生じたのは、カルナップの名著『世界の論理的構成』が出版されたときだった。カルナップが剽窃したと、ウィトゲンシュタインが非難したのである。ウィトゲンシュタインはいつも剽窃されることを不安に思っていたが、とくにこの著作ではカルナップ自身、ウィトゲンシュタインに負うところがあるとみとめていただけに、話はこじれた。ウィトゲンシュタインはこう応じた。「ちいさな子どもがぼくの林檎を盗んでも、いちいちとがめたりしない。でもぼくにもらったといいはるのはがまんできない」。

しかしほんとうに悲劇的な決裂が生じたのは、ヴァイスマンとのあいだだろう。これはウィトゲンシュタインが、ひとを残酷なやりかたで切り棄ててしまえる人間だと証明するようなできごとである。

ヴァイスマンはウィーン学団のだれにもおとらないくらい、ウィトゲンシュタインとちかしかった。その「大きな恩義があったヴァイスマンに、ウィトゲンシュタインは非人間的で酷いふるまいをした」とカール・ポパーは結論づけている。そして、そういわれてもしかたがない面がある。

フリードリヒ・ヴァイスマンは最高に独創的な思想家とはいえない。だがいりくんだ概念をわかりやすく、のみこみやすい表現に要約してみせる才能にはずば抜けたものがあった。それでほぼ十年ものあいだ、ほとんどつねにウィトゲンシュタインと協力しつつ、かれのわかりにくい発言に形式と構造をあたえる仕事をこつこつとつづけてきたのである。

一九二九年以降には、ウィトゲンシュタインとヴァイスマンの共著による出版計画までもちあがったほどだった。ウィトゲンシュタインは、哲学界のもっとも卓越したひとびとを自分の秘書のように酷使するのをまったく意に介さず、ヴァイスマンに書きとりをたのんでいたからである。だがウィトゲンシュタインの思考はつねに揺れつづけるうえ、自分のアイデアの所有権にも固執したのでヴァイスマンは疲れはて、共同出版のこころみはついえてしまった。

一九三七年末、ヴァイスマン一家は亡命者としてウィーンをあとにした。ポパーは、自分にはもう必要がなくなったイギリス学者援助評議会の援助をあたえるよう、ヴァイスマンを推薦している。もっともポパーは自伝では事実を飾って書きのこしているのだが、これについてはいずれあらためてのべよう。いずれにせよヴァイスマンと妻子はケンブリッジにやってきて、評議会からわずかな援助金をうけとり、大学の臨時講師の地位を確保した。

とはいえイギリスという異国に越してきて、外国語で講義をせざるをえなくなったわけである。いっぽうで自国にのこしてきた友人や親戚たちの運命も心配だった。このとき、ヴァイスマンには財政的な援助だけでなく、心のささえと、学問分野での専門家としての支援が必要だった。旧知のウィトゲンシュタインが学部の中心的な哲学者であることは、なんとかあらたなスタートを切ろうとしているヴァイスマンにとって、ふつうならよいニュースだったはずである。

ヴァイスマンが到着したとき、ウィトゲンシュタインはノルウェーに滞在していて大学をはなれていた。だがやがてケンブリッジにもどったあと、かれはウィーンでのかつての協力者がそこにいることに、ほとんど気づこうともしなかった。まったくの絶望の淵にあったヴァイスマン一家を救う手をさしのべたのは、ウィトゲンシュタインではなくリチャード・ブレイスウェイトと妻のマーガレット・マスターマンだったのである。夫妻はこの亡命の一家に夜露をしのぐ住居と、さしせまって必要だった現金を用だてている。

このときのウィトゲンシュタインのふるまいを、できるかぎり寛大に解釈してみるとこうなる。まずかれの思考対象は急速に変化していたので、もはやウィーンの古い友人を必要としておらず、また相手のためにさく時間もなかった。また一九二九年のウィーン学団の「綱領」の出版にはひどくいらだっていた。当時ウィトゲンシュタインは、ヴァイスマンが自己満足的な態度をとっていると指摘した手紙をおくっている。とはいえこれしきの解釈では、ウィトゲンシュタインの態度をもっともなものとして弁明しうるには遠い。

哲学者としての対立は脇におくとしても、ヴァイスマンがなにより必要としていた切実な援助をウィトゲンシュタインはあたえなかった。これを説明するには、かれの病的なほどはげしい自己中心主義や、ひとは自分にあたえられた役割を、障害をかいくぐりつつ最大の率直さをもって生きぬくべきだとするかれの考えかたをひくほうがあたっているというべきだろう。それでも、あまりたのしい解釈ではない。

ふと連想されるエピソードがある。旅先で、待たせていた船頭にリーヴィスがチップをわたしたとき、ウィトゲンシュタインはとがめるような言葉を吐いたという。「船頭はボートハウスに所属しているんだ」。ウィトゲンシュタインにとってヴァイスマンはいつも、貧乏と、フルヒトガッセでの苦労に「所属している」ものだったのかもしれない。

ウィトゲンシュタインの敵対的な影のもとで、哲学の講師としてヴァイスマンはなんともやりにくい立場に苦しんだ。自分にとっていちばん関心のあるテーマで講義をすることもできなかった。ウィトゲンシュタインが自身のセミナーでそのテーマをとりあげていたからである。こういう人物が大学で上位にある状況では、どちらの利益が優先されるかは明白なことだろう。ウィトゲンシュタインは学生に、ヴァイスマンの講義をうけるなとまで言った。ウィトゲンシュタインにとってヴァイスマンは、図書館に「所属する」ものだったのだろうか。

ヴァイスマンは二年たらずでオックスフォードにうつる。ここで科学哲学の助手になり、そのポストのまま学者としてのキャリアを終えた。どこまでも不幸な亡命者だった。そしてイギリスには、ウィーンのようなコーヒーハウスもなかった。孤立して、遠くはなれてくらすことにヴァイスマンはいつも不満をのべていた。メランコリーと鬱病の傾向をみせ、妻も息子も自殺している。しかしそれでもなお、かれはオックスフォードにウィトゲンシュタインの新しい考えかたを紹介するのに貢献した。そしてオックスフォードは戦後、ウィトゲンシュタイン研究の中心地になっていくのである。だがヴァイスマンとウィトゲンシュタインとの関係そのものが修復されることはついになかった。

一九五一年にウィトゲンシュタインが亡くなると、ヴァイスマンは「暴君から解放されたようだった」といわれる。これはオックスフォードの哲学者、サー・マイケル・ダメットの証言だが、それまで講義でもウィトゲンシュタインの哲学だけを論じていたヴァイスマンが、その後はあたらしい分野に手をひろげるようになったのは事実である。かれは一九五九年に亡くなった。

ウィーン学団のメンバーで亡命したのはヴァイスマンだけではない。ウィーン学団の中心メンバーにはユダヤ人が数人いたし、ほかのメンバーも左翼系だった。当時のウィーンからは芸術家や映画監督、銀行家や科学者、医師などおびただしい人材が流出している。そしてこれらの分野の亡命者とおなじく、哲学者たちも、脱出したあとはイギリスかアメリカへとむかった。

カルナップの場合は、ウィーンからプラハ経由でプリンストン大学におちついた。ファイグルはアイオワ、ついでミズーリに。ゲーデルはプリンストン大学である。メンガーはノートルダム大学に移った。またヘンペルはベルリンからブリュッセル経由でシカゴに、そしてニューヨークに移住している。一九三四年にオーストリアでドルフス首相の暗殺とクーデターのくわだてが起きたとき、オットー・ノイラートはソ連を訪問していたが、そのままオーストリアにもどらなかった。ノイラートの場合、ウィーン学団のなかでも政治的に活発な行動をしていて、もどれば生命の危険にさらされるのはあきらかだったのである。かれは妻とともにオランダに移住し、一九四〇年にナチスがオランダに侵入すると、ごったがえす小船にもぐりこんでイギリスへと亡命した。そして終戦のころイギリスで平穏に亡くなった。ヴァイスマンはウィーン学団のなかで、むしろもっとも亡命がおそかった一人である。

ウィーン学団の中核にあったシュリックが殺害されたのち、ウィーン大学でシュリックがつとめていたポストは廃止された。こんご哲学部では哲学史を教えることにつとめる、と教授任命委員会は発表した。ウィーン学団のめざしたものは、こののちウィーンではなくイギリスとアメリカで、より穏健な雰囲気で分散的におしすすめられていくのである。

だがウィーン学団の声は、哲学のいくつかの理論にいまも残響としてひびいている。たとえば一九三一年にゲーデルは、数学の論理的基礎づけをおこなおうとするこころみはすべて無効である、と宣告する定理を発表した。形式的算術のシステムの整合性は、算術の内部では証明できないとしめしてみせたのである。ゲーデルの論文はわずか十五ページだが、数学には証明できない問題があること、また数学でどのような公理がうけいれられていても、検証できない真理がつねに存在することがのべられている。

ウィーン学団の残響は「ノイラートの船」という概念にもつたわっている。ノイラートは反・基礎づけ論者だった。知識に確固とした下部構造はないと考えていて、そのことを説明するために航海の比喩をつかったのである。「われわれは、外洋で自分たちの船を修理しなければならない船員のようなものだ。船を乾式ドックに入れ、最良の部品でくみたてなおすことなどできないのだ」。

また、ヘンペルの逆説という例もある。ウィーン学団は、検証することや虚偽を立証すること、また「確認」することにこだわった。ヘンペルの逆説はその核心の虚をつくような論であるが、ここで「確認」とは、虚偽を立証することの反対である。つまり、ある理論が真理であると確認するものはなにか、その証拠となるものはなにかという問題設定をおこなうのである。たとえば自分がバードウォッチャーで、すべてのカラスは黒いと証明したいとする。だがもし白や褐色や緑のカラスをみつけたら、自分の仮説は否定され、虚偽であると立証される。だとすれば、ぎゃくに黒いカラスを目撃したら、それを自分の仮説がただしい証拠だとみなすのも妥当ではないのか。「すべてのカラスは黒い」という命題は、「すべての黒くないものは、カラスではない」という命題とおなじである。そう喝破するのがヘンペルの逆説である。

こういいかえてみよう。「すべてのカラスは黒い」がただしくて、かつ緑の鳥をみたとする。その場合〈その鳥はカラスではない〉と確信をもって語ることができる。そしてヘンペルはさらに、黒くもなくカラスでもないものを目撃したら、「黒くないものはカラスではない」という命題を「確認」すると同時に、「すべてのカラスは黒い」という論理的に同値の命題を「確認」することになるとも考えた。ようするに、黄色い太陽や白いロールスロイス、赤いツグミや青いオダマキ、ピンクの豹をみるたび、この仮説を確認する証拠を提示することになるのである。これは常識に挑戦するような逆説だが、ではなぜそうなのかを緻密にしめすのは、なまやさしいことではない。

のちにカール・ポパーは、検証できる命題と検証できない命題についてのウィーン学団の区別には意味がないとして、かれらの実証主義的なプロジェクトを批判した。だがこうした理論をみれば、論理実証主義を批判しようとしたのが世界でポパーだけではなかったこともあきらかだろう（のちにポパーは、批判したのは自分だけだといいはるのだが）。

訳注

［1］　オットー・ノイラート　Neurath, Otto（一八八二—一九四五）はオーストリアの経済学者・思想家。統一科学協会を設立した。現在の絵文字（ピクトグラム）の前身といえるアイソタイプの考案などもおこなった。船乗りは、航海中の船を手持ちの道具で修理して航海をつづけるという「ノイラートの船」の概念でも知られる。この概念をつうじ、知識にはゆるぎない下部構造が存在しないことを示唆した。ルドルフ・カルナップ　Carnap, Rudolf（一八九一—一九七〇）はオーストリアの哲学者。のちにナチスをのがれてアメリカにうつり、米国に分析哲学をひろめる力になった。論理実証主義をひろめるうえで雑誌『エアケントニス（認識）』の刊行も大きい。クルト・ゲーデル　Gödel, Kurt（一九〇六—七八）はチェコスロバキア生まれの数学者・論理学者。数学基礎論の重要な発見となった、ゲーデルの完全性定理、不完全性定理で有名。やはりのちにアメリカにうつり、プリンストン高等研究所の教授をつとめた。ハンス・ハーン　Hahn, Hans（一八七九—一九三四）はウィーン大学教授。妹のオルガ・ハーンとともに、数学者。

［2］　W・V・クワイン　Quine, Willard van Orman（一九〇八—二〇〇〇）はアメリカの哲学者・論理学者。ハーヴァード大学を拠点に意味論、存在論をとなえた。邦訳に『論理学の方法』中村秀吉・

大森荘蔵訳　岩波書店（一九六三）など。アルフレッド・タルスキ Tarski, Alfred（一九〇二—八三）は論理学者・数学者。ポーランド生まれ。ナチスをのがれてアメリカに移住、カリフォルニア大学バークレー校を拠点に活動した。言語研究をつうじてモデル理論の発展に寄与。A・J・エイヤー Ayer, Sir A. J.（一九一〇—八九）はイギリスの哲学者。邦訳に『知識の哲学』神野慧一郎訳　白水社（一九八一）など。→本書二章訳注［5］。カール・ヘンペル Hempel, Carl Gustav（一九〇五—九七）はドイツ出身の哲学者。のちにナチスをのがれてアメリカに移住した一人である。

第一四章　ポパーとウィーン学団の関係

……こうしたことから、ウィーン学団のかかえる重要な問いのすべてにおいて、わたしは自分のほうが学団よりすぐれた解答を手にしていること、すくなくとも一貫性のある解答を手にしていることを感じた。

——ポパー

いっぽうで、ポパーとウィーン学団の関係はどのようなものだったのだろうか。ポパーもウィトゲンシュタインとおなじく、ウィーン学団の毎週の集会には一度も出席していない。ウィトゲンシュタインが出席しなかった理由はかんたんで、出たくなかったからである。いっぽうポパーのほうは、出席をもとめられなかったからである。かれは自伝の『果てしなき探求』で、まねかれたらとても光栄に思っただろうとしるしている。だが招待状がくることはついになかった。

一九二〇年。ウィーンは第一次世界大戦後の困窮期にあった。ウィーン大学の数学部からあるいて三分ほどのカフェ「アカツィエンホーフ」では、もうけを度外視して、お金のない学生のためにつつましくとも健康的な食事をだしていた。夏の暑いさかりには、木陰のテラスで食事をとることもできた。このカフェで、カール・ポパーはオットー・ノイラートに会っている。当時ポパーは大学の特別生であった。ノイラートはウィーン学団でもとくに幅ひろい知見をもつ人物として知られていた。ポパーがウィーン学団のメンバーに接したのは、このときがはじめてである。もっとも、のちにポパーをさしてウィーン学団の「公式の敵」とよぶようになるのはこのノイラートなのだが。

ただポパーはいつも、この「敵」というよび名を誇りにしていた。それは自分の生涯を要約する呼称で、哲学者としての存在理由をしめすものだと考えていたのである。自分はウィーン学団の「敵の一人」だったのではない。「敵」そのものだった。それもたんなる敵ではない。「勝ち誇る」敵である。ポパーはウィーン学団にたいしてだけではなく、プラトンに、ヘーゲルに、マルクスに勝ち誇り(もっともプラトンとマルクスは尊敬もしていたが)、フロイトに勝ち誇っていた(フロイトのことは占星術師や疑似科学者たちの部類としてあつかっていた)。そしてもちろん、ウィトゲンシュタインにたいしても勝ち誇っていた。

ポパーはつねに、自分がウィーン学団の一員だったという「神話」を、おはらい箱にしたがっていた。かれはこれをもったいぶって「ポパー神話」とよんでいたのだが、ともあれ、その神話はただしくないと主張するのである。神話には、学団を悩ませた哲学的難問をポパーがとりのぞこうとした、という逸話もふくまれる。命題が意味のあるものかどうかを判断する検証原則のかわりに、かれが反証可能性の原則に変えたというのである。しかしポパーはこれもまちがっているという。「ウィーン学団をなやませた難問は、そもそもわたし自身がつくったものだ。わたしが発明し、それによって、学団の基準が、じつはつかいものにならないとしめしたのである。したがって、わたしはウィーン学団を難問から救出しようなどとはしていない。わたしにはまったくべつの問題があったのだから」。

ポパーは、自分が批判したために、たちまちウィーン学団の内部に混乱がひろまったという。「わたしはいつもウィーン学団の一人とみなされてきた。だがわたしはあの混乱をつくりだした人間ではあっても、混乱に加わったことはない。それはわたしとして、くりかえしておきたい」。ここでひたすら強調されているのは「わたし」である。

ではなぜポパーはいつも、ウィーン学団の直面した状況の外部にとどまっていたのだろうか。ポパーはカルナップやカウフマン、クラフト、ファイグルなど、ウィーン学団のメンバー数人と友人関係にあったし、カルナップやファイグルとは一九三二年にチロルで休暇をいっしょにすごしているほどである。ポパーの才能は高く買われていた。かれには「傑出した、卓越した精神」があるとファイグルは語っているし、カルナップものちに書きのこしている。「ポパー博士は、傑出した力のある独立した思想家」であるという。

つまりポパーには優れた知性があり、友だちもいた。かつ科学の分析的学問を哲学の分野にもちこむことにも関心をもっていた。ポパーの最初の主著は『科学的発見の論理』である。一九三四年末に出版するとアインシュタインからもみとめられたし、学団メンバーのどの著作にもおとらない力量をしめすものだった。

では、にもかかわらずポパーがウィーン学団にうけいれられなかった理由はなんだろうか。この若者が国際的にみとめられるような仕事を発表しはじめた段階で、なぜ学団はメンバーとしてうけいれなかったのだろうか。じつをいうと、こたえははっきりしている。モーリッツ・シュリックがうけいれたがらなかったのである。

シュリックはポパーを買わなかった。シュリックがポパーとはじめて接したのは、一九二八年、ポパーの博士論文を審査したときである。シュリックはこの論文に感銘をうけなかった。しかし問題は、シュリックが〈師〉とあおいだのがウィトゲンシュタインであったこと、ところがポパーはそのウィトゲンシュタインにつよい敵意をいだいていたことにある。ポパーはことに、ウィトゲンシュタインが形而上学の命題をこばんだことや、じっさいにありうる事態を反映した命題でなければ意味をもたないと主張したことを批判していた(たとえば、ねこが敷物の上にいるような動物であるなら「ねこは敷物の上にいる」も「ねこは帽子の上にいる」も、ともに意味をもつ文といえる。どちらもじっさいにありうる事態だからである。ただし現実として真なのは、敷物の上にいる、というほうだろう。ウィトゲンシュタインは「ねこは帽子の上にいる」という文の論理構造は、可能的世界の構造を反映したものと考えていた)。

ポパーは『果てしなき探求』で、言語の絵画理論を批判している。これは、提唱したウィトゲンシュタイン自身がとっくのむかしに放棄した理論なのだが、言語はその構造において世界を再現しているという考えかたである。ポパーにいわせると「まったくどうしようもない理論。じつに法外なまでに誤っている」となる。脚注でも、記述できる世界と、深い場所にあって語りえないものとをわかつ深遠を、ウィトゲンシュタインが誇張したとのべている。「論理実証主義者としてのウィトゲンシュタインと、神秘家としてのウィトゲンシュタインをむすびつけるのに役だったのは、〈深いものは語れない〉というテーゼをつうじて〈深いもの〉にまつわる問題を安直に解決したことにある」。

一九二〇年代のはじめ、まだわかい学生としてウィトゲンシュタインの哲学に出あったときから、ポパーはこれを軽蔑していた。一九三二年十二月のウィーンの会合では、この軽蔑をひろく人前にさらした。荒れた会になった。ただ、このときすでに『論考』の発表から十一年がたっている。ウィトゲンシュタイン自身は『論考』であきらかにした考えかたを、すでに軌道修正していた。ともあれゴンペルツ・サークルというサークルの場でひらかれたこの会合は、ポパーがウィーン学団にくわわる希望が実現するかどうかの決め手になる、たいせつな機会であった。

当時のウィーンではシュリックのウィーン学団がもっとも名だかい集団で、世界的にも知られていたが、ほかにも、学団と部分的に重なりながら存在する、いくつかのグループがあった。多くの知識人は、それぞれ複数の集団に所属していたのである。たとえば哲学者のハインリッヒ・ゴンペルツは、思想史に重点をおいた討議グループを組織していた。

それがゴンペルツ・サークルである。ポパーにとってきわめて宿命的なものになったこの十二月の会合については、ごくざっとしかあきらかにされていない。しかしある説明によると、ポパーはゴンペルツ・サークルで講演をおこなうよう招かれ、その講演にはシュリックだけでなく、カルナップやヴィクトール・クラフトといったウィーン学団の有名人が出席するとつたえられていたという。まだわかい教師にすぎなかったポパーにとって、またとない機会である。シュリックに強い印象をあたえれば、ながらく待ちのぞんでいたウィーン学団の木曜セミナーにまねいてもらえるかもしれない。また、このときポパーの『科学的発見の論理』はまだ日の目をみておらず、「認識論の二つの根本問題」というタイトルの膨大な草稿にすぎなかった。この草稿はのちに大幅にちぢめられ、ほとんどまったく書きなおされて『科学的発見の論理』として生まれかわるのであるが、ポパーがそこから刊行をのぞんでいた叢書の編者も、シュリックがつとめていたのである。

ふつう、ひとはこういう状況で慎重にふるまう。周囲に敬意をあらわし、よく考えぬいた礼儀をしめす戦術をとる。しかしポパーの場合、逆に緊張すると徹底的に攻撃的になる傾向があった。そしてこの晩も、哲学的な〈敵たち〉への正面きった攻撃演説をくりひろげてしまったのである。かれの嘲笑はウィトゲンシュタインにむけられた。ウィトゲンシュタインは、自分がこたえをみつけていないテーマでの議論を禁じています。これではまるでカトリック教会のようではないでしょうか？

講演のなかばで、シュリックはうんざりして退席してしまった。かれはのちに、ポパーがウィトゲンシュタインを戯画化していたとカルナップに苦言をのべている。だがこのなりゆきにもかかわらず、シュリックはのちに『科学的発見の論理』の出版を推薦しているのだから、かれのモラルの高さのほどがうかがえる。

とはいえウィーン学団への参加をみとめるかどうかは、またべつの問題だった。参加をみとめる第一の条件は、卓越しているかどうかであり、第二の条件は、礼儀ただしいかどうかであった。そしてじつは、ウィトゲンシュタインに合理的な姿勢をとるかどうかという第三の条件があったろう。ポパーはこの〈面接〉で、もののみごとにしくじってしまった。会合のあと、ポパーに学団にくわわってもらうかをシュリックが検討したかどうかは、なにも証拠がない。ただヨゼフ・アガシによれば、ポパーはくりかえし、ウィーン学団とのあいだにトラブルがあると語ったという。それはウィトゲンシュタインが偉大な哲学者であると自分がみとめなかったせいだというのである。

ポパーはのちの人生をつうじて、ウィーン学団とのギャップをいつもおおげさに語るようになる。ウィーン学団は二つのグループにわけられると、満々たる自信をもってのべるのである。「わたしの思想をほぼみとめるメンバーと、わたしの思想が危険であり、戦う必要があると考えるメンバーである」。

こうした自己中心的なものいいはともあれ、ウィーン学団の一般的見解に対するポパーの攻撃はねらいすましたものである。かれは二世紀もまえの〈遺物〉的議論の埃をはらって、ウィーン学団の中心になる主張を攻撃する武器としてみがきあげたのだった。

帰納法の推論プロセスをはじめて疑問視したのは、十八世紀のスコットランドの哲学者デヴィッド・ヒュームである。これまで毎朝太陽が東からのぼったからといって、明日もそうだと信じる妥当な理由はどこにあるのか？　ヒュームは、信じる理由はないと考えた。自然法則にうったえても、どうどうめぐりの議論にはいりこむだけである。わたしたちが自然法則を信じる唯一の理由は、それが過去において信頼できると証明されてきたからである。しかし過去の信頼性の高さが、将来についてもなんらかの指針になると考える理由はどこにあるのだろうか。

のちにバートランド・ラッセルは、この問題をつぎのようにいいかえている。「ながらく鶏に餌をやり、育ててきた男がいる。だがある日かれはついに鶏の首をひねる。鶏としては、自然の恒常性についてもっと洗練された法則をあてはめてもらうほうがありがたかったろう」。ラッセルにはものごとを視覚的に思いえがく才能があったようだ。

ヒュームの仕事は科学的手法にたいして重要な意味をもつものだと、ポパーはしめしてみせた。実験と理論には基本的につりあわない面があるという。いくら実験をかさねても、理論の妥当性をしめすことはできない。つまり、これまで太陽がどれほどしばしば東からのぼってきたとしても、将来あるとき、太陽はこれまでの骨やすめに休暇をとるかもしれないからである。ある理論が偽であると証明するには、ひとつの反証があればいい。わたしたちがこれまで黒いカラスを何万羽と目にしてきて、ほかにどんな色のカラスもみたことがなかったとしても、「すべてのカラスは黒い」という命題の妥当性を論理的に帰納することはできない。つぎの角をまがったら、青いカラスが巣をつくっていないともかぎらないのである。ちなみに、つぎのようなぶっそうな発言も、おなじことをいっているのだ。アイルランド共和軍（IRA）のある人物のことばである。「政治家をまもる保安体制は毎日「機能している」かもしれない。だがテロリストは、一度だけ成功すればいいのだ」。したがって、検証理論は役にたたない。それとおなじく、基本的なところでウィーン学団は自己矛盾におちいっていた。たとえば「ウィーン学団の基準をみたさないすべての命題は意味がない」という有名なスローガンがある。ここで「意味がある」とは、分析的であるか、検証可能であるということだろう。ところがこのスローガンじたいは、まさに、その「分析的」「検証可能」という基準を満たすことができないのである。「命題の意味はそれが検証される方法である」という主張は、用語の意味によって真偽を決定できないからである。また検証することもできない。原則は見ることも、さわることも、感じることも、嗅ぐこともできなければ、ラボで実験することも、街路で場所を確認することもできないものである。すると論理実証主義のほんらいの原則にしたがえば、この原則は意味がないことになってしまう。

ポパーは自伝『果てしなき探求』のなかで「だれが論理実証主義を殺したか」という問いかけのことばを、章のタイトルにしている。そしてこの問いに「その責任はわたしにあるとみとめざるをえないのではないかと懸念する」とこたえ、悔いるようなふりをしている。しかしこの著ではいっぽうで、べつの点についても不満をのべている。『科学的論理の発見』が英語で出版されたのが刊行後二十五年もたってからであったこと、また自分がウィーン出身で、ウィーン学団の多くの問題と格闘してきたために、英米の思想家たちから論理実証主義者とみなされるようになったこと。とどのつまりポパーもウィトゲンシュタインも、一度も所属していなかったウィーン学団からのがれることはできなかったのである。

ただ、ポパーをウィーン学団との連想でとらえたのは、学団外部のひとびとや、あとから観察したひとびとだけではない。たしかにポパーは、論理実証主義の「検証」という概念のかわりに「反証」という概念をすえた。すなわち、科学的理論は証明できないが、偽であるとしめすことはできる。ある理論や仮説がほんとうの意味で科学的といえるものになるには、反証できるかどうかという試練をへる必要があるという考えである。だがウィーン学団の一部にも、これは検証原則を手なおししたものにすぎないという解釈があった。ほかのところではうまく機能する〈マシン〉に、へたな手なおしをほどこしたにすぎないというのである。

ポパーは自分の見解とウィーン学団の見解のちがいを強調しすぎる、とカルナップなども語っていた。ポパーは学団とは哲学的にはっきり距離をとったのだとカール・ヘンペルはのべているが、ただし「この距離は誇張されていると感じる。結局のところ、グループのメンバーすべてがまもらなければならない教義のようなものがあるわけではないのだから」という。また、学団のメンバーだったヴィクトール・クラフトは、ウィーン学団の歴史をみじかくしるしたおり、ウィーン学団の考えかたはイギリスにおいて、とくにカール・ポパーによってねじまげられたといっている。

ポパーによればこうした見かたは、自分の批判を学団がはなはだしく誤解したものだという。ウィーン学団では、意味のあるものと意味のないものを区別するために「検証」という概念をつかった。しかし自分はこうした言語学的な区別には、まったく関心がなかった。めざしていたのは科学と非科学、科学と疑似科学を対立させることだった。だから「マーラーは偉大な作曲家である」といった命題を、ゴミのように無意味な命題だとか、たんに主観的な命題にすぎないととがめることもなかった。ただ科学的な命題ではないと考えただけである。「あの学団のひとびとは、科学と疑似科学をわける基準よりも、科学と形而上学をわける基準をもとめていたのであって、それはわたしの目にあきらかだった。そしてこれを区別するにはわたしの昔ながらの基準のほうが、かれらの基準より優れているのもあきらかだった」。

とはいえポパーが生涯、哲学のどこに関心をもったかは、わかいころウィーンで決定的になった点であり、そこに議論の余地はない。かれはつねに科学、科学的方法、証拠、論理、確率を優先していた。それはどれも、うまれ故郷のウィーンで研究の中心にあったテーマである。ポパーがそのこたえをもとめてどこまで歩んだかはべつとして、かれの問いの多くは、シュリックとウィーン学団、そしてウィーンの街からうまれたものといえるだろう。

ふりかえると、ウィーン学団に関するかぎり、最後に笑ったのはポパーであるという見かたもできる。一九八五年、オーストリア政府はポパーをウィーンにまねき、科学哲学を専門とする新設の研究組織、ルートヴィヒ・ボルツマン科学理論研究所の所長になるよう依頼している。研究所はオーストリアの戦後最大の名誉として、ポパーをうまれ故郷の街ウィーンによびもどそうと設立されたものだった。ウィーン学団にたいするポパーの最終的勝利のしるしといえるだろう。

ただ、オーストリア政府のこの心づもりは、なんともみじめなかたちで失敗におわった。こののちあたらしい著作は政府に提出して承認をもとめる必要があると、教育省の役人がポパーにつたえたからである。ポパーは激怒して手紙を書くと、所長の地位をしりぞいてしまった。このときポパーは、オーストリア政府から排除されたと感じていた。かれにとってはこの街からしめだされたわかいころの経験を、奇妙なかたちで反復したものになったのである。

本書のこれまでの数章は、ウィーンの街路リンクシュトラーセをめぐって長い脇道にはいりこんできた。ここでとりあげた一連の記録は、一九四六年十月二十五日の火かき棒事件について、なにを語っているだろうか。いきさつをよみとくと、二人のオーストリア人がケンブリッジ大学の一室で対立するようになった背景がうかんでくる。そして、それだけにとどまらない。

ウィトゲンシュタインは個人的にはポパーを知らなかった。しかし二人のウィーンでのようすをみてくると、哲学の問題をべつにしても、ウィトゲンシュタインがH3号室で、このブルジョワ階層出身の教師を本能的に軽蔑していたことがわかる。「宮殿」うまれのウィトゲンシュタイン自身の貴族的なそだち、伝統的な英国風の身なり、フランスの家具、たくさんの別荘、莫大な資産力、ひっきりなしの旅行、文化の巨匠たちをはじめとする、最高レベルの交流関係。そういう背景をもとに、ウィトゲンシュタインはポパーをみていた。かれは小貴族のシュリックは軽蔑しなくても、ヴァイスマンのことは完全に見くだしていた。富と地位にもとづいたあらゆる傲慢を凝縮した姿勢で、ウィトゲンシュタインはポパーに対面したのである。

ポパーにとって、ウィトゲンシュタインはたんなる学問上の敵ではすまなかった。尊敬され、社会的責任のあった弁護士の息子にとってさえ、どうあっても手のとどかないウィーンを体現する存在だったのである。さまざまな可能性へのとびらがひらかれた帝国都市のウィーンがひれ伏す富と地位をみた。ポパーはウィトゲンシュタインのなかに、ひとびとがひれ伏す富と地位をみた。インフレで資産をうしなった貧者には居場所もないウィーン、そのいっぽうに、あのナチスの迫害ですら金でかたをつけられる別世界がある。ポパーは自分をねじふせ、外国に追いやったもろもろの条件とはおよそ対照的な、ある特権的存在を目にしていた。

ウィーンの象徴リンクシュトラーセは、H3号室につながる道であっただけではない。二人の生涯をかたちづくり、またへだてる道であった。

第一五章　燃えあがる松明のような男、ポパー

……わたしたちの文明が生きのびることをのぞむなら、偉大な人物に追従する習慣をなくす必要がある。

——ポパー

自分をきらっている相手をうまくあつかうには、根っからおひと好しなだけではだめで、如才なさも必要だ。

——ウィトゲンシュタイン

一歩ゆずってウィトゲンシュタインとポパーの社会的なちがいや文化的なちがいをわきにおいても、H3号室での出会いがはげしい対立になったことには理由がある。この二人には、性格上の共通点があった。それは議論や討論で、ひとをひととも思わない容赦ないあつかいをすることである。

どちらも小柄で、つかれはてるほどものごとをつきつめる。とにかく妥協することができない。けんか好きで、攻撃的で、寛容さがなく、自己中心的である。もっともウィトゲ

ンシュタインはノーマン・マルコムに、自分をもっと魅力のあるいいかたで描写している——「ぼくは臆病だからね、衝突するのは好きじゃないんだ。とくに気にいっている相手とはね」。

議論のさいにポパーがどのような戦略をとったかについては、ブライアン・マギーが説明している。ポパーはちいさな欠陥をあげつらったりはしない。むしろ論敵の主張をねんいりに補強する。そうしておいて核心のところで壊滅させるのである。マギーはポパーとはじめて会ったときに驚いている。「かつてみたことのない知的な攻撃性」だったという。「なにもかも、会話の礼儀の限度をこえてつきつめられていく。……じつのところ、それはひとを隷属させようとするものだった。ポパーはどこかしら、怒ったようなエネルギーを投じて一点突破をこころみる。追究する手をゆるめることなく、はげしくつよい炎の焦点をあわせてくる。わたしは燃えあがる松明《たいまつ》を連想した」。

哲学の世界にポパーが大きく貢献したのは、理論が科学的であるためには、反証可能でなければならないという洞察による。だが自分の思想にこの反証の原則をあてはめるのは、あまり好きではなかった。かれの著書『開かれた社会とその敵』は、『開かれた社会の敵による開かれた社会』と改題すべきだという声もあったほどだ。ジョン・ワトキンス教授は、ポパーが知的に傑出していることはみとめつつも、こういう逸話を記憶している。「あるセミナーで発表者が〈……とはなにか〉というタイトルをよみあげた。とたんにポパーがわりこんだ。そして〈なにか〉という問いはまったくの誤謬で、誤解をまねくといいだしたのである。発表者のほうはタイトルを発表するだけで時間をつぶしてしまい、それ以上議論がすすまなかった」。

一九六九年のロンドン・スクール・オヴ・エコノミクス（LSE）のセミナーでもこれと似たことがおきた。このときはワトキンス教授の博士課程の学生が、「一次性質と二次性質」について執筆した論文のあらましを発表することになっていた。わかい学生が発表をはじめると、すぐさまポパーがさえぎってこうほのめかした。発表者はこの問題をなにも理解していないし、あたらしいアイデアもない。ただ主観主義的な心理学がとくいなだけであるという。ワトキンス教授はいう。「ポパーのやりかたがいささか乱暴で、公正でないと感じたのは、わたしだけではなかった」。

著述家で、ジャーナリストのバーナード・レヴィンは、LSEで学んでいた当時をつぎのように回想している。「ある日セミナーで、仲間の学生がいささか一貫性をかくことばで意見をのべた。すると賢者は眉をしかめて、ぶっきらぼうにいった。「君がなにをいっているのか、わからないね」。あわれな学生は赤面して、コメントをいいかえた。すると教師のポパーはこたえた。「なるほど、なにをいっているのかわかった。それはまったく無意味だよ」」。レヴィンはポパーを賞賛していたほうであるにもかかわらずこう話すのだから、ひとびとの印象を裏づける証言といえるだろう。学生でも公開討論の聴衆でも、ポパーにやりこめられたという証言は多い。ポパーのことばをうっかり不正確に引用すると、問いつめられる。そしてまちがいをみとめて謝罪するまでは解放されないのである。あやまると、ポパーはにっこりしていう。「さて、わたしたちは友人になれたね」。ヨゼフ・アガシによれば、「ポパーの講義はいつもおなじ」である。「すばらしいすべりだしにはじまって、みじめなものに終わる。だれかがまずい発言をし、ポパーが相手を問いつめる。最初はとても親密な雰囲気ではじまったのに、一瞬でおそろしくはりつめた空気にかわってしまう」。

そういうところはウィトゲンシュタインと似ている。学生たちは、ポパーといると自分など不要な人間だと感じさせられる。ドイツ生まれの社会学者でLSEの理事をつとめたこともあるダーレンドルフ卿はいう。イギリスの学生たちはこういうあつかいをされることに慣れていないので、ポパーの講義に出席しなくなってしまった。だがポパーのほうは学生どころか、大学の同僚を侮辱するのもやめようとしなかった。ポパーの講義に出た数学者のイヴォール・グラタン＝ギネスはこう語っている。

はっきりいって、ポパーの態度はひどすぎた。かれには学識がありあまっていて、それをこれでもかとばかりみせびらかす。学生をはげますようなことはしない。それでも学問をはじめたばかりの相手に対してのほうがまだしもで、キャリアをつむほどみじめな思いをさせられる。学生の面前で、ポパーが毎度自分のスタッフをさげすむやりかたときたら、見るにたえなかった。ジョン・ウィズダムというひとの好いスタッフがいて（ケンブリッジのウィズダムの従兄弟である）、精神分析に関心をもっていた。するとポパーは学生のまえでこう侮辱してのける。「このクラスには、フロイト主義をもてあそぶやからがいるね」。あれほど名のある立場になって、しかもぼくたち学生のまえで、ああもひとを侮辱するとはね。

たしかに助手も攻撃をまぬがれなかった。一九七〇年代にポパーの助手だったアーン・ピーターセンも、ひとまえでしかりつけられたひとりである。一九八五年にテレビ放映された、ウィーンのルートヴィヒ・ボルツマン研究所の開講講演のときだった。ピーターセンはこう回想している。

それは真理論についてのポパーの公開講演でした。セミナーに出席していた研究所のほかの外国人のメンバーとおなじように、わたしも質問をするようもとめられました。ただ、その場で思いついた問いがあまりふさわしい表現でなかったせいかもしれません、ポパーが講演で攻撃しようとしていた論のひとつと誤解されてしまったのです。そのため、わたしは文字どおりスポットライトをあびながら、ポパーの破壊的な反論の矢面にたたされるはめになりました。

ダーレンドルフは、論争におけるポパーのスタミナにつくづく感嘆している。「歩き、立ちどまり、ちょっとまねのできないやりかたで、議論し、議論し、ひたすら議論しつづける。たしかにすばらしい議論力で、およそ疲れをしらない」。ただし、そこでは議論をつづけるという目的だけが重視される。たとえ同情からであれ、逸脱はみとめられない。のちにサッチャー首相が辞任をしいられたとき、ポパーは同情の意をあらわす手紙を書いている。しかしそういう手紙のなかでさえ、首相の教育政策のいくつかの面については同意できないと書きそえるのをひかえたりはしないのだった(この書簡は結局送られなかった)。

ポパーの辞書に屈服という文字はない。ポパーと何度も会っている哲学者のドロシー・エメットも、最初からそう感じた。エメットはポパーがアリストテレス協会の会合でマンチェスターを訪れたとき、宿を貸した。ポパーがニュージーランドからイギリスに移住し、『開かれた社会とその敵』を出版した直後である。だがエメットにとっては危険な招待だった。ポパーは『開かれた社会とその敵』のなかで、プラトンが全体主義の種をまいたと批判し、さらにプラトンの『国家』を教えるのは学生たちを「ちいさなファシスト」にしてしまうことだと非難していた。ところがエメットはポパーの著書の書評でプラトンを弁護し、学生のころプラトンの影響をうけたと書いていたからである。プラトンを読むことで、ひらかれた精神と、探求の精神がつちかわれるという論だった。

ざんねんながらプラトンは、ひらかれた精神をポパーにあたえることはできなかったようだ。エメットが自己紹介をすると、たちまちポパーは攻撃を開始した。同僚たちと夕食をとるのでひとまず中断したものの、エメットの自宅にやってくるとふたたび攻撃をはじめた。そして「夜がふけて、とても疲れたので自室にさがりましょうと提案するまでやめなかった。だがその提案をきくと、彼は態度を一変させた。いいたいことはなにもかもいいました、おかげで気が楽になりましたと応じ、あとはおだやかで、かなり情がこまやかな感じになった。そののちは、会うたびいつもおだやかでやさしかった」。エメットはポパーに、あなたはものごとを極端に表現しすぎるのですと告げたことがある。するとポパーは「自分でもわかっています。でも本気ではないのです」とこたえた。

エメットは、相手がイギリスに移住してきたばかりであることを知ったとき、あえて助言をあたえようとした。「あなたのやりかたは、イギリスではうまくいかないと思いますよ。イギリスでは、言いすぎるより、言いたりないようにするのです」。するとかれは「ほんとうですか。ではやりかたを考えなおす必要があるかもしれません」とこたえた。でも結局、考えなおしたりはしなかった」。

いかなる容赦もなしに相手をやりこめるポパーの性格を考えると、そもそも友人がいたことが不思議に思えてくる。だが、たしかに友人はいた。いたどころか、芸術史家のサー・エルンスト・ゴンブリッチをはじめ、かれの友人リストはほとんど科学界の名士録である。サー・ジョン・エックルス、サー・ヘルマン・ボンディ、マックス・ペルーツ、ピーター・ミッチェル、サー・ピーター・メダワー……。このうち四人までがノーベル賞の受賞者である。しかしじつをいうと「元」友人のリストのほうは、これとくらべて無限に長い。ずらりとならんだ「元」友人は、だれもみな、ポパーの書いたもののどこかに異議をもうしたてるという〈罪〉をおかしたひとびとである。どれほどおだやかなものであれ、またよかれと思う心からでたものであれ、ポパーはいっさい容赦しなかった。

一度きらわれたあと、ふたたび友人にもどった人物はほとんどない。だがその例外の一人にウィリアム・ウォーレン・バートリー三世がいる。アメリカの哲学者で、ウィトゲンシュタインについて、はげしく物議をかもした伝記をあらわした人物である。[訳注1] ポパーのもとで学び、そののち同僚になったバートリーは、ポパーにとっていわば息子のようなものだった。しかし一九六五年七月、バートリーは講演で、ポパーが独断的だと非難した。やっかいなことになるのは覚悟していた。きっとこの講演は気にいらないでしょう、とポパーにあらかじめ警告したうえ、ある聴衆には、かれはもう自分に話しかけてくれなくなるだろうと告げているのである。講演をきいていたポパーは「まったく茫然自失していた」という。

ポパーからはすぐに手紙がきた。「仰天し、困惑し、はたして夢をみているのか、めざめているのかわからないほどだ」。それでもおなじ手紙のなかで提案している。このことはなかったことにしよう、あったことすら忘れようと。

だが、仲たがいはじつに十二年つづいた。仲なおりをこばんでいたのはポパーではなく、バートリーのほうである。関係が修復されたのは、仲なおりしなさいというカリフォルニアの信仰療法師の忠告にバートリーがしたがったためである。

だが、これはやはり例外である。ふつうは、ひとたび追いはらわれると永久にそのままになる。緊張がやわらぐこともありえない。やりとりの場にいあわせた者は、議論の獰猛さと拒絶のはげしさを呆然としてみまもるばかりである。

　獰猛さとはげしい拒絶がむきだしになった例は、ほかにもある。ハンガリー生まれでポパーの弟子だったイムレ・ラカトシュ[訳注2]との仲たがいである。ラカトシュは、ポパーに献じられたP・A・シルプの『生ける哲学者』に文を寄せ、このなかで〈罪〉をおかした。科学と非科学についてのポパーの区別と、帰納と反証の問題についてのポパーの「解決」を疑問だとしたのである。これはポパーの存在理由そのものを問題にするのとおなじだった。ポパーの著作はポパーの生そのものであって、異議はおよそゆるしがたかった。

　ポパーとしたしいひとびとは、このあとラカトシュに対するかれの激しい糾弾をさんざんきかされることになった。それはラカトシュの死後もつづいた。ポパーの自宅、バッキンガムシャーの田舎のファローフィールドでは、ラカトシュやパウル・ファイヤーアーベント、ジョン・ワトキンスなど、ポパーを批判した科学哲学者たちをまとめて「蜂の巣クラブ」とよびならわしたものである。

　ヨゼフ・アガシも、おなじような〈罪〉をおかした。ポパーのもとでまなび、そのあと同僚になった立場だったが、ポパーが書いた記事への異論を、しかも直接ポパーにむけたため、友情はすぐにこわれた。アガシのほうは何年もかけて関係を修復しようとしたのだが「蜂の巣クラブ」入りであった。

　ポパーは八十歳になっても、自著を批判されるとあいかわらず激烈な反応をしめしている。
貴殿がこの二通の手紙を書く勇気をおもちであったとはおどろきです。というのも、ひとつには貴殿は、『客観的な知識』についてスキャンダラスな書評をお書きになられたあとだからです(個人攻撃はスキャンダラスでしょう)。ただ書評の冒頭によると、この書評は不本意ながら書いたのであって、学者としてそうする責務を感じたからだということですが。

おどろいたもうひとつの理由は、わたしに対して公私ともに一方的な攻撃をながいあいだつづけてきたあとだからです(この攻撃にわたしは応じませんでしたが)。このたびの書簡で貴殿は、すべてのことについてわたしに恩恵をこうむっているとみとめています。そしてあの書評においても、わたしを攻撃したのではないと語っているのです。

たしかにわたしは老いていますが、だいじだと思うことだけはいっておきたいと思います(貴殿は納得されないでしょうが)。つまり、わたしの時間はもうあまりのこされていないので、貴殿と手紙のやりとりをするのはやめたいと思うのです。

支持者たちにいわせれば、ポパーの攻撃は学問的なものであって、学問上うぬぼれた人間にむけられるのだという。かれはおしつけがましい相手にがまんならないのだが、個人的なレベルで攻撃したわけではないそうだ。しかし攻撃されたがわにしてみれば、個人的なレベルと学問的なレベルの区別など、それこそ机上の空論にすぎない。ただ、かれにさきだって粗野な態度に走った人間もいたことはのべておくべきだろう。たとえばラカトシュはポパーの講義を嘲笑した。そして学生たちに、かれに近よらないよう助言までしていた。

ポパーの対決能力の高さ、おそろしいほどの激怒をとつぜん噴出させるくせは、教室のなかだけの話ではない。空港でも、ホテルでも、彼の期待したとおりにならないと、犠牲者はどこでも生まれた。そして激怒したあとでは、きまって本人にはげしい悔恨の念がおとずれるのだった。

アーン・ピーターセンはつぎのように記して、ポパーを赦している。

ポパーの感情的な反応は、自分をふくめて人間たちに耐えられないしるし、怠慢と独断主義に耐えられないしるしなのだ。わたしには理解できる。ポパーは自伝で、わかかったころ同時代の哲学者や先達の仕事にいかに失望したかをえがいている。哲学者や先人に大きな期待をかけたひとりの青年が、哲学と論理学においてごく基本的と信じる問題さえじっさいには解決されていないことに気づいた。そのときかれは落胆したのである。

ポパーの攻撃のするどさをとがめることはできるだろう。だが人類がこれまで到達した水準のひくさに耐えられないと感じるのは、まったくもっともなことと思う。

ポパーは哲学に個人的な感情をもちこんだことはない。だがかれの生活で、感情はとても重要な役割をはたしている。物事を決めるときや、ひとと接するときもである。なによりかれが、疾走する知性と論理的な推論の力によって名をなし、畏怖されたこともわすれるべきではない。ポパーは現代のソクラテスなのである。

とはいえ、ポパーが「質疑応答」という、ソクラテスのような対話による教育法をとったわけではない。学生に囲まれることはきらいではなかったが、自宅で一人で仕事をするほうを好んだ。イギリスではじめて住居を購入したときは、大学の規則でみとめられているぎりぎりの遠さ、すなわち大学から三十マイル離れた場所を意図的にえらんだといわれる。それはペン村だった。そして村のなかでも、でこぼこ道の一番おくの家である。なにがなんでも訪問しようと意を決した客しか、こないようにするためだった（妻の死後は、ロンドン南部のケンリーの住宅にひっこした。やはり田舎だが、個人的なアシスタントのメリッタ・ミューの一家にちかかった）。

自宅では妻のヘニーが、夫の仕事をさまたげるものは徹底的にとりのぞいた。テレビはもちろん、まもなく新聞もとらなくなった。『タイムズ』紙のクロスワードを解くのが、ヘニーのわずかな楽しみのひとつだったのだが。さらに料理まで姿を消した。ポパーのアシスタントやわずかな友人たち、また共同作業者など、ハイキングさながらの行程でここまでたどりついたひとびとにも、せいぜいお茶とビスケットしかふるまわれなかった。ポパー家では、卵をゆでることすらひと騒動だったという。世界中で、砂糖を蛋白質に変えられる能力があるのはポパー夫妻だけだと学生たちはジョークをいったものである。ポパーの集中度はそれほどすさまじいものだった。ジョン・ワトキンスのイメージでいうと、ポパーは書物や原稿を読んで、内容からその意味を吸いとってしまう。はたらきぶりもけたはずれで、週末も週日とまったくおなじだった。ポパーであれば、ひとつのテーマが枯れはてるまでおいかけながら、年に三百六十五日研究し、読み、書くことができただろう。

ポパー夫妻 1985年にヘニーが亡くなるまで、半世紀をともにすごした。

ニュージーランドで

『開かれた社会とその敵』を書いたときなど、まるでマラソンのような重労働だった。原稿はつぎからつぎへと書きなおされ、ヘニーがこれをタイプする。一ページが十ページになり、百ページになり、ついには八百ページになる。二人はほとんど死にかけた。「わたしはこの本を二十二回書きなおした。いつも、もっとはっきり、もっと単純にしようとした。そして妻はじつに五回にわたり原稿をタイプしなおしたのである。それも古くてガタガタのタイプライターで」。ブライアン・マギーによると、ポパーは老年になっても徹夜で仕事をすることが多かった。早朝すっかりくたびれはてて、それでも仕事がすすんだとうれしそうに電話してくることがよくあったという。

ポパーはすさまじいほど仕事にうちこんでいた。アーン・ピーターセンは「愛着からはじまったものが生活のスタイルになった」と感じていた。

仕事中毒のポパー。攻撃的で、支配的で、ねたみぶかく、孤独を好む絶対主義者のポパー。だが、かれには、当時を生きた哲学者のなかでもっともしあわせな哲学者という、べつの顔もあった。

ウィトゲンシュタインとはちがい、日常生活でのポパーは、ひとにごく自然な反応をみせた。まず女性には、とてもつよい感情移入をした。ポパーの友人の妻たちは、夫とのあいだに問題があれば、ポパーが相談にのってくれると知っていた。ポパーはひとりの個人として同情をしめしたし、寛大で、ときにはロマンティックでさえあった。友人の女性のために、詩に曲をつけたことまであった。

晩年には、手紙で個人的な助言をもとめられると、いつもいやな顔ひとつせずに返事を書いた。それもしばしばながい返事である。学生の推薦状には時間と気づかいをおしまず、もとめられると何度でも推薦状を書いた。研究アシスタントともなごやかな関係をたもつようになり、かれらが毎年、大学からまともな昇給をうけられるように配慮した。アシスタントをやめるときには、つぎの仕事がみつけられるよう援助したものである。

ポパーは、仕事に集中しながらもひろくさまざまな関心をたもち、音楽と文学の趣味でも洗練されていた。文学ではイギリスの古典、とくにジェーン・オースティンとアンソニー・トロロープを好んだ。この二人の小説をくりかえし読み、だれかに作品を紹介したりするときは読んできかせて、あたらしい発見のよろこびをわかちあうのだった。

ひとびととのつどいを楽しみ、いささか下がかったジョークをいっては大声で笑う。お気にいりのジョークはチャーチルがらみのものだった。ポーリングという労働大臣がチャーチルを「汚い犬」とよんだことがあった。するとチャーチルは立ちあがってこう応じた。「議員殿は、犬が柵(ポーリング)になにをしでかすかを、発見されることになるでしょう」。

そして機会さえあれば謹厳実直ぶりをぬぎすててみせた。ことにウィーン風料理をよろこんで味わった。仔牛のレバー、ポテトのソテー、ヨーグルト菓子、アップルフリッター、またカイザーシュマーレンというオーストリア独特の甘いパンケーキ、ガトーザッハ。スイスチョコレートは、これなしですまないほど。こういった好みには、うしなわれた青春の思い出が刻みこまれていたかもしれない。

いつからこうなったのだろう。じつはヘニーとくらしていたころは、こうした楽しみを味わえることはまずなかった。ヘニーはおいしい食事にも社交的なつどいにも興味がなかった。気むずかしかったポパー自身の性格は、ヘニーへの愛情を映しだしたものではないかと考えて、ゆるそうとする人もいる。ウィーンへのつきせぬ郷愁のあまり鬱になり、辛辣で口やかましくなり、ヒポコンデリアに悩み、みずから孤立をもとめていったヘニー。ポパーが厳格で孤独な人物になっていったのは、かれが強く愛した妻の自己喪失によりそったからという解釈には、心をひかれるものがある。

幼児期には、大人らしく育つようにという方針で、母親からあたたかい身体的な愛情をしめされなかったようである。ある友人に、母親からキスをしてもらったことがないと告白したことがある。そして妻のヘニーの唇にキスをしたこともないと。夫妻はベッドを別にしていた。

ヘニーが一九八五年に亡くなると、たしかにポパーはがらりと別人のようになって、ひとびとを驚かせた。はるかにリラックスして物事を楽しむようになり、金ばらいがよくなる。生活水準もあがり、稀覯書の収集に熱中した。蔵書の中心をなしたコレクションは、五十万ポンドもの値うちがあった。バイエルン地方出身のアシスタント、メリッタ・ミューはポパーと気があい、ポパーがミュー家のちかくに住むようになると、たがいに努力しつつ、新しい「家族」のような雰囲気を築いたのだった。ミューがほめたおかげで、ポパーはついに自分の容姿のなやみもわすれることができた。休日には、ポパーは実の祖父のようにあつかわれ、ミューとその夫のレイモンド、二人の息子とともにすごしながら、ウィンナーシュニッツェルを食べ、ピスタチオのアイスクリームをなめ、戦争とインフレでうばわれた子ども時代をとりもどすのだった。

訳注

［1］ はげしく物議をかもした伝記 ウィリアム・ウォーレン・バートリー三世が執筆したウィトゲンシュタインの伝記 *Wittgenstein* 'Open Court, 1985 をさす。ウィトゲンシュタインの性的に乱れた行動を示唆する記述が議論をよんだ。邦訳は『ウィトゲンシュタインと同性愛』小河原誠訳 未來社（一九九〇）。なおべつの伝記をあらわしたレイ・モンクは、バートリーの記述の根拠とされる資料について、その存在そのものに強い疑いを示している。

［2］ イムレ・ラカトシュ Lakatos, Imre（一九二二―七四） ハンガリー出身の数学者、哲学者。ユダヤ系で、ナチスをのがれるために名前を変えた時期もある。ロンドン・スクール・オヴ・エコノミクスでポパーの後継者になり、ポパーの「反証可能性」を批判的に検証した。邦訳に『数学的発見の論理』佐々木力訳 共立出版（一九八〇）など。

第一六章　裕福で哀れな少年、ウィトゲンシュタイン

わたしは弟のルートヴィヒに言いました。あなたのように哲学の訓練をうけたひとが小学校の教師になるのは、木箱をあけるのに精密機器をつかうような感じにみえるわ。するとかれは、べつの比喩でわたしを沈黙させたのです。「姉さんをみていると、閉じた窓から外をながめて、道をとおりすぎる人間が奇妙なうごきをしているのを説明できないようにみえるよ。外でどんな嵐が吹き荒れているか、そしてその奇妙な動きをする相手が、じつは立っているだけでどんなに大変かがわからないんだ」。わたしはやっと弟の気持ちを理解できました。

——ヘルミーネ・ウィトゲンシュタイン

演説のおわりごろになると、ウィトゲンシュタインの声はいっそう速く強くなり、最後の数語を口にするときなど、おびえた動物にとどめの一撃をみまうようだった。

——シオドア・レッドパス

ポパーは議論をするときや、意見があわないときは攻撃的な態度をとる。だがかれの場合、まだしも人間らしさがのこっていた。しかしウィトゲンシュタインの他人とのつきあいかたには、気味のわるいところ、ほとんど異星人《エイリアン》ではないかというところがあった。小説家アイリス・マードックはウィトゲンシュタインをこうみている。「かれのアプローチはとんでもなく直截で、段どりもなにもあったものではなかった。おかげで、ひとはいらいらさせられるのだ。ふつう、ひとと会っているときには枠組みのようなものがある。話しかたにもそれなりの約束ごとがあって、たがいにむきだしで対峙するようなことはない。だがウィトゲンシュタインはそうではなかった。すべての関係において、つねに自分をさらけだしてむきあうことを要求した」。

マードックは、ウィトゲンシュタインとほとんど個人的なつきあいはない。ごくみじかいあいだ顔をあわせただけである。それでも相手がどれほど自分に深い影響をあたえたかを、自分の小説をつうじて考察している。マードックの伝記をあらわしたピーター・コンラジによれば、たとえば『網のなか』[訳注1]にはウィトゲンシュタインのすがたがくっきり感じとれるという。また『ブルーノの夢』では、作中人物のナイジェルがウィトゲンシュタインを引用している。『尼僧たちと兵士たち』の冒頭の語は「ウィトゲンシュタイン」である。話し手のギーは語る。「神託のようなかれの声がきこえた。それは真理にちがいないとわたしたちは感じた」。また『哲学者の弟子たち』では、こんなふうに哲学者がえがかれる。「簡潔な明晰さはいつもすぐそこにあるように思えたが、けっして実現はされなかった。かれは静謐な、落ちついた思想をさがしもとめていた……。くだらない、なまはんかな真理の誇張した洪水ではなく、結晶のような真理をもとめていたのである」。

マードックがケンブリッジをおとずれたのは一九四七年の十月である。ニューナムカレッジで哲学を学ぶ研究生として、ウィトゲンシュタインからなにかを学びとりたいとねがっていた。だがウィトゲンシュタインがその夏の終わりに哲学教授を辞任したと知ってがっかりし、おもにウィトゲンシュタインの弟子たちとつきあった。かれらがうけた影響を目のあたりにしたからだろう、モラルコメディーの小説家であるマードックは、ウィトゲンシュタインにはどこか悪魔的なものがあると信じるようになった。かれは「悪い人間」であると語り、その道徳意識に疑念をあらわしている。かれには「宗教の夢」しかないとマードックはいう。

ウィトゲンシュタインは職業としての哲学者を侮蔑していた。このため弟子たちが哲学を放棄することをよろこんだ。学生の適性など、かれにはいかなる意味もなかったのである。もっとも傑出した学生のひとりだったヨリック・スマイシーズには、手をつかう職人の仕事をするようにと助言している。スマイシーズがひどく不器用で、靴紐をむすぶにも苦労していたにもかかわらず、である。手仕事は脳に良いというのである。数学者としての将来を嘱望されていたフランシス・スキナーなどは、ほんとうに工場ではたらくようになってしまった。スマイシーズやスキナーの親たちは、たしかにウィトゲンシュタインを悪意にみちた天才と思ったにちがいない。せっかく知的な天分にめぐまれた息子に、学問の世界を放棄しろと説きふせてしまったのだから。

ウィトゲンシュタインが友人や教え子をこれほど支配できたのはどうしてだろうか。かれのあとをついで哲学教授になったG・H・フォン・ウリクトの洞察はするどい。「ウィトゲンシュタインと接して感銘をうけない人間はない。なかには反感をいだく者もいるが、多くはひきつけられるか、魅惑される。かれのほうはひとと知りあいになることをさけていたが、それでも友人を必要としていたし、友人をもとめてもいた。自身、またとない友人だった。ただ、相手にもとめるものも多かった」。

ウィトゲンシュタインの友人であることが、どれほど多くをもとめられるものか。フォン・ウリクトはそのこともはっきり指摘している。友人になるというプロセスじたいが洗脳されるにひとしいこと、あるいは新興宗教にくわわるようなことだとかれは説明する。「ウィトゲンシュタインと話すのは、最後の審判の当日を生きるようなものだ。つまり、そのくらいおそろしい瞬間なのである。すべてがあらためて掘りかえされ、俎上にのせられ、真理かどうかをしらべられる。哲学について試練をくぐるだけではすまない。生活のすべてについて審判をうけることになる」。

どれほど不安と戦慄にみちたつきあいだったかは、H3号室での対決を目撃し、いまも存命している証人たちがよくおぼえている。ピーター・ギーチのような親しい友人もその例外ではない。ケンブリッジちかくの田舎道をどこまでもあるきながら、頭脳を酷使する会話をつづけたことがあるという。「たのしいというよりは労働だった。なにか気どっているとか、いいかげんだと感じる発言があると、獰猛なほど容赦がない」。スティーヴン・トゥールミンは、二週間にわたるウィトゲンシュタインのセミナーに出席して、こうのべている。「わたしたちのことを、ゆるしがたいほど愚かな学生だとおどろいていました。とうてい教えられる相手ではないと、面とむかってなじられたものです」。

サー・ジョン・ヴィネロットもセミナーに出席していたひとりである。かれは、カリスマ的な預言者を目のあたりにしているという印象をもった。「さがしもとめ、みいだし、知の模索をつづけ、その情熱に燃えつきた人間。おそろしく正直で、ライフスタイルはシンプルだが、あの正直で直截なありかたに、ふつうの人間はたいがいぎこちない気もちにさせられる。あつかいにくい相手だった」。なにより身体的な印象も強烈だった。「はえぎわの上がった巨大な額、強く射ぬくようなまなざし。ことに、立って集中しながらだれかに話しかけていると、額にたくさんの縦皺がよる。チェッカーボードのようだった。これまで、人生でこんな顔をみたことはなかった」。

他人との関係でいちばんめだつのは、人を支配するようなかれの声である（もちろんほかにもめだつ点はあるのだが）。リーヴィスはこう結論する。「ウィトゲンシュタインとの議論は、ウィトゲンシュタインによる議論である」。これはだれもが証言しているので、一人のことばだけ紹介すれば充分だろう。本書の前章ではポパーを自宅にとめた哲学者、ドロシー・エメットのにがい経験についてふれた。公平であるためにも、今度は彼女がウィトゲンシュタインについて経験したことをつたえておこう。

エメットは一度だけウィトゲンシュタインに会っている。第二次世界大戦中で、エメットは当時マンチェスターで教えていた。そこからニューキャッスルのイギリス哲学研究所支部に、講演をするためおもむいたときである。この日エメットのホストをつとめたのは生物化学の研究者だったが、この学者がひとりの雑役兵を、講演を聴きにくるよう招いていた。その雑役兵はオーストリア人で病院に勤務しており、備品をとりにきて研究者と話しこんだのだが、哲学に興味があるというのである。

エメットが時間どおり到着すると、ニュースが待っていた。雑役兵とはウィトゲンシュタインだったのである。彼女はその日をこうふりかえっている。「「あなたの講演をウィトゲンシュタインが聴きにきてもかまわないでしょう?」といわれたのです。「なんですって!」とわたしはさけびました。やがて講演がおわって討論になると、講演のなかみはそっちのけで、すっかりウィトゲンシュタインが話の中心になってしまいました。でも、わたしは自分の講演が無視されたことなど、ぜんぜん気になりませんでした。目のまえでうごいているウィトゲンシュタインをみることにすっかり夢中になってしまったのです」。

ウィトゲンシュタインがひととはじめて会ったときにみせるのは、たんなる傲慢さなのだろうか。リーヴィスはそうではないと考える。ウィトゲンシュタインのふるまいはどちらかというと、「ある本質的な質、天才の質をしめすもので、ひとはこれにほどなく気づかずにいられない。かれの集中力の高さは、ほかのことにはいっさい関心がないという印ことを不可能にしてしまう。ウィトゲンシュタインは議論好きで、議論にきわめてつよかった。かれは強い印象をあたえる」。とはいえ批判もある。「議論がはじまると、完全にそれを掌握してしまう。ほかの者が発言する機会をほとんどあたえない。だれかがかれに対抗できるくらい威圧的で、執拗で、力づよければべつだろうが、そんなことはありえないから」。もちろんリーヴィス博士はポパー博士に会ったことがなかったのである。

一九三〇年代、ケンブリッジのアヴァンギャルド誌『ザ・ヴェンチャー』に、ウィトゲンシュタインの議論スタイルを皮肉る詩がのったことがある。発表は筆名であるが、じっさいの作者のジュリアン・ベルはまだわかい才気煥発な学部生だった。タイトルはつぎのとおりである。「哲学博士のルートヴィヒ・ウィトゲンシュタインさまから、キングズカレッジ・フェローで文学修士のリチャード・ブレイスウェイトくんにあてられた、ウィトゲンシュタイン的倫理および美的信念についての書簡」。

どのつどいでもおなじこと　かれはわれらを叱りつけ
われらの文におのれの文をば叩きつけ
たえず議論し、猛々しくも、いらだち、声をあらげる
その主張あくまで正しく、かくもその正しさに誇りをもちて……

ベルは一九三七年の夏、スペイン内戦のさい、救急車を運転していて亡くなった。芸術家のヴァネッサ・ベルの息子で、ヴァージニア・ウルフの甥、サー・レスリー・スティー

ヴンの孫にあたる。ということはキングズカレッジの学生になり、ブルームズベリーのメンバーになり、アポスル・クラブ（使徒団）の一員になるよう運命づけられていたということである。かれが生きているウィトゲンシュタインを目撃したのは、このアポスルの会合でだった。ベルは博士課程にすすんでから、ムーアにやめておきなさいといわれた。政治的には学内左翼の中心人物の一人で、しばらくアンソニー・ブラントの「恋人」でもあった。ブラントはのちにソ連のスパイになる人物であるが、ウィトゲンシュタインをいみきらっていたようなので、ブラントがベルに詩を書くようそそのかしたのかもしれない。

『ザ・ヴェンチャー』誌は創刊してほどなく有名になり、時代の空気を醸しだすものになっていた。編集にあたったのはマイケル・レッドグレーヴとアンソニー・ブラントで、のちに名をなす詩人や著述家、批評家の作品がきら星のごとく誌面をかざった。たとえばルイス・マックニース、コレメンス・デーン、マルコム・ローリー、ジョン・リーマン、ウィリアム・エンプソンなどなど。ウィトゲンシュタインを揶揄する詩がのった第五号は三週間で売りきれたが、ベルの詩のおかげかどうかはわからない。ともあれファニア・パスカルは、この詩が掲載されると、「とてもあたたかい心の持ち主でも、笑ってたのしんだ」という。「わだかまっていた緊張感、うらみつらみ、そしておそらくはおそれも、これで解きほぐされたのだと思う」。この「書簡」は長いもので、全体で三百四行もあった。ウィトゲンシュタインがケンブリッジにもどってすぐの状況が、かれをあがめていない人物のまなざしでえがきだされている。すこしふみこんでみる価値があるだろう。「チビのヨナ」と名のった作者は、まず、ある決意をいだいている。

大海の巨獣にいざ、いどまん
この巨獣の学識、論理、ついでに詭弁はいと広し
形而上学のゴミくずをあたり一面まきちらし

そして、ウィトゲンシュタインの影響について語る。

理のある常識、やさしい規則
数世紀の日々、ケンブリッジはかのごとし
されどもまた、いったいいかなる問題なれば
ルートヴィヒ氏は規則をさだめることをば差しひかえしか

この作者がいらついているのは、ウィトゲンシュタインがなんでも知っていることである。「すべてを知る」という言葉がくりかえしでてくる。

特権的にすべてを知る知がいやたかだかとそびえたち

かの者の足元に全宇宙界はひれふしぬ
ゆくえもしれぬすべての電子の渦巻きの動きのしくみも悟りしか
そはまるで監視の手のうちにあるごとく、かれはやすやすとみてとらん
すべてを知る者ルートヴィヒ、ところがわれらは一市民
ああかれは全能の神か、悪魔か

しかしこの詩のポイントは、ウィトゲンシュタインの個性のべつの面がでているところにある。ケンブリッジは話をそらすことを鷹揚にゆるす場であって、(ときに毒をふくむにせよ) かるい皮肉で議論をくつがえすことをゆるす伝統もあった。そう考えると、相手をどなりつけたり、なにもかも知っているという態度をみせたり、それまでみとめられてきたものの見かたを容赦なく攻撃することは、ゆるされないふるまいだったろう。だが、だれかがそういう態度にでるためしが、まったくないというわけでもなかった。その無作法をみとめないしるしとして、特別研究員や教授のポストがこばまれることもあったかもしれない。しかし、ここにはもっと深い対立がある。ウィトゲンシュタインは神秘主義的な人物で、その禁欲主義のためにふつうの生活の楽しみから隔絶していた。かれは世界の秘密のみなもとをのぞきこむ人間のようにみなされたのである。

直接の経験によって知をえるひとよ

そはすべての学識と感覚をこえた世界のことなれば

作者はさらにブレイスウェイトに、なぜウィトゲンシュタインにしたがうべきかをみじかい詩句でしめしている。

おお、リチャードよ、むなしきものとは知りながら
なぜにわれらはこのふかき懊悩の迷路をさまよいて
価値をさがしもとめねばならぬのか
身体と精神にやどるすべてのよろこびを
物質のうちにわれらはたやすくみいだせり
さこそわれ、祝いえぬままルートヴィヒを哀れまん
かれの識見のみなもとは、すべてをここにみいださん
その禁欲的な生のあわいに
たれも知るなじみの悦びを避けながら

日常的な社交生活の経験の外部に、きりはなされた特質が存在するということだろう。もしウィトゲンシュタインの生が宗教的な瞑想や慈善にむかうものであったら、「聖者」という印象をあたえたかもしれない。しかし聖者であれば、親しい仲間にむごいしうちを

したりはしないものである。

一九二五年八月、J・M・ケインズと妻のリディア・ロポコーヴァは、サセックスで新婚二週目にさしかかろうとしていた。そこへウィトゲンシュタインがみじかい滞在で夫妻を訪ねた。ケインズの伝記作者のロバート・スキデルスキーはこう語っている。「リディアはウィトゲンシュタインに、いかにもほがらかな口調でいった。「なんて美しい樹でしょう」。するとウィトゲンシュタインはじっとにらみつけていった。「どういう意味ですか」。リディアはわっと泣きだしてしまった」。かわいそうな花嫁にとってさらに屈辱的だったのは、夫がウィトゲンシュタインの旅費まではらっていたことである。

しかし、侮辱されたのはなにもリディアひとりだけではない。ウィトゲンシュタインにとって最後の医者になったビーヴァンの妻のジョーンもおなじである。アメリカ合衆国から帰国した直後のウィトゲンシュタインに、はじめて会った彼女はいった。「アメリカに滞在なさったなんて、なんてご運がいいのでしょう」。返事はこうだった。「運がいいとは、いったいどういう意味ですか」。

これはたんに非礼だとか、かなしいほど不器用というのとはわけがちがう。ウィトゲンシュタインはていねいな会話や社交のためのおしゃべりの世界に生きていなかった。かれにとっては意味がはっきりしていることがなににもましてたいせつで、状況のいかんにかかわらず、まずそれをもとめたのである。ロシア語をウィトゲンシュタインにおしえたファニア・パスカルは、自分のへまをウィトゲンシュタインに告白したことがある。するとかれはそのへまを検討し、こうこたえた。「そうだね。あなたには賢さがかけている」。ひとがあることをしている。それとちがうことをさせたいとウィトゲンシュタインが思ったとする。そしてウィトゲンシュタインの助言をきいた本人は、とほうにくれた気持ちになるのだとパスカルはいう。「あなたはこうしたらもっといいのに、という姿をえがきだされるので、こちらは自信をうしなってしまうんです」。そしてその感覚が、犠牲者にとりついてはなれなくなってしまう。「これをしたら、これをいったら、ウィトゲンシュタインになんていわれるかしら?」。

とはいえウィトゲンシュタインから動揺させられ、困惑させられたひとびとも、やがては悟る。自分が攻撃されたのは、ウィトゲンシュタインが予想したものと一致しなかったためなのだ。ようはむこうの欠点ではないか。

それでもなおファニア・パスカルの傷は何年たってもうずいた。たとえば、時事問題を研究するために労働者教育協会の講座をひらいたらどうかしら、という彼女の意見がしりぞけられたときの傷である。それはよくない、害をあたえるね、とあっさりいわれたのだった。「ウィトゲンシュタインの性格はあまりにも完全性をおびていました。ですからあのひとを部分的に批判しようとすると、あらさがしにしかみえないかもしれません。ですけれど、ひとの弱点をみつけだして、それを欠陥として攻撃するあの能力、あれをみすごせというのはどうしてもむりです。あのひとは偉大といえるくらい純粋で、無垢なひとです。でも、そうとわかってはいても、この気持ちを変えることはできません」。

ふりかえれば、ポパーの姉の一人は自殺している。叔父たちとポパーの父親は、口もきかないような仲だった。おなじく、ウィトゲンシュタインの家庭も波乱ぶくみである。父親は気むずかしい人で、子どもたち、とりわけ息子たちにたいしては問答無用の専制君主として支配したのである。もっとも娘たちのほうも父親のことばの圧制からのがれられず、身がってな決めごとにしたがわざるをえなかった。娘のヘレーネに面とむかって「醜いやつめ」といってのけるような親なのだが、それでも娘たちは父をおそれながら、そのとりこになっていた。

ウィトゲンシュタインの兄のハンスとルドルフは、それぞれわかいころに自殺している。二人とも音楽家になることをのぞんでいた。だが父親はその道をあきらめるよう、冷酷な圧力をかけた。自分にならって実業家になることをもとめたのである。そして三男のクルトも第一次世界大戦の末期に自殺した。部下の兵士たちが指揮官であったクルトとともに戦闘にでるのをこばみ、降伏したとき、かれはみずから銃で命を絶った。母方の家族には軍人のつよい伝統があり、クルトは自分の部隊の行動に耐えられなかったのである。結果的に、四人の兄のうち三人までが自殺したことになる。

ただ、当時は自殺が流行していた時代だったこともわすれるべきではない。十九世紀末の『コンテンポラリー・レヴュー』誌の記事をみると、つぎのような文章がのっている。「人はいたるところで、生活の負担につかれはてている」。べつのヨーロッパのジャーナリストも、この時期ほど自殺が流行したことはなかった、まるで一種の疫病のようだったとのべている。社会の解体、個人の解放、まずしさ、ショーペンハウアーやキルケゴールなどの哲学者の影響。そうしたことが原因としてあげられている。

ウィトゲンシュタインの場合、貧困という問題はなかったのだが、それでも自殺願望はあった。かれは自分の罪ぶかさという思いに果てしなく苦しみ、執拗にさいなまれていた。一九一三年、友人のデヴィッド・ピンセントはウィトゲンシュタインがこう語ったと記している。「ぼくは自分の人生をつうじて、自殺という可能性を考えなかった日は一日もない」。一九一九年、ウィトゲンシュタインはパウル・エンゲルマンに書きおくっている。「ぼくの状況がどれほど悪化したかは、このいのちを終わりにしようとなんども考えたことからもわかってもらえると思う。自分の愚かしさに絶望したからではない。純粋に外的な理由からだ」。

ポパーとおなじように、ウィトゲンシュタインも孤独をもとめた。かれはヨーロッパの、人里はなれた寒冷地にひきこもるくせがあった。アイルランド、アイスランド、ノルウェー。とくにノルウェーでは、一九一三年に自分が住むための木造住宅を建築している。ピンセントは日記にしるしている。「孤独で異郷にくらさなければ、最高の仕事はできないとウィトゲンシュタインは断言していた。(中略)論理学はすべての土台を絶対的なかたちで確定しなければ、世界にとってほとんどねうちのないものになる。かれの仕事のとりわけむずかしい点はそこにあった。(中略)それで十日後には、かれはノルウェーにでかける予定なのだ」。

たしかにウィトゲンシュタインの最高の仕事のいくつかは、孤独のうちになしとげられたものである。しかしかれの場合、どこにいようと思考のスイッチを切りかえることなど無理だった。ウィトゲンシュタインが哲学におもむくのではなく、哲学のほうがウィトゲンシュタインをおとずれるのであるといわれたものである。気持ちをほぐすのはひと苦労だった。かれは自分をわすれるために映画館にいった。そしてできるだけスクリーンにちかい席をえらんで、ミュージカルや西部劇をみた。あるいはアメリカのハードボイルドの探偵小説の雑誌を読んで気分をほぐした。

ただし、かれが好んだ文学作品はハードボイルドだけではない。スターン、ディケンズ、トルストイ、ドストエフスキー、ゴットフリート・ケラーなど、なんども読みかえした。アガサ・クリスティーの作品もお気にいりだったし、ユーモア作家のP・G・ウッドハウスも好きだった。ウッドハウスの「スイカズラ山荘」の物語など、めったにないくらいコミカルだと考えていた。本棚にはほかにも、アウグスティヌスの『告白』やウィリアム・ジェームズの作品があり、キルケゴールやニューマン枢機卿[訳注2]にもくわしかった。モリエール、エリオット、リルケにしたしみ、科学者のマイケル・ファラデーによる『ろうそくの科学』は、通俗科学のすぐれた実例としてひとにすすめている。エンゲルマンが説明しているように「ウィトゲンシュタインは上質の探偵小説を、とてもたのしんで読んだ。つまらない哲学的考察を読むなんて時間のむだだと考えていた」のである。

ウィトゲンシュタインが映画や探偵小説を気にいっていたわけは、知的な気どりがなかったからだろう。ともあれ、ウィトゲンシュタインのようにきわめて厳密で、もとめることにおいてきびしい知性のかたまりのような人物が、悪をほろぼそうとするタフガイの探偵物語だの、ロサンゼルスの私立探偵マックス・ラティンの冒険だのに熱中していたという事実には、どこかじんとさせるものがある。ラティンをつくりだしたのはノーバート・デイヴィス[訳注3]で、ハードボイルドの世界ではハメット／チャンドラーの流れをくんで成功したが、ようは二流どころの作家である。だがウィトゲンシュタインのお気にいりだった。ラティンという人物は、道徳的感受性はごくまっとうである。だが、事務所にしている湯気のたちこめた満員のレストランで、顧客や警官を相手にするときには、わざとかたひじをはったシニックな態度をとる。自分のまっとうさをかくそうとするのである（ラティンはそのレストランのオーナーである）。しかし必要とあらば暴力にうったえることもひるまず、じっさいにひるんでいられない場合が少なからずある、という設定になっている。

> 彼は猫のような足どりですっと彼女にちかづき、殴った。拳がうごいた距離は六インチにみたない。だが女の耳の下、あごのつけねの真下をするどくえぐっていた。彼女、テレサ・マイアはシルクのドレスを優雅にひらめかせて身をよじり、ソファーのむこうがわにたおれ、床にうずくまった。そのままうつむいて、身うごきもせずによこたわっている。ラティンはすぐに片膝と片手をついて、攻撃直前のサッカーのラインズマンのような姿勢をとった。

ぎりぎりまでそぎ落とされた文体には、どこかウィトゲンシュタインの建築を思わせるものがある。かれが姉のマルガレーテのためにクンドマンガッセに建てた住宅の、極限まで機能的な設計である。ノーバート・デイヴィスとタフガイの探偵物を気にいったのも、おそらくその簡潔さのためだったのではないか。

ウィトゲンシュタインをつきうごかした力を理解するには、あらゆることについて正確さをもとめる生ける情熱、というみかたがてっとりばやいのかもしれない。ものごとは正確か、正確でないかのどちらかである。そしてもし正確でなければ、ウィトゲンシュタインにとっては文字どおり生きるのもつらいほどの拷問になる。かれは頼まれたわけでもないのに、グラモフォンのレコードの山からシューベルトの交響曲ハ長調『グレート』をみつけて、かけたことがある。リーヴィスは苦笑いをこめてそのようすを書いている。

音が鳴りはじめた瞬間、ウィトゲンシュタインはトーンアームをあげ、回転速度をかえた。それから針をレコードにもどした。満足できるまで、これを数回くりかえした。かれの動作で目についたのは、わたしと妻がはらはらしながらその場にいることにまったく関心をもたないという点だけではない。操作をおこなうときの、あのじつに緻密な正確さである。ウィトゲンシュタインはじつに、ほんとうの意味で高い教養があって、だれの目にもあきらかなその教養の一部として、音楽に対する洗練された嗜好があった。

そして絶対音感もあったので、冒頭の数小節を聴いただけで音の狂いを訂正しようとしたのである。

まずはレコードを止めるゆるしを人にもとめるなど問題外であって、ようは、ただしいピッチをみつけなければならないのである。

これは絶対音感がどうこうという単純な話にとどまらない。もっと奥深くに根ざしたものがあるのは、ほかの例をみてもあきらかだろう。たとえば姉のヘルミーネは、一九二六年にクンドマンガッセに自宅を建てるにあたって、弟がはたした役わりをよくおぼえている。もともと設計者として予定されていたのはルートヴィヒの友人で、アドルフ・ロースのもとでまなんだパウル・エンゲルマンであった。そこにルートヴィヒが参加したのである。

できあがった家は究極のモダニズムというべきデザインである。ルートヴィヒが建造に参加したといっても、正確には議論に加わっただけなのであるが、細部に影響をおよぼしたことはうたがいない。ドア、窓のフレーム、窓の取っ手、直角に角度をつけたスチームヒーターなど、まったくの対称形につくられている。ヒーターなど、天井まで高さがある芸術作品の台座につかえそうなほどの対称形をなしていた。しあがりにはちいさな瑕疵もあってはならないという、トータルな設計の勝利である。厳密なまでにシンプルでバランスがとれ、あくまでも静謐で優雅で、ハーモニーの結晶といえる。しかしこれを実現するメーカーや大工にとっては悪夢だったろう。ヘルミーネはいう。「鍵穴について、錠前工がルートヴィヒにたずねている声がまだきこえるようです。「エンジニアどの、おしえていただけますか。ここで一ミリの精度をたもつことは、それほど重要なことなのですか」。錠前工がその質問をいい終えさえしないうちに、弟は大声でぴしゃりとこたえました。「重要です!」。相手はもう、おびえてとびあがらんばかりでした」。

装置の美しさの秘密である精度をつらぬくため、ヒーターと放熱器の脚部は外国で鋳造するしかなかった。オーストリア国内の鋳造技術では必要な精度を実現できなかったのである。さいわい金には糸目をつけなくてすんだとはいえ、ウィトゲンシュタインから、ドアや窓のフレームに厳密な精度をもとめられつづけて、大工はすすり泣きの発作におちいってしまった。ヘルミーネによれば、ようやくしあがったその住宅を、さあ掃除しようという段になってルートヴィヒは注文をくわえた。「ホールなみに高い天井の部屋だったのですが、その天井をもう三センチ高くするようにといったのです。かれの直感は絶対にただしかったので、指示どおりにするしかありませんでした」。

「エンジニアどの」は壁の塗料まで調合した。オフホワイトの壁面に、暖かな光沢のあるとくべつな手ざわりをそそる塗料だった。ドアと窓のフレームは、ほとんど黒にみえるような暗い緑。床には黒と緑の大理石をしきつめた。ほとんどの二重窓には二枚の窓ガラスのあいだにブラインドを装備してある。ただ二階のメーンルームには天井から床までとどく、長い透きとおった白のカーテンがさがっている。窓のフレームと取っ手がみえるようになっているのだった。家具は、マルガレーテのフランス風のアンティークコレクションをはこびこんだ。のちにウィトゲンシュタインは自身でこう書いている。「わたしが姉のために建てた住宅は、まさに敏感な耳と善きマナーの産物であり、（文化その他についての）偉大な理解をあらわすものだった」。

ウィトゲンシュタインはケンブリッジのヒューウェルコートの自室にある窓の比率を、黒い紙の帯をはってかえさせているが、それもおなじ考えからだった。あくまで精密さをもとめたことをしめす証拠はほかにもある。第二次世界大戦のさなか、調剤師の助手としてガイズ・ホスピタルではたらいていたときの薬品調剤の逸話である。ウィトゲンシュタインは皮膚科用に、ラサールペーストとよばれる顔料を調合しなければならなかった。病棟の看護婦の証言では、これほどの精度でラサールペーストを調合した人物はかつていなかったという。ごく気軽な作業でもおなじだった。甥のジョン・ストンボローはバスのなかでウィトゲンシュタインの後ろの席にすわっていて、かれが一人の老人のリュックを背おうのを手つだうところを目にしている。すべてのストラップがただしい位置にくるよう、叔父はじつにこまかく気をくばっていた。ジョンは感嘆した。

「小さなルキ坊や」にとって母親のような存在だった長姉のヘルミーネはいう。ルキには物事の核心に到達する心があったのです。「音楽や彫刻作品、書物、人柄、ときには、奇妙に聞こえるかもしれませんが女性のドレスにいたるまで、なんであれそのものの本質的な特徴を把握できるのです」。ウィトゲンシュタインの晩年の主治医だったビーヴァン医師の夫人が、トリニティーカレッジでジョージ四世国王とエリザベス女王のレセプションにまねかれたときのことである。ウィトゲンシュタインは失人のコートをみて顔をしかめ、ハサミをもってきてボタンをふたつ切りとった。この「手術」のあと、コートははるかにエレガントにみえたと夫人は語っている。ヘルミーネもいう。ルートヴィヒは自分の波長にあわないものがまわりにあると、「ほとんど病的な苦痛」を感じたそうである。

こうしたウィトゲンシュタインの風変わりなくせはどれも、友人や同僚やおしえ子、あるいはまねかれてきた講師、大工や職人たちにとっては傍めいわくだったり、腹だたしいものにすぎなかったかもしれない。だが、それはかれのような深い思索者と出会った代価のようなものである。こうした性格は自己中心的だし、社交的な優雅さにはほどとおい。子どもっぽいと非難されるかもしれない。たしかにウィトゲンシュタインにはユーモアのセンスや遊びごころがあって、それこそ子どもっぽいところもあった。お気にいりのジョークを紹介しよう。一羽の若鳥が、自分の翼でどこまで飛べるかをためそうとして巣をはなれた。ところがもどってみると、自分のいた場所をオレンジが占領していた。若鳥はたずねた。「そこでなにをしてるんだ」。オレンジはこたえた。「これがオレんち」。[訳注4]

アイリス・マードックはウィトゲンシュタインの直截なアプローチや、「ややこしい段どりをとばすくせ」をあげ、いっぽうで、かれには緻密さへの情熱や子どものような無邪気さもあったと語っている。が、それがすべてではない。ウィトゲンシュタインについて、さまざまなひとの思い出にくりかえしあらわれるイメージがある。それは敵味方をとわず、ひとをおびえさせる力である。フォン・ウリクトはこう考えている。「ウィトゲンシュタインを愛し、友情をいだいていたひとの多くは、同時に彼をこわがっていた」。前立腺癌で死を前にしていたウィトゲンシュタインを自宅にむかえて看病したジョーン・ビーヴァン夫人でさえ「いつもあのひとがこわかったのです」。これはたとえば、議論のなかで論破されつくすといったふつうの不安だけではない。暴力へのおそれがあったのである。

ノーマン・マルコムが記していることがある。一九三九年にG・E・ムーアは、モラル・サイエンス・クラブの会合で論文を提出した。人間が、苦痛などの感情をもつことを認識できると証明しようとした論文である。だがそれはウィトゲンシュタインが断固として反対してきた見かたでもあった。不可能だからというより、意味がない主張だといっていた。ウィトゲンシュタインはそのときの会合には出席していなかったのだが、論文の内容をきくと「軍馬のようにたけだけしくふるまった」とマルコムは証言している。ウィトゲンシュタインはムーアの自宅をおとずれた。マルコムやフォン・ウリクトなどがいる場で、ムーアはウィトゲンシュタインに論文をよんできかせた。「ウィトゲンシュタインはすぐさまこれを攻撃した。議論でこれほど興奮しているようすは見たことがなかった。燃えさかる炎のように、力をこめて、怒濤のようにしゃべった」。ただつよい印象をあたえただけではない。それは人をふるえあがらせるほど怖かった。

のちにマルコム自身も、この矢おもてにたたされる。ウィトゲンシュタインは一九四九年、コーネル大学にマルコムをおとずれた。O・K・ブースマも同席し、ウィトゲンシュタインにこのときはじめて会った。「気さくでとっつきやすい、魅力的な人物」だと思ったそうだ。しかし二日後の議論では、相手のべつの顔を発見する。「たしかに人をおびえさせるはげしさがあり、こらえ性がなかった。マルコムが言葉につまって、なんとか話しはじめようとすると、(中略)ウィトゲンシュタインがほとんど暴力をふるいかけたこともあった」。

ウィトゲンシュタインがしめす反応のはげしさはときに、知的な獰猛さという範囲をこえることもあった。暴力的にステッキを――あるいは火かき棒かもしれないが――ふりまわしたりするのである。一九三七年、ウィトゲンシュタインはいつものようにノルウェーにひきこもった。ところが、それまでなごやかなあいだがらだった隣人のアンナ・レブニが、ひとが変わったようになっている。ウィトゲンシュタインはとまどった。レイ・モンクの形容では「達者なおとしよりの、ノルウェーの農婦」だった彼女が、よそよそしく、つめたいのである。やがてウィトゲンシュタインがわけをたずねると、思いもよらない返事がかえってきた。「あなた、杖でわたしをおどすんですからね」。ウィトゲンシュタインは相手にこう説明した。それは「くせなんです。だれかをとても気にいって、したしいときに、ふざけてやるだけなんです。背中をぽんとたたいたりするのとおなじ。こぶしや杖でおどすような身ぶりをしますけど、抱きしめるようなものなんですよ」。

ウィトゲンシュタインがおしえた小学校の生徒たちは証言している。子どもたちの頭や耳をなぐるのを、かれはためらわなかった。出血させたこともあった。一九三〇年ごろ友人たちにおこなった〈告白〉には、生徒の頭を平手うちしたことがふくまれている。

Ｈ3号室のできごとに話をもどすと、おなじころのべつの会合で、ウィトゲンシュタインが火かき棒をいじっていたという証言がある。まずノエル・アナンのもの。のちにキングズカレッジの学長になり、上院議員にもえらばれた歴史家である。おそらくゲストの講師Ｊ・Ｌ・オースティンといっしょに、モラル・サイエンス・クラブのある会合に出席していたときのことだろう。オックスフォードの言語哲学者であるオースティンとは、戦時中アイゼンハワー元帥の最高司令部で知りあった仲である。

> ある時点で、リチャード・ブレイスウェイトがなにか発言した。わたしはウィトゲンシュタインが暖炉のところにいって、火かき棒をとりあげたのに気づいた。ぎゅっと強くにぎりしめていた。ウィトゲンシュタインは大声でいった。「ブレイスウェイト、君はまちがってる」。その場ぜんたいが感電したようになった。ブレイスウェイトは脅されたわけではなかったが、あのできごとはわすれられない。ウィトゲンシュタインはさまざまな逸話でなにかと有名だったからだ。（中略）暖炉に石炭をつかっていた当時、火かき棒はどこにでもあった。そして怒りをあらわすためになにかをとりあげて、それをつかむのはごく自然なことにすぎない。

ウィトゲンシュタインには「自然」だったのかもしれない。

ともあれ火かき棒をにぎったとき、ウィトゲンシュタインはどう行動するのだろうか。それについては経済学者のフリードリッヒ・フォン・ハイエクによる、べつの目撃がある。ハイエクは一九四〇年代のはじめ、ブレイスウェイトのさそいでモラル・サイエンス・クラブの会合に出席するようになっていた。

ウィトゲンシュタインはいきなり立ちあがると、火かき棒を手にした。ひどく激昂していた。そして「物」とは現実にいかに単純で明白なものであるかをこの火かき棒で証言しようと、すすみでた。部屋のまんなかで、この猛り狂った男が火かき棒をふりまわしているのはいかにも剣呑で、わたしは安全な部屋のすみに逃げたいと思った。わたしのその時点での率直な感想はこうである。この男、気が狂ったな。

ウィトゲンシュタインは暴力をふるうことができる。それをしめすほかの証拠が、かれの書いた文章にものこされている。

ぼくはなにかに激怒すると、杖などで地面や樹木をたたくことがある。もちろん地面に責任があるとか、たたいてどうにかなると思っているわけではない。怒りのはけぐちをさがしているのだ。儀式とはそんなものだ。(中略)重要なのは、罰するという行為との類似性である。類似性。それ以外はなにもない。

ウィトゲンシュタインにとっては「罰するという行為との類似性」しか意味はないわけである。しかしこの行為をうける側にとってはどうだろうか。ポパーは自伝『果てしなき探求』で、ウィトゲンシュタインが火かき棒をふりあげたことについては笑いとばそうとしている。証人たちは、偉大な哲学者を暴力的な行為のためにとがめるのをとかくいやがる。しかしじっさいに、道徳的原則の実例をあげながら「脅す」という表現を、ポパー自身がとっているのである――「火かき棒でゲストの講師を脅さないこと」。ゲストの講師を脅すというこの表現が、じっさいにその場で口にされたとおりであることは、ポパーの発言をきいていたすべての証人が同意している。かれはそれを道徳的原則の例としてえらび、意図せずして「脅す」ということばをつかった。一歩ゆずってジョークとしても、その時点でポパーがどう感じていたか、そして二人の衝突がいかに個人的な対立という性質を帯びていたかは、はっきりつたわってくる。火かき棒はごく現実的なものである。そしてポパーにとっても〈脅し〉は現実的だったようである。

訳注

［1］『網のなか』一九五四年に発表された、マードックの最初の長篇作品。思想家、アーティストなど世間の規範からはずれたひとびとが登場する。邦訳は『網のなか』鈴木寧訳　白水社（一九七九）。

［2］ ニューマン枢機卿　ジョン・ヘンリー・ニューマン John Henry Newman（一八〇一―九〇）イギリスの神学者、文人。力づよい説教に定評があった。はじめは英国国教会に属し、のちカトリックに改宗。国教会の再建をめざしたオックスフォード運動で知られる。邦訳には『心が心に語りかける――ニューマン説教選』日本ニューマン協会訳　サンパウロ（一九九一）などがある。

［3］ ノーバート・デイヴィス Norbert Davis（一九〇九―四九）いわゆるパルプフィクション作家。マックス・ラティンのシリーズは一九四〇年代初期に、安価な探偵小説雑誌『タイムズ・ディテクティヴマガジン』に掲載された。なお本文に引用されている個所でラティンが「攻撃直前の」ような姿勢をとるのは、テレサが路地でべつの私立探偵を短剣で刺し殺し、アパートではビジネスマンを毒殺したばかりという設定のためである。デイヴィスの作品の邦訳には『ブラック・マスクの英雄たち』（鈴木啓子訳　国書刊行会　一九八六）所収の「帰ってきた用心棒」がある。

［4］ 原文のおちは「マーマレード」（Ma-me-laid。ママがぼくをここにおいたんだ）。訳文同様、かなり情けないギャグである。

第一七章　学問界でキャリアを築く

ウィトゲンシュタインのプライドは、悪魔のプライドだ。

——ラッセル

人生で成功するかどうかは、おもに運に左右される。その人の長所とはほとんど関係がない。人生のさまざまな領域でりっぱな長所をそなえているのに、成功できなかったひとは多い。

——ポパー

一九七〇年代になってポパーが右のように書いたとき、だれのことを考えていたのだろう。

ウィトゲンシュタインとポパーの生涯に大きなちがいがあるとすれば、それは経歴のちがいだろう。それは二人の対決を理解し、ポパーがいつわりの報告をしたかを判断する、べつの手がかりである。ウィトゲンシュタインは、奇妙な性格のために同僚たちにとってはあつかいにくい人物だったが、ケンブリッジ大学にあってつねに支持者をえた。いっぽうでポパーは長年、アカデミズムの世界にうけいれられない「のけものの人間」にならざるをえなかった。かれは生涯のもっとも創造的な年月を、ウィトゲンシュタインの陰で生きた。なんとも不運なことだった。

ウィトゲンシュタインと大学の関係は、愛憎にみちたものといえる。ケンブリッジはウィトゲンシュタインに魅惑されたが、ウィトゲンシュタインは大学の古い体制をようしゃなく批判した。それでもウィトゲンシュタインは一九五一年に亡くなるまで、継続的にケンブリッジにもどっている。

ウィトゲンシュタインは一九一一年、トリニティーのバートランド・ラッセルの部屋をふいに訪れたその瞬間から、とびぬけた才能のある人物としてみとめられ、ケンブリッジの社交と知的なあつまりの寵児になった。翌年にはラッセルの反対意見をくつがえしてアポスル・クラブ（使徒団）の会員にまねかれている。初期の社会主義者であったベアトリス・ウェブはこのクラブを「エリートの閉じたサークルのうちがわで、洗練された関係を結ぼうとのぞむ者たち」のあつまりとよんだ。ラッセルは、ウィトゲンシュタインがこのクラブをきらうだろうと予測していた。

そのころアポスルを支配していたのは、同性愛的なブルームズベリーのサークルだった。メンバーはメイナード・ケインズ、リットン・ストレイチー、ルパート・ブルックなどである。ラッセルは、ハンサムな若きオーストリアの天才を自分だけのものにしているとクラブのメンバーから咎められた。しかしラッセルが予測したように、ウィトゲンシュタインはアポスルの気どった自己満悦的な雰囲気に反感をもった。結局退会したが、異例なことに一九二九年にウィーンからケンブリッジにもどると、ふたたび会員にえらばれている（どれほど好かれていたかをしめすものだろう）。ケインズはウィトゲンシュタインの再入会を祝うディナーをもよおしている。このときウィトゲンシュタインと共にゲストになったのはアンソニー・ブラント［訳注1］である。

アポスルがウィトゲンシュタインに異例なほど寛容な姿勢をしめたことには、ウィトゲンシュタインの同性愛的な傾向が影響していたのだろうか。これについては推測するしかない。かれが同性愛者としてどのくらい積極的に行動したかははっきりせず、議論をよぶ問題であるが、数人の若者に強い感情をいだいていたのは確かである。デヴィッド・ピンセントやフランシス・スキナーなど、学問的にずばぬけたものをもつと同時に未成熟で、無力な青年である場合が多かった。ウィトゲンシュタインがこうした若者への感情に煩悶し、愛とはなにかという問いに苦しんだこともわかっている。だがかれが偏愛した若者たちは、たとえばガイズ・ホスピタルで出会った労働者のロイ・フォアエーカーのように、相手から偏愛されていることに本人がまったく気づかない場合もあった。伝記作家で哲学者のウィリアム・ウォーレン・バートリー三世が、ウィーンの森で愛をささやくウィトゲンシュタインをえがいたとき［訳注2］、ウィトゲンシュタインの支持者たちは激怒した。とはいえ本書の物語に、ウィトゲンシュタインやポパーの性的な好みは直接かかわる点ではない。したがってこの問題はこれ以上追求しないことにしよう。

一九二九年、ウィトゲンシュタインは博士号申請論文として『論理哲学論考』を提出した。二万語ほどの簡潔な論述である。主査のひとりG・E・ムーアは、博士論文提出用の書類にこう書いたとつたえられる。「個人的には、ウィトゲンシュタイン氏の論文は天才のなせる業だと考えますが、それはともかく、この論文がケンブリッジの哲学博士号に必要な基準を十分に満たしていることはたしかです」。すでに紹介したが、この十年のちにムーアが引退したとき、たとえウィトゲンシュタインの研究姿勢に賛成しない教官たちでも、ムーアの教授職の後任としてウィトゲンシュタインを指名しないわけにはいかないと感じていた。

ウィトゲンシュタインは哲学の分野で、『論理哲学論考』以外には重要な作品を発表していなかった。にもかかわらず、それほどの評価をえていたのである。ほかにウィトゲンシュタインが生涯で発表した著作は二つだけである。一つは小学校でひろくつかわれたドイツ語用語集、もう一つは哲学雑誌『マインド』とアリストテレス協会による共催会に提出した講義計画草案で、ほかにはない(ただし出席者がおどろいたことに、この会合でウィトゲンシュタインは草案とまったくちがうテーマで講演した)。現在ウィトゲンシュタインの名とともに書店や図書館の棚をかざっている書物の大半は、かれのメモをもとに死後刊行されたものである。マイケル・ダメットは『フレーゲ　数学哲学』で、学者が毎年発表する論文の語数と、死後の成果という尺度でものをはかる現代のやりかたについて、辛辣に論評している。「こうしたシステムでは、ウィトゲンシュタインなどはとても生きのびられなかっただろう」。

同僚たちがウィトゲンシュタインの卓越性や独創性、思想の深さをうたがいもしなかったにもかかわらず、死の時点でかれは哲学の分野の外部にはほとんど知られていなかった。王室から称号をあたえられたこともないし、勲章をもらったこともない。国際的な有名人から招かれたこともなければ、国際会議で基調演説をしたこともない。ウィトゲンシュタインをたたえるセレモニーも、会議も開催されたためしはなかった。もっともかれがこうしたものに招かれるのをうけいれることなど、想像もできないが。

この状況をポパーとくらべてみよう。ポパーの場合、おびただしい著書を書き、出版した。亡くなったときには、イギリスの新聞にはお世辞たらたらの追悼記事がのった。そしてヨーロッパの各地において、このニュースがさらに大きなあつかいだったことは特筆したい。たとえばスイスの大手新聞など、ポパーの生涯と業績について五ページの紙面を捧げた。じっさいポパーは生前、故郷より外国でたかい評価をうけていた。ヨーロッパのさまざまな国で、アメリカ合衆国で、そして日本で、多くの賞をうけ、名誉がたたえられている。亡くなるまでに、おびただしい数の名誉博士号もうけている。

ウィトゲンシュタインの影響が大きかったのは哲学と芸術の分野である。ポパーは実業界や政界、科学畑といった現実世界のひとびとに影響をあたえた。たとえばノーベル医学賞を受賞したサー・ピーター・メダワーは、ポパーを「過去最大の科学哲学者として、比肩する人物がない」と評している。

ハンガリー生まれの億万長者で金融資本家のジョージ・ソロスは、ポパーから教えをうけたことがある。大きな感銘をうけ、自分の財団をポパーにあやかって「開かれた社会《オープン・ソサエティー》」財団と名づけたほどである。ソロスはポパー方式で株式市場に投資し、数百万ドルもの利益をあげた。ポパーの考えでは、もっとも堅固な科学理論とは、議論をつうじて提示され、もっともきびしい試練をへて生きのこった理論であるはずだった。ソロスはこの原則をウォール・ストリートで実行したのである。かれは住宅不況できびしい試練にさらされていたカリフォルニア州の住宅ローン保険会社の株式に投資し、大儲けした。そして、この会社が不況を切りぬけて生きのびたということは、基本的に健全な会社であるとしめす重要な証拠だと考えた。

「開かれた社会」財団は、ポパーの政治理論を実現したものである。〝開かれていること〟が物事を変える力があるかをためしたのである。この財団は思想の交流をうながし、刺激をあたえるすべてのものに資金を提供した。書籍代や奨学金、コピー機、ファックス機、討論するための学会や会議費など。この財団は東欧ではきわめて重要な資金源になったので、その点で共産主義の崩壊を加速したと主張することもできるだろう。

　またドイツ社会民主党のヘルムート・シュミット元首相は、ポパーの『開かれた社会とその敵』にこう序文をよせている。「ポパーはプラトン、ヘーゲル、マルクスの批判をつうじ、ユートピア的な社会の欠陥を、かつてない卓越した鋭さをもってときあかしてみせた。批判された思想家たちは、厳密で絶対的であるという思い込みのもとに、政治的発展の進路をあらかじめ決めてしまおうとしたのである」。シュミットについでドイツ首相になったキリスト教民主党のヘルムート・コールにとっても、ポパーは偉大なヒーローだった。さらに当時のドイツ大統領、リヒャルト・フォン・ヴァイツゼッカーはイギリスを公式訪問したとき、わざわざポパーを訪ねている。またかつて体制批判をおこなった劇作家で、チェコ大統領のヴァツラフ・ハベルは、プラハの宮殿にポパーをまねいている。ダライ・ラマもポパーを訪問したたし、日本の天皇も皇居にポパーをまねいた。[訳注3] オーストリアのブルーノ・クライスキー首相は、ポパーの八十歳の誕生日に、「あたたかいお祝い」の言葉をおくった。九十歳になりポパーの名声はいよいよ高まり、当時国際的に排斥されていたクルト・ヴァルトハイムのあとを襲って、オーストリアの大統領になるのではないかという噂もあったほどである。ポパーは一笑に付した。

イギリスでも、晩年にはポパーに多くの賛辞と名誉が降るようにおくられた。ナイトの称号をうけ、名誉勲爵士に列せられたほどである。マーガレット・サッチャー元首相のお気にいりの哲学者でもあった。サッチャーは自伝で、ポパーとハイエクを師とすると書いているのである。

それでもポパーはそこにいたるまでに、とほうもない努力と、きびしくつらい旅をしなければならなかった。かれは哲学者としての道をえらんだし、会議に出席し、講義もおこなった。だがわかいころは、妻とともにウィーンの学校で子どもたちを教えなければならなかった。フルタイムで哲学を教えられるようになったのは、やっと三十五歳になってからである。それもロンドン・スクール・オヴ・エコノミクスにいたフリードリッヒ・フォン・ハイエクの援助によって、一九三七年にオーストリアをはなれ、ニュージーランドで教えるようになってからのことだった（奇妙な偶然だがハイエクは、ウィトゲンシュタインの母方のまたいとこである）。だがこのポストは、ポパーにとってそれほど魅力的なものではなかった。

ニュージーランドに発つまえの一九三六年、オーストリアの政治情勢はもはや無視できないほど不穏なものになっていた。ポパーはオーストリアをはなれるための援助の申請をイギリスの学者援助評議会に提出している。そして、自分は学生と同僚教師から反ユダヤ主義的な攻撃をうけているという申し立てをおこなっている。

だが申請してからあとが長かった。評議会はこまかい申請書類をポパーにおくってきた。この書類に収入を申告し（毎週二ポンド）、大英帝国の熱帯領土に派遣されたらうけいれるかという欄にはチェックをいれる必要があった（「はい、気候がそれほどきびしくなければ」）。評議会の運営をてつだっていた善意のイギリス人学者A・E・ダンカン・ジョーンズに対し、まだ教職を放棄せざるをえない状況ではないが、自分やほかのユダヤ人教師たちは現実の危険に直面していると証明しなければならなかったのである。ダンカン・ジョーンズ教授は、評議会内部の通信でこう示唆している。ポパーはなにか「政治的に軽率なこと」をして解雇されれば評議会からの財政援助がえやすくなるし、援助をうける時期も早まるのではないか。

推薦状も必要だった。ポパーはウィーン学団とのあいだに大きな溝があると語っていたのだから、推薦状をたのむのはいささか奇妙に思える。だがポパーはウィーンから脱出すると決めたとき、カルナップ、カウフマン、クラフトなどのウィーン学団のメンバーを何人も訪ねて、推薦状を書いてほしいと依頼している。

まだ三十四歳で、ドイツで一冊しか書物を上梓していないポパーが、スーパースターぞろいの推薦者リストを評議会に提出できたことは、かれの器の大きさをしめすものである。これ以上に名だかい顔ぶれを推薦者にあつめることはできなかったろう。かれの手書きのリストには、アルベルト・アインシュタイン、ニールス・ボーア、バートランド・ラッセル、G・E・ムーア、ルドルフ・カルナップの名前がならんでいる（ポパーは一九三〇年代なかばの講演で、これらのひとびとに強い印象をあたえていた）。それでもなおダンカン・ジョーンズ、ジョーンズは、ポパーが資金援助に値する人物だと納得できる証拠をもとめていた。ジョーンズは、評議会代理として接触したさまざまな相手が、ポパーはウィーンの哲学者のなかで一級ではないと語ったことを記録している。なにしろ当時のポパーは、中学校の教師にすぎなかった。

べつの推薦状には、ポパーは傷ついたかもしれない。生物学者のジョセフ・ニーダムは学者援助評議会にかれを推薦している。だがそれは、ポパーに援助をしても、評議会の資金はそれほどへらないかもしれないと示唆しているのである。

ようするに、ポパーは自分の著作を深めて発表する機会があたえられれば、どこかべつのポストをさがすのはまちがいありません。ポパーはウィトゲンシュタイン博士とおなじタイプの人物だからです。ウィトゲンシュタイン博士はしばらくまえから、当地のトリニティーカレッジのフェローになっています。ですから評議会は、一定期間の援助ですむと信じていいのではないでしょうか。

それでも最終的には、すべてのパズルのピースがぴったりとはまった。もっともポパーにとっては選考手つづきが危険なまでにおそいと感じられたことだろう。ともあれ評議会の支援を確保したのち、かれはケンブリッジで臨時講師のポストを提示された。これは「大学からの歓迎」をあらわす公式の申し出であるが、手ちがいですぐに配達されなかったのかもしれない。ポパーは申し出をおくりなおしてほしいと、G・E・ムーアに神経質な書簡をおくっているからである。

しかしこのころには、ニュージーランドのクライストチャーチのカンタベリー大学に申請していた常任教授のポストがみとめられるという知らせがきた。このポストには一九三六年の十月二十五日に申請書類を提出していたのである。ポパーはふたたび評議会に書簡をおくり（ドイツ語で書いた）、ニュージーランドはとても遠隔の地であるが「ともかく月ほど遠くはない」ことにたいへん満足していると書いている。「もっとも、月のつぎに世界でもっとも遠いところですが！」。

しかしニュージーランドは、ポパーがウィトゲンシュタインのことを忘れてしまえるほど遠い場所ではなかった。『開かれた社会とその敵』では、ウィトゲンシュタインの名前が十五回も登場する。どれも敵意にみちた表現である。さらに脚注では数ページにわたって『論理哲学論考』が批判されている。H3号室で、ポパーはウィトゲンシュタインの面前でこの批判をくりかえす、ただ一度のチャンスをえることになる。

イギリス語圏でポパーの評判がそれほど高くなかったのは、ドイツで一九三四年に出版された『探求の論理』が英訳されたのが四半世紀後だったためといういきさつがある。晩年には高名になったものの、ポパーは『開かれた社会とその敵』の出版元をみつけるには、ずいぶん苦労しなければならなかった。ウィトゲンシュタインの『論理哲学論考』も、出版にこぎつけるまでさまざまな紆余曲折があったが、それは書物の質が問題というより、売れゆきが疑問とされたからだった。ポパーが英訳版の出版までに苦労したのは、かれのこころみがまったく新しい土台を築くものであると出版側を説得する必要があったからである。はるかニュージーランドでますますいらだちをつのらせていた著者にかわって、ポパーの親友で支持者のエルンスト・ゴンブリッチがロンドンでうとまず努力をつづけた。それがなければ、この著書が日の目をみることはついになかったろう。

一九四五年にハイエクの援助によって、ポパーはロンドン・スクール・オヴ・エコノミクスの上級講師のポストを提示された。そして一九四九年から二十三年間にわたって、この大学で論理・科学方法論を担当することになる。イギリスに到着したポパーは賞賛でむかえられた。人気が高まったのは『開かれた社会とその敵』が刊行されたばかりだったからで、講演依頼が殺到した。かれの学者生活は四十年以上におよぶが、ふりかえると、このころがピークだったといえるだろう。まもなく講演や学会などに出席せず、自宅にひきこもって仕事をするようになるからである。かれは「出席しない大家」となる。こののちも仕事をつづけ、あたらしい分野に手をのばしたりはするが、根本的な問題にとりくむ「英雄的な時期」はすぎさったのである。

　イギリスという国における哲学の制度と、そこにたどりついたポパーのあいだには、いつも冷たい関係しかなかった。学者生活をはじめたころから、かれの独創性を評価できないイギリスの学者たちにポパーは軽蔑を感じていたにちがいない。そのためイギリスの学者たちにたいして、ますます断言するような口調で語るようになっていた。一九三六年にイギリスを訪問したとき、A・J・エイヤーに招かれてアリストテレス学会の会合に参加したことがある。このときはラッセルが議長だった。ポパーが発言すると、聴衆はそれをジョークと思って笑いと拍手でむかえた。[訳注4]四十年後にかれはこう書いている。「この聴衆のなかには、ひとりでも、わたしが本気でそう考えているだけでなく、わたしの考えがいずれあたりまえにうけいれられると想像できる人物すらいないだろうと思った」。

　このイギリス訪問のおり、ポパーはケンブリッジ大学とモラル・サイエンス・クラブをはじめておとずれ、講演している。このときは帰納の問題をとりあげたが、ウィトゲンシュタインは「すさまじい風邪」（G・E・ムーアあての手紙）で寝こんでおり、いわば紙一重のすれちがいで会えなかった。ウィトゲンシュタインはすでにポパーに先入観をもっていたから、ポパーにとっては幸運な風邪だった。十年後に出会うときには、ポパーはもっと重装備をしていることになる。

ロンドン・スクール・オヴ・エコノミクスは、イギリスでも屈指の卓越した高等教育機関として有名だったし、いまもそうである。ここで教えるのは、専門家として傑出しているとみとめられたことを意味する。ただ、ポパーはオックスフォードでもケンブリッジでも職をえられなかった。かれとしてはその資格があると考えていただけに、いつもアウトサイダーの役割を強いられ、自分の才能が十分みとめられていないと感じつづけたのも理解できる（もっともジョン・ワトキンスは、ポパーがオックスフォードやケンブリッジでポストを獲得しようとしたことは否定している）。ポパーはのちにオックスフォードからもケンブリッジからも名誉博士号をおくられたが、教授のポストに匹敵するものとはとてもいえない。一九四七年にスティーヴン・トゥールミンは、ポパーからロンドン・スクール・オヴ・エコノミクスの教授職を提示されてことわっている。この時代ではオックスフォードかケンブリッジのどちらかが居場所であるはずだった。そしてポパーもそれをよくわかっていたのはたしかである。

しかし結局のところ、ポパーがイギリスの哲学界と折りあいがわるかったのは、かれの基本的な姿勢のためである――〈問題〉を研究することに価値があり、〈謎〉を研究することはつまらないという考えである。ブライアン・マギーは、ポパーの重要性を理解し、それを広めようとだれにもおとらず努力した人物だが、そのかれも、ポパーはこの立場のために周辺的な哲学者になったと指摘する。「ポパーは自分の考えを実行し、いつも時代の主流である思想の外側にいたため、ポパーの思想が流行することはありませんでした。しかも、かれは自分とちがう考えかたを攻撃します。それもはげしく攻撃するのです。多くの時間をそのことについやしたので、人気が高まることはけっしてありませんでした」。ポパー自身もメリッタ・ミューに語ったことがある。オックスフォードでは言語分析的なアプローチが支配的で、百五十人の哲学者がいる。だがあそこに哲学はない。

またジョン・ワトキンスはポパーの方法と、当時イギリスの大学で流行していた方法をくらべて、こう語っている。「ポパーは、明確で強い大きな問題を好んでいました。そしてこうした問題で強いテーゼを提示しました。最初はおおまかに暫定的にテーゼを示し、あとで修正をくわえていったりします。しかしバーミンガム大学の哲学の上級講師は、ふつうはそうしたやりかたをしません。小さな概念をとりあげて、この概念にはちょっとあいまいなところがあると指摘しながら、議論を展開するのです」。ワトキンスはそのこまかさ、やりかたの狭量さを強調するために、親指とひとさし指をすりあわせてみせた。

だが、もちろんポパーにもロンドン・スクール・オヴ・エコノミクスを中心に、弟子たちがいた。ジョン・ワトキンスによると、ポパーは偉大な人物で「ときには議論に粗さがあったが、それでも大部分の者には到達できない水準にあった」。ダーレンドルフ卿は、ポパーが「なにかとても特別なひとだった」と感じている。アーネスト・ゲルナーはポパーが、わたしたちがもっているもっとも貴重なもの、すなわち知識と自由についての手がかりをあたえてくれたと語っている。しかしポパーの弟子たちがポパー派を構成することはなかった。一つの原因は、ポパーが問題に一つずつとりくんだことにある。いっぽうウィトゲンシュタインはある方法、普遍的なアプローチを提示した。ポパーは目をひくほど広範なテーマに貢献したが、かれが無視したことがらについて「どう考えるか」と問いかけても、なにか役だつ結論がえられることはほとんどなかった。だが、ウィトゲンシュタインにどう考えるかとたずねれば、つねに有益なこたえがかえってくる、とウィトゲンシュタイン派のひとびとはいう。

ポパーがほかの国では高く評価されたのに、イギリスであまりみとめられなかったことには、べつの理由もある。かれの知的感覚はすばらしい水準ではあるが、ひとを魅惑するような性質のものではなかったのである。ながくイギリスで学問のキャリアをつんだラルフ・ダーレンドルフは、イギリスとヨーロッパ大陸でのポパーの受けとめられかたのちがいについて、こう語っている。

ポパーはイギリスでは安全だと感じて、とても幸福だった。イギリスという国は、二十世紀の偉大な情熱、とくに共産主義とファシズムに無関心でいても、その情熱にとりつかれたひとびとから咎めらずにすむ国だったのである。しかしまさにそうした国だったからこそ、ポパーは関心をもたれるにはありきたりすぎた。ヨーロッパ大陸であれば状況は逆だった。巨大な情熱がすべての国を脅かしていたからである。これらの国からみたポパーは、嵐のただなかにしっかりとそびえる塔のような存在だった。そして時間がたつとともに、より大きな尊敬をあつめるようになった。それだけではない。一九一七年のロシア革命からスターリンの死まで、またナチスが支配した時期の全体をつうじて、熱病のような政策がもらした破壊的でわざわいにみちた結果に対し、ポパーの思想は偉大な回答とみなされたのである。

学者援助評議会はポパーに、ケンブリッジ大学の道徳科学学科の暫定的なポストを提示した。しかしかれは「大学からの歓迎」という性質をおびたこの不確かな招きにしがみつかず、戦争とナチスの支配するオーストリアからとおくはなれたニュージーランドでフルタイムの教師のポストをえらんだ。かれはそれを後悔しただろうか。ポパーが滞在したニュージーランドのカンタベリー大学のほうは、たしかに恩恵をこうむった。大学の歴史をのべた公式記録にはこうある。「大学の生活におけるポパーの影響は、それ以前も以後も、ほかのだれよりも大きい」。ニュージーランドの歴史家たちは、ポパーが「不毛で憂鬱な時期のあとに、知的なうるおいにみちたシャンペンのような効果をもたらした」と証言している。

しかし一九三七年の時点でイギリスに移住していれば、人生でもっとも生産的な時期の一部を、哲学の主流からはずれたところで過ごすことにはならなかったろう。学会で自分の地位を確立し、ウィトゲンシュタインとともに活動し、議論をする機会もえられたろう。自分にあたえられたケンブリッジのポストをゆずったとポパーが主張しているウィーンの同僚、フリードリッヒ・ヴァイスマンは、ケンブリッジからさらにオックスフォードにうつっているのである。もしポパー自身であれば、どんなによろこんだろう。ポパーはのちに、ウィトゲンシュタイン・アーカイヴの理事のマイケル・ネドーにこう語ったことがある。もし自分がケンブリッジにいたら、ウィトゲンシュタインとウィトゲンシュタイン派がこれほど注目されることはなかったろう。

大英帝国大学局から、ニュージーランドの教職の話がウィーンにとどいたとき、ポパーはG・E・ムーアに「かなり予想外だった」と語っている。「ですがわたしはこの地位をえられてとても幸福です。もちろんケンブリッジで教える機会があればそちらのほうが望ましいのですが、もはや学者援助評議会のお世話にならないですむことはうれしいのです。いずれイギリスをおとずれる機会もあるだろうと期待しています」。

ポパーはニュージーランドのポストについて「尋常な勤め口」という、目をひくいいかたをしている。じつのところ、当時のかれが人間的にも、資金的にも、政治的にも不安定な立場におかれていたことを考えなければ、この表現は理解できないだろう。

ポパーは、戦争になると考えていた。そして国をはなれる決断をくだした。それはヒトラーがオーストリアに侵入するわずか一年前である。博士号をえて教授資格を手にした一九二八年が、オーストリアの戦後復興の最後の年であることをわすれるべきではない。翌二九年にはアメリカの株式市場が崩壊し、資本がヨーロッパからなだれをうって流出していく。三〇年になるとドイツの失業者数は五百万人をうわまわり、二年後には六百万人にまでふくれあがる。こうした景気状況のなかで、政治的緊張は高まっていった。右翼政党が勢力をひろげ、いまわしい反ユダヤ主義がはびこるとき、いまこれから教師になろうとするユダヤ人のポパーはまさに学者としてのキャリアの出発点にあった。きわめてもろい土台のうえにたち、しかも結婚したばかりである。ユダヤのひとびとがようやくかちえた安定のなかに生まれたポパーのまえで、世界は一変しようとしていた。

訳注

［1］アンソニー・ブラント　Blunt, Anthony（一九〇七―八三）当時のケンブリッジ大学における知的社交集団の花形のひとり。クラブが、もっとも華やかな会を意図したことが伝わる。ブルームズベリー・グループについては六章の訳注［3］を参照されたい。

［2］ウィーンの森で愛をささやくウィトゲンシュタイン　ウィリアム・ウォーレン・バートリー三世が執筆したウィトゲンシュタインの評伝に、ウィーンのプラーター公園付近にたむろする同性愛の若者たちとウィトゲンシュタインとの性的関係をのべた箇所がある（→一五章訳注［1］）。

［3］天皇も皇居にポパーをまねいた　ポパーは二度来日している。

［4］聴衆はそれをジョークと思って笑いと拍手でむかえた　このときポパーは経験主義の限界を指摘した。自分は帰納の存在をみとめない、ひとびとが科学的知識とよんでいるものは仮説にすぎず、確実に真とはいえないという主張である。聴衆はこれを冗談だと考え、喝采した。

第一八章　哲学的パズルという「謎」

デルフォイで神託をあたえる神は、話しもせず、かくしもしない。
ただ「しるし」をあたえるだけである。

——ヘラクレイトス

後期のウィトゲンシュタインは、哲学が言語を誤用したために生まれた「謎」について語った。だが哲学に重要な問題などなく、またそれを解くための希望もないとなれば、自分が哲学者である理由はなくなる。そして哲学はもはや存在理由をしめすことさえできなくなるだろう。

——ポパー

これまでみてきたように、H3号室でウィトゲンシュタインとポパーがあれほどはげしく対立した背後には、じつに多くの要素がひそんでいる。しかしそうしたもろもろの要素を考えなくても、二人の議論はそれじたいで記憶にとどめる価値がある。なぜなら議論の中心になったのは哲学におけるもっとも基本的な問題、すなわち哲学の目的とはなにかということだったからである。そしてこの問題には、バートランド・ラッセルが創始した分析哲学の革命をうけつぐのはだれか、というあらそいが結びついていた。すくなくともたとえとして、ウィトゲンシュタインとポパーが火かき棒であらそったのは、この哲学的革命の意味と方向性をめぐる点だったといえる。

その焦点は、言語の重要性だった。すこし哲学史をふりかえろう。哲学の問題を分析するにあたって、論理学の技術を厳密にもちいることを初めてとなえたのはバートランド・ラッセルである。十七世紀のデカルトから二十世紀のラッセルまで、哲学の中心分野は認識論であった。つまり、わたしたちはなにを認識できるかという問題を考察してきたのである。デカルトは確実な知識を自己の内部にさがしもとめた。その方法は、たしかな岩盤にとどくまで、すべてをうたがうことだった。犂で地面をほりさげ、もうここから先はたがやせないという堅牢な岩盤までたっした瞬間、哲学の世界でもっともよく引かれるあの名だかい文句が発されたのである。「コギト・エルゴ・スム」。わたしは考えている、ということは、わたしは存在している（われ思う、ゆえにわれあり）。

だがほどなく、イギリス経験論の哲学者ロック、バークリー、ヒュームが、この認識論の伝統に変化をもたらす。さらにラッセルからあとは、認識論のかわりに言語哲学が登場した。ここで人間は、言語というレンズをとおして思考と世界に到達することが前提とされるようになった。もはや言語なしに世界をみることはできなくなったのである。

ラッセルの分析的な考察方法のみなもとには、数学がある。かれの「初恋」の相手は数学だったからである。自伝では、悲惨だった思春期をふりかえり、イングランドの南岸をさまよった思い出を語っている。「夕日をながめて自殺しようかと思いつめて、よくこの場所をひとりでおとずれた。でも死ななかった。数学をもっと知りたかったからだった」。ラッセルは一九〇三年に『数学の原理』を上梓。一〇年から一三年にかけてA・N・ホワイトヘッドと共著で、あの記念碑的な『プリンキピア・マテマティカ』全三巻を出版する。これは数学に、しっかりした論理的な土台をすえようともくろんだ作品だけあって、数百ページにわたり数字や記号や方程式がつらなっている。このためほとんど売れず、著者たちが出版費用を分担しなければならなかったほどである。のちにラッセルは、あの本を最後まで読みとおしたのは六人しか知らないと語っている。三人はホロコーストで殺害された。あと三人はたぶんテキサス生まれ。しかし、ともあれこの書物は、ラッセルがもっと大衆うけする本を書くときの権威づけになった。間接的な利益はあったわけである。

自分が『プリンキピア・マテマティカ』でこころみたことは、ヘラクレスというよりシジフォスの仕事だったと、のちにラッセルはみなすようになる。つまり偉業でなく徒労である。かれのことばで「純然たるゴミ」である。しかしかれがここで編みだした思考の技術は、言語研究の分野にもちこまれた。さらに形而上学の永遠の問題、すなわち存在と知識と真理の性質を考えることにつかわれた。これが、哲学としてほんとうに重要な意味をもったのである。ラッセルのもっとも名だかい理論は、フランス国王は禿《はげ》ているかいないか、にかかわるものである。頭髪のない頭蓋骨の非在についてのラッセルのこの議論は、そのころの哲学の固定観念の枠組みを知らないかぎり、いささか理解をこえるかもしれない。

哲学者にとって、言語と世界の関係は大きな謎である。ひとまとまりの文字、たとえばパ・イ・プという三文字をある順序にならべると、ある意味をもつようになる。だが、それはなぜなのか？　これについては、二十世紀のはじめにラッセルがとなえた「論理原子主義」という流派がある。この流派では、すべての語は対象を意味しており、語に意味があるのは、語が対象と一対一で対応しているからだと考える。したがってパイプという語がパイプという対象に対応する。語は対象を〈意味する〉と考えるのである。

しかしこの考えかたで言語と世界を結びつけようとすると、よくわからない問題がいくつもでてくる。たとえば「黄金の山」ということばがあって、それがおとぎ話だとしよう。ここで黄金の山はどういう対象を意味するのだろうか。わたしたちはこのことばについて、ごくふつうに意味のある文をつくることができる。たとえば「黄金の山は実在しない」などである。しかし論理原子主義にたつと、この文はおかしい。わたしたちはある対象「黄金の山」について言及しているようにみえる。それなのに、言及している対象の存在を否定しているからである。「存在しないものはなにか」とたずねると、そのこたえは「黄金の山である」になる。これでは非在の山に、ある実在性をあたえているようにみえてしまう。

ほかにもおなじような謎が生まれてくる。「サー・ウォルター・スコット」という名前がある。この意味は、その名がしめす対象または物であり、サー・ウォルター・スコットという人物である。いっぽう「『ウェイバリー』の著者」という表現もある。これもサー・ウォルター・スコットをしめすので、名前とおなじものを意味することになる。ところがこれだと、さらにややこしい問題がおこる。たとえば国王ジョージ四世が、「スコットは『ウェイバリー』の作者かどうか」を知りたがった場合、まさか「スコットかどうか」を知りたいわけではあるまい。いいかえれば、ジョージ四世は同一律に関心を表明しているのではない。ラッセルはこの点をわかりやすく、はっきりとしめしてみせたのである。

それではいよいよ禿のフランス国王の話にはいろう。フランスは共和国である。共和国に王はいない。だが「フランスの王は禿である」という文章を理解することじたいはべつにむずかしくない。文としてまったく整合性がとれている。だがパーティーでこの文を発言した場合、きく相手がフランスの憲法を知らなければ、事実と思うかもしれない。その意味でこの文は「王は禿のフランスだ」や「フランスの禿だ王は」のように意味をなさない文ではない。

しかし事実としてフランスには王がいないとすると、「フランスの王は禿だ」という文はどう理解したらいいのだろう。「フランスの王」がある人物をさしているとすると、その人物は禿であるか、禿でないかのどちらかである。たとえばH3号室の火かき棒は灼熱していたか、灼熱していなかったかのどちらか、とおなじである。しかし現実世界に、フランス国王で、かつ頭髪のない人物は存在しない。また頭髪をふさふさと生やしたフランス国王も存在しない。ラッセルによれば、「弁証法の好きなヘーゲル主義者なら、かれは鬘《かつら》をかぶっているのだ」と結論づけるだろうと書いている。

ではどうすればいいのか。十九世紀末ごろに活動していたオーストリアの論理学者アレクシウス・マイノンクは、ある解答を提案した。かれによると、わたしたちが黄金の山に言及できるという事実は、黄金の山が存在しうる方法があることを意味している。もちろん物理的にではない。論理的に存在するのである。一角獣やイースターのウサギ、妖精や幽霊、人喰い鬼やネス湖の恐竜。すべておなじである。わたしたちが「サンタクロースはいない」とか「ネス湖の恐竜は大きな鱒にすぎない」ととなえても、意味のあることを語れるのはそのためである。論理の世界で、ネス湖の恐竜は存在する。論理の世界に存在するからこそ、現実の世界に実在することを否定できるのである。

ところでラッセルはじつに秩序だった、几帳面な人物である（一九四六年にラッセルは、トリニティー・グレートコートのC・D・ブロードの部屋をつかっていた。のちにブロードはこうしるしている。「ラッセルは、思想家としては破壊的かもしれないが、部屋の借り手としては理想的である。部屋をひきわたされたとき、そのことがよくわかった」）。そういうラッセルの目に、マイノンクがつくりあげた世界像はゆるしがたく乱雑で無秩序なものにみえたようだ。ラッセルはいう。「動物園に一角獣がいないように、論理の世界にも一角獣がいてはならない」。この形而上学的な混乱を一掃するため、ラッセルはなんとも天才的な「記述理論」を発明してみせる。

かれはこう考えた。わたしたちは言語のために混乱している。「黄金の山」とか「『ウェイバリー』の著者」とか「フランス国王」といった表現が、名前とおなじようにふるまうと考えている。王の行列をまっている群衆にたちまじり、「やっとフランス国王の番だ」とか、「ついにルイ十八世がやってきた」とさけぶことはできる。だがこうした記述が名前とまったくおなじで、なにか対象がなければ意味をもつことができないと考えてしまうのは問題がある。

じっさい、問題の文が名前のような機能をはたしているわけではない。「フランスの国王は禿である」という文はシンプルにみえるが、論理学的にみると、じつは三つの要素がいりくんでいる。チーズとトマトと卵のオムレツが、三つの要素にわけられるのとおなじである。

一、フランス国王が存在する。
二、フランス国王は一人だけである。
三、フランス国王である人物は禿である。

この論理要素にわければ、「フランスの国王が禿である」という文は、意味があると同時に偽であるとわかる。最初の前提「フランス国王が存在する」が偽だからである。「黄金の山は存在しない」や「スコットは『ウェイバリー』の著者である」もほぼおなじにあつかうことができる。

たとえば「スコットは『ウェイバリー』の著者である」はこう訳せる。「『ウェイバリー』を書いたXが存在する。いっぽうすべてのYについて、Yが『ウェイバリー』を書いたとすると、YはXと同一である。こうしてXはスコットと同一である」。

ラッセルはこうした事例をあつかうための論理的表記を発明した。これは現在でもつかわれている。

$$(\exists x)[Fx \& (y)(Fy \rightarrow y = x) \& Gx]$$

そして文をこのように分解する方法は、分析的手法のパラダイムとみなされるようになった。このあとラッセル自身も、哲学にもっとも貢献したものはなにかと問われると、ためらいなくこうこたえるようになる。「記述理論です」。

禿のフランス国王は、ラッセルが一九〇五年に出版した論考のなかにその輝ける頭をあらわにした。[訳注1] そしてそれから四十年。一九四六年十月二十五日のH3号室で、この新しい方式を発明した「父」であるラッセルは、哲学の「子どもたち」、ウィトゲンシュタインとポパーにはさまれてすわっていた。そして多くの家庭でみられるように、子どもたちはたがいに争っていたのである。

このころのウィトゲンシュタインの考えでは、概念を言語学的に緻密にしらべることはそれじたいに価値があることだった。それが哲学という偏頭痛をいやすために必要な、唯一の治療薬なのだとみなしていたのである。いっぽうポパーにとってはそうでもない。言語分析はきわめて役にたつにせよ、ほんとうに重要なものである哲学の現実の「問題」を検討するための装置にすぎなかった。

ここで、しばらくウィトゲンシュタインの思想の足どりをふりかえってみよう。かれは一九二九年にケンブリッジにもどったあと『論理哲学論考』にみられた前期の思想をあらかた放棄して、まったくあたらしい考察方法をおしすすめていく。哲学の歴史のなかでひとつの学派を創設したと誇れる人物はごくわずかだが、ウィトゲンシュタインの場合、ふたつの学派を創設したと主張する資格がある。ラッセルはそれをこう名づけた。ウィトゲンシュタインⅠと、ウィトゲンシュタインⅡ。

『論理哲学論考』のころのウィトゲンシュタイン、すなわちウィトゲンシュタインⅠは、論理原子主義という知的宇宙のなかで考察をすすめていた。これは初期のラッセルがもっとも独創的な仕事をなしとげたのとおなじ領域である。この考察方法では、世界は単純で変わらない対象で構成されているとみなされる。

『論理哲学論考』は、冒頭文「世界は事態であるもののすべてである」にはじまり、「語りえないものについては、沈黙しなければならない」でしめくくられる。ともに有名な一文であるが、このあいだにつらなる全体の文章は、一から七の奇怪な番号をつけたパラグラフからなっている。そして小数点以下の数字が相対的な重要度をあらわす。たとえば一・〇は一・一より重要。一・一は一・一一や一・一一一より重要である。具体的にはつぎのようになる。

四　思想とは意味のある命題である。
四・〇〇一　命題の全体が言語である。
四・〇一　命題は現実の像である……。
四・一　命題は、事態の存在と非存在の状態をしめす。
四・一二一二　示しうるものは、語りえない。

この作品は非凡なものである。その澄明さ、叙述の簡潔さ。そして独断論すれすれの断固たる自信（ポパーがこの作品を独断的と考えていたのはたしかである）。因習的な章だてにしたがうことで品格をさげるのをこばむ姿勢。ひとつひとつの文章は純粋で、シンプルな美しさをたたえている。じっさい、のちに『タイムズ』紙はウィトゲンシュタインの追悼記事で、『論理哲学論考』を論理学の詩とのべたほどである。

このウィトゲンシュタインＩの計画の核心は、言語と思考と世界とをむすびつけることにあった。とくにかれは意味の画像理論をしめした。「暖炉が部屋の中央にある」といった命題と事実は、世界がどのようにあるかを表現する一つの〈絵〉をしめす。かれはこのアイデアを新聞記事からえた。これはフランスのある自動車事故の裁判をつたえる記事で、そこでは自動車と歩行者の模型をつかってじっさいの事故を再現していた。ここからえたのは「世界」と「命題」の関係が、「現実の事故」と「おもちゃの自動車や人形」の関係と似ているという着想である。

しかしウィトゲンシュタインIIになると、言語を〈絵〉とみる比喩にかえて、言語を〈道具〉とみる比喩が登場する。あることばの意味を知りたければ、そのことばがなにを示しているかをさぐるのでなく、じっさいにどんなふうにつかわれているかを調べるべきだと考えるようになるのである。つかわれかたを調べると、その背景にただ一つのおなじ構造が存在するようなことはないとわかる。おなじような機能をはたしているように見えるいくつかのことばも、じっさいにはことなる規則にしたがって機能していたりする。ちょうど機関車の運転席をのぞきこむようなものである。運転席にならんだハンドルはどれもおなじにみえるが、それぞれの機能はちがう。

一つめのハンドルはクランクで、連続的にうごかせる（バルブがひらくかげんを調整する）。二つめのハンドルはスイッチで、機能する位置はオンかオフの二つだけ。第三のハンドルはブレーキレバーで、強くひくほどブレーキが強くかかる。第四のハンドルはポンプである。これは前後にうごかさないとはたらかない。

言語がじっさいにどんなふうにつかわれているかを調べると、さらにもっとべつのことに気づく。多くの単語には、一つではなく複数のつかい道がある。そして、それぞれはかならずしもおなじ成分を共有しているわけではないのである。実例として、ウィトゲンシュタインは「ゲーム」ということばをあげている。ゲームにはさまざまなものがある。トランプの一人あそび、チェス、バドミントン、オーストラリア・ルールのサッカー、子どものボールあそび。競争するゲームがあり、協力するゲームがあり、チームでするゲームがある。また個人でするゲームがあり、技能をきそうゲームがあり、運のよさを競うゲームがある。ボールをつかうゲームがあり、カードをつかうゲームがある。では、これらのゲームのすべてに共通するものはなにか？　共通するものはない。それがこの問いのこたえである。「ゲーム」の本質のようなものはないのである。

ウィトゲンシュタインはこれを概念の「家族的類似性」とよんだ。ある一家を考えてみよう。この家族の特徴は、いかつい首やひとを見ぬくような青い眼、若白髪、ちょっとめずらしいくらい大きな耳などである。しかし家族全員に共通する特徴は一つもない。「ゲーム」がゲームとよばれるのは、すべてをつらぬく共通の特徴があるからではなく、類似性や共通性がずれながら重なっているためである。そして概念が安定したものになるのは、まさにこうした類似性の交差による。ちょうど糸の束のようなものである。「束のつよさは、一本の糸が全体の長さにわたって存在していることにあるのではない。たくさんの糸が重なっていることにある」。

ラッセルと前期のウィトゲンシュタインは当時、日常言語はそのうしろにある論理構造を見えにくくしていると考えていた。「フランスの国王は禿である」という命題の論理構造は、この文のおもてからはまっすぐ見とおせない。衣服が身体をおおうように、言語は論理をおおっている。かさばるジャンパーをきていれば、からだの線はかくれる。

しかし後期のウィトゲンシュタインになると、こうしたとらえかたをしなくなる。言語は完璧に機能しており、なにもかくしてはいないと考えるのである。

後期のウィトゲンシュタインは、「言語は意味によって対象界にむすびつけられている」という考えかたをすてた。文法とは自立的なもので、自由に機能すると考えるのである。そしてここでは世界でなく、人間があるじになる。人間は言語をつかって、のぞむことをおこなえる。規則をえらぶのはわたしたちであるし、規則にしたがうとはどういうことかを決めるのもわたしたちである。こののち数十年をかけて、この考えかたは世界の法律学、社会学、英語研究などの分野にひろがっていった。

言語は規則にしたがう。言語は本質として公共的なものである。言語はわたしたちの行為に、そして「生活の形式に」うめこまれている。そして規則は解釈を必要とする。なにがゆるされ、なにがゆるされないか、意見が一致していなければならない。だから私的な言語という考えかた、すなわちただ一人だけが理解できる言語という考えかたは整合的ではない。このように考えてくると、うたがう余地のない確実な知識を自己の内部にもとめたデカルトは、確実性という聖杯をまったくまちがった方向でもとめたことになる。というのも「コギト・エルゴ・スム（わたしは考えている、ということは、わたしは存在している）」がなんらかの意味をもつとすれば、それにさきだってまず思考とはなにか、そして思考という概念をどのようにつかうかを、ひとびとのあいだではっきりさせておかなければならないからである。そして言語とはそういうありかたでしか機能しない。そう考えると、そもそも人間がなにを知りうるかという問いの出発点にコギトがくるのはおよそありえないことになる。ウィトゲンシュタインはこの洞察によって哲学の数百年の歴史をくつがえし、のちの哲学者たちを解放した。哲学はもはや、岩盤のような確実性をけんめいにさがしもとめなくてすむようになったのである。

では、ウィトゲンシュタインにとって哲学の目的はなんだったのだろう。それはごく単純なことであった――ひとがみずからつくりあげた混乱から、ひとを解きはなつことである。つまり「蠅とり壺にはいりこんだ蠅に、出口をしめしてやること」。わたしたちは哲学で、ふつうなら問題にならないことで困りはてる場合がある。たとえば時間の性格とはなにか？　いまケンブリッジで五時だとすると、太陽でも五時なのか？　あるいは、全体が赤であると同時に、緑であることはできるだろうか？　自分が痛いと知ることはできるか？　君とおなじ痛みを感じることはできるか？　自分について話すとは、どういうことか？　どれも、一九四六年十月二十五日にウィトゲンシュタインが午後のセミナーでとりあげた問いである。

ウィトゲンシュタインⅡはこれらの問いを考察しながら、哲学者たちが愚かしいあやまちをおかしていると考えた。哲学者は、説明や普遍的な解答やすべての事例にあてはまる理論、すべての種類にあてはまる一般性を模索する。対象をみつめながら、現象をつきぬけて、非物質的な核心に到達できると考えている。

だがこうした哲学のやりかたは、さながら精神錯乱の初期のようではないか。ウィトゲンシュタインⅡは哲学を、言語による一種の治療として考えた。これは姉の友人、ジークムント・フロイトのやりかたと似ている。「哲学者は、病気の手あてをするように、問いの手あてをおこなう」のである。じっさい、一九四六年にモラル・サイエンス・クラブの書記だったワスフィ・ヒジャブは、ウィトゲンシュタインに出会うまでこうした混乱になやむ「知的病人」だったそうだ。かれによればウィトゲンシュタインによって「癒された」のである。

ウィトゲンシュタインⅡはこう考えた。わたしたちは言語の魔術にあらがってたたかうべきである。そのためには、ふだんのくらしでつかうことば、すなわち日常言語をつねに思いだす必要がある。なれないやりかたでことばをつかうと、つまり「言語が休暇に出てしまうと」、とまどいが生まれる。「全体が同時に赤であり、緑であるものは存在するか」。存在しない。しかしそれは深遠な形而上学的真理などではない。わたしたちの言語の規則で決まることである。地のはて、遠いジャングルのおくには、灌木やイチゴや鍋について「全体が赤く、同時に緑」であるとふつうにいいあらわす部族がいるかもしれない。まだ発見されていないだけかもしれない。

だから哲学の問いとは、「問題《プロブレム》」というより、「謎《パズル》」なのである。問いをときほぐすということは、ラッセルやウィトゲンシュタインⅠが信じたように、まだ見いだされない、かくされた論理を発掘することではない。すでに存在していたもの、つまり言語がじっさいにどうつかわれているかを思いだすことにすぎない。わたしが痛いということを「知ること」はできるだろうか。だが日常の言語では、これは提起されえない問いである。たとえば「ウィーンがオーストリアの首都であることを知っている」といった知識の表現は、疑問の可能性があることにもとづいて語られる。しかしわたしの痛みは、わたしにとって疑問の余地のないことではなかろうか。太陽ではいま何時だろうか。この問いにこたえはない。こたえを知らないからではない。太陽における時間という概念が、わたしたちの言語において場所をもたないからである。その適用をさだめる規則がないのだ。

では哲学とは、それを生計のつてにしようと思っているひとにしか用がないのだろうか。みずからの幻影である〈深遠さ〉というぬかるみに陥ちこんでしまう人間にしか関係がないのだろうか。ギルバート・ライルの表現をかりると、蠅とり壺におちたことのない蠅に、うしなうものはないことになる。だがいま紹介した考えかたは、わたしたちすべてのなかに住む〈哲学者〉とたたかうのに役だつと、ウィトゲンシュタインⅡであればいうだろう。じっさい、わたしたちはほぼまちがいなく蠅とり壺におちる。それが言語の性格なのである。大学で講義をする哲学者になるひとこそすくないが、わたしたちはだれでも台所のテーブルで、居酒屋の片隅で、哲学者である。

ウィトゲンシュタインⅠの作品『論理哲学論考』には、いまも多くの読者がいる。ある文が真か偽かの条件をさだめる真理値表など、かれの論理的発明はいまもまだつかわれている。しかしウィトゲンシュタインが今日でもたかく評価され、影響力をもっているのは、この後期の著作によってなのである。

それでもウィトゲンシュタインⅠとウィトゲンシュタインⅡをむすびつける共通点が、すくなくとも一つはある。それは言語へのこだわりである。ウィトゲンシュタインⅠはこう考えていた。わたしたちの日常言語は〈やっつけ仕事〉でできたもので、言語のかくされた構造に注意すれば、謎は解ける。かれは『論理哲学論考』の序文で、いわゆる哲学的な問題は、わたしたちが「言語の論理」を誤解するから発生するにすぎないと書いている。だがウィトゲンシュタインⅡはこう考える。言語の表面に注目することで、「謎」を解くことができる。むしろ言語の表面の下まで掘りさげようとすると、困った事態が生じる。

意味と無意味を区別しようとするかれのこころみの背後には、生涯にわたる言語との格闘がある。ウィトゲンシュタインⅠでは、このいとなみがごく厳密なかたちでやりとげられた。ウィトゲンシュタインⅡになると「あるものXは、すべてが赤であると同時に緑である」といった命題に注目するようになる。そしてこの姿勢で、ほとんどおなじ目的にかなうのである。この命題は意味のある文にみえるし、理解できるように思える。だがじつは、日常の基本的な文とは微妙にちがう。機能をはたすと思っていた機関車の運転室のポンプが、ほかの設備のすべてから切りはなされていたと気づくようなものである。哲学の目的の一つは、潜在的に無意味であるものを、はっきり無意味なものとしてしめすことにある。ウィトゲンシュタインはそう考えるようになった。

ポパーはのちに自伝でこう主張している。一九四六年の十月二十五日にケンブリッジに到着したとき、自分は『論理哲学論考』の著者であるウィトゲンシュタインと対決すると考えていた。じっさいポパーは、この作品についてはこまかく検討してあったのである（ポパーは『果てしなき探求』で、自分は一九二五年に博士論文を書きはじめる「数年前に」この書物を読んだと書いている。ということは、出版直後に読んだにちがいない。『論理哲学論考』のドイツ語版の出版は一九二一年だからである）。しかし火かき棒をもって立ちはだかったのは、ウィトゲンシュタインⅡのほうだった。

だがポパーがこの変化を知らなかったのもむりはない。ポパーは一九四五年末までニュージーランドに滞在していたのだし、ウィトゲンシュタインの未発表の文章は、弟子たちのあいだで地下出版の書物のように回覧されていただけだったからである。ケンブリッジではすでにウィトゲンシュタインの議論と、人をからかうようなアフォリズムが支配的な影響力をもっていた。「たとえライオンが話せたとしても、わたしたちはライオンを理解することはできないだろう」など、わかりにくいと同時に深遠な響きをもつアフォリズムだった。しかしこの影響はまだロンドンにもとどいていなかったし、まして月の裏面ほど遠い地にとどいているはずもない。スティーヴン・トゥールミンは、ポパーが「はるか昔に忘れさられ、すたれたものと、はるか昔の闘い」をしていたと批判している。

とはいえこうしたなりゆきにもかかわらず、ポパーが問題にしようとしたウィトゲンシュタインⅠのある面は、ウィトゲンシュタインⅡにとっても中心的な問題だった。ポパーが反対したのは、言語を強調しすぎるということだったからである。ポパーは『開かれた社会とその敵』の辛辣な脚注で、『論理哲学論考』の理論を手きびしく批判している。哲学の役割は文を提示することではなく、文を解明することにあるというウィトゲンシュタインの理論に対する批判であるが、この批判は、のちのウィトゲンシュタインにもあてはまるものである。

ウィトゲンシュタインの思考がまったく一変していることを、対決の場でポパーは知らなかったという。そのことはその場にいあわせたピーター・ミュンツがまず証言している。かれはニュージーランドでポパーから教わった人物である。また、ウィトゲンシュタインの死の翌年、一九五二年にポパーがおこなった講演の記録からもうらづけられる。「哲学的問題と、科学におけるその源泉」という講演の、講演録につけた脚注でポパーはこう語っている。

わたしがウィトゲンシュタインに最後に会ったときも、哲学の問題は存在しないという理論をかれは保っていた(それは一九四六年に、ケンブリッジのモラル・サイエンス・クラブでわたしが「哲学の諸問題は存在するか」というタイトルで講演したときである。この大荒れの会合は、ウィトゲンシュタインが主催したものだった)。わたしはかれの教え子たちが個人的に回覧しているウィトゲンシュタインの未発表草稿は読んだことがなかった。このため、わたしがここで「理論」とよんだものをかれが修正しているかどうかはわからなかった。しかしもっとも基本的な部分であり、影響のあったこの理論については、かれの見解はかわっていないと気づいた。

ここで、ポパーが読者につよい印象をあたえようとして「最後に会ったとき」という表現をつかっていることに注目したい。まるでそれまでに何度も会っているかのようだ。たしかにウィトゲンシュタインとポパーは、はるか昔に偶然ウィーンのおなじレストランで食事をしていたこともよくあったかもしれない。だがすでにのべたように、二人が「会った」のはH3号室の、あのできごとの夜だけである。

ポパーは死ぬまで、ウィトゲンシュタインを中傷するという誘惑に抵抗できなかった。それはほとんど偏執的なふるまいにちかかった。「深刻でさしせまった哲学の問題が存在する。そして、そうした問題を批判的に議論する必要がある。それこそ専門としての哲学、あるいは学問としての哲学が存在することを弁護できる唯一の理由」であるというのがポパーの言であった。

批判はポパーの自伝『果てしなき探求』にもみられる。かれは子どものころを回想しつつ、すでに手ばやくジャブをいれている。「わたしはながいあいだ、真の哲学の問題が存在すると考えてきた。そしてこれは言語の誤用から発生する謎にすぎないようなものではないとも考えてきた。もちろんこうした問題の一部は子どもっぽいものではある」。もっと人格攻撃にちかいところもある。「ウィトゲンシュタインは蠅に、蠅とり壺からの出口を……示さなかった。わたしは蠅とり壺からぬけだせない蠅こそ、ウィトゲンシュタインの自画像としてぴったりだと思う（フロイトがフロイトの患者だったように、ウィトゲンシュタインはウィトゲンシュタインの患者だった）」。また父親の書棚にあった本を書いた二人のウィーンの著者、フリッツ・マウトナーとオットー・ワイニンガーについても『果てしなき探求』で語り、ここでまたもウィトゲンシュタインを軽蔑するそぶりをしめしている。「二人ともウィトゲンシュタインに影響をあたえたようである」。ここの脚注でポパーはワイニンガーの文章を引いている。「ベーコンからフリッツ・マウトナーにいたるまで、頭の鈍い人間はだれもが言語を批判する」。

一九七〇年五月のBBCラジオのインタビューで、ポパーはウィトゲンシュタインの、死後発表された著作を酷評している。

ピストルで脅されて、ウィトゲンシュタインの『哲学探究』について賛成できないところをいえといわれても、わたしは「いえ、べつになにも……」とこたえるでしょう。わたしはこの作品のこころみじたいに納得できないだけなのです。ウィトゲンシュタインが語っていることに、なにも異議はありません。だって異議をとなえるようなことが、なにも語られていないからです。正直に白状すると、この本には退屈しました。あくびをしすぎて涙がでるほど、ね。

この発言じたいは、退屈でもなんでもない。ヨゼフ・アガシはこう語っている。「ウィトゲンシュタインは哲学界随一のきらわれものだ。とはいえウィトゲンシュタインを攻撃するくらい、ウィトゲンシュタインへの忠実さをしめすものはない」。ポパーは言語への関心を、眼鏡を拭くことにたとえている。言語哲学者なら、それじたいを価値のあることと考えるかもしれない。だがまともな哲学者にとって、眼鏡を拭く意味はひとつしかない。眼鏡をきれいにすれば、世界がもっとはっきりと見えるようになるということである。

ポパーの心づもりだと、ことウィトゲンシュタイン批判に関するかぎり、ラッセルと自分は手を組んでいるはずだった。それはただしい判断である。ラッセルとウィトゲンシュタインの個人的なつきあいが崩壊したことはすでに紹介したが、たがいの理論に対する敵意も強まっていただけに、二人の関係はさらに悪化していた。

そもそもラッセルが初期にあらわした論理学の著作や、技術的著作にでてくる結論に対しては、すでにウィトゲンシュタインⅠでも全面的には賛成できなかったかもしれない。とはいえ、二人のとりくみかたはまったくおなじなのである。じっさい『論理哲学論考』は、ラッセルのおかした〈あやまち〉をただすことを目的にしたプロジェクトである。したがって、ほとんどすべての文にラッセルの姿が透けてみえる。みじかい作品だが、序文には「友人のラッセル氏に」という寛大な献辞がかかげられ、本文ではラッセルの名が二十八回もでてくる。

だが、ウィトゲンシュタインⅡとしてのありかたがもっとも強くでているとみられる『哲学探究』になると、なんとも対照的である。これを書いた一九三〇年代末から、書き手はラッセルの姿を消すという注目すべき行為にふみきったようだ。哲学の恩師ラッセルの名は、ここには二回しかあらわれない。それも批判の対象としてである。

いっぽうラッセルはラッセルで、ウィトゲンシュタインがとなえる新しいアイデアを買わなかった。ケンブリッジの哲学を、重箱の隅をつつくようなたいくつなものにしてしまうと考えていたのである。のちにかれはウィトゲンシュタインⅡについてこう書いている。「まったく理解できない。積極的に主張しようとする理論の部分は瑣末だし、否定しようとする部分は根拠がない」。『哲学探究』についてはこうある。「大学全体がこの書物に重要な智恵をみいだそうとする理由が、およそ理解しがたい」。

ラッセルは概念の分析をいちはやくおこなった人物である。概念を分析することで問題点がときあかされ、概念をつつんでいる〈靄〉がはれると考えていた。そこはポパーとにている。また、精密さはかならずしも究極の目的ではないと考えていた。ここもポパーとちかい。科学者は言語学的に多少あいまいでも、偉大なことをなしとげられるとポパーは指摘しているのである。ラッセルもこう主張していた――それぞれの語が慎重に定義されても、問題は解消されない。かれはこれをたとえ話で説明している。サイクリングでウィンチェスターまでいこうとして、店の主人にいちばんはやい近道をたずねた。すると主人は店の奥にいた男に声をかけてたずねた。

「このおかたがウィンチェスターへの最短の道をおたずねだ」

「ウィンチェスターですかい」と奥のほうから男の声がきこえた。

「そう」

「そこへいく道ですね」

「そう」

「最短の、ですね」

「そう」

「知りませんな」


後期ウィトゲンシュタインの主張によれば、日常言語は完璧である。わたしたちの哲学的な悩みはたんなるパズルのようなもので、言語学的痙攣にすぎない。だがラッセルは『私の哲学の発展』で、この見かたを皮肉っている。「われわれが理解しようとしているのは、世界ではなく、文にすぎないといわれている。そして哲学者が語る文以外のすべての文は、真なるものとみなされている」。べつの場所では、ウィトゲンシュタインが常識に屈していると非難している。というのもラッセルの考えだと、常識とみなされるものは現実には偏見にすぎず、習慣という暴君にすぎないのである。もしウィトゲンシュタインがただしいなら、哲学とは「最善の場合でも、辞書編集者にとってかろうじて役だつものにすぎない。最悪の場合には、お茶を飲みながら興じるのに最適な娯楽にすぎない」。一九四六年十月二十五日の午後、クラブで会合がはじまる四時間まえに、ラッセルとポパーはいっしょにお茶を飲んでいる。ティーテーブルをはさんで、哲学とはそんなものではないよ、と意見が一致していたかもしれない。

じっさい、たとえば目前には国際問題をかかえた現実世界があった。H3号室の議論のはげしさを十分理解するには、そのうしろにある政治的な枠組みを見とおさなければならない。一九四六年とは、どのような年だったのだろうか。ファシズムの脅威はようやくおさまったばかりで、もう冷戦がはじまっていた。哲学者は政治にかかわるべきだろうか？ポパーも、ラッセルも、こたえはおなじではっきりしていた。「かかわるべきである」。ただしラッセルとちがって、ポパーの姿をデモや座りこみの場で見かけることはなかった。ポパーは剣でなく、ペンをふるってたたかったからである。じっさいにウィーンでデモの参加者が射殺されるのを目にしたこともあるかれは、ペンをつかってこそ最高の勝利をえられると確信していた。

ところで、ポパーがマルクス主義のもっともすぐれた批判者であったかどうかは、むずかしいところだろう。マルクス主義は科学であるという主張を論破していたかどうかも議論の余地がある。ポパーによると、有効な科学とは精密な検証をうけるものであり、また検証を可能にする予測理論をしめすものである。予測じたいは大胆なものであるほどのぞましい。

だが疑似科学は、まず検証されることをこばむ（疑似科学は、反証することのできる明確な予測を提示しない。だがたとえばアインシュタインの相対性理論であれば、観察による検証手段がしめされている。そしてサー・アーサー・エディントンがじっさいに観察をおこなって理論のただしさを検証した)。あるいは疑似科学は、たとえ予測を提示したとしても、見たところ対立する証拠にもとづいて反証を無効にしてしまう。ポパーはこうした疑似科学として、ネオ・マルクス主義とフロイトの精神分析をあげていた。

たとえば革命は、プロレタリアートがもっとも勢力をもっている国では起きなかった、と指摘したとする。「ああ、それはこういうわけでですね……」とネオ・マルクス主義ならいうだろう。資本主義では、富がますます少数者のもとに集中したりしなかった、と指摘したらどうだろう? 「ああ、それはこういうわけでですね……」。ネオ・マルクス主義にはこうした「ああ、それはですね……」というあいまいさが山ほどある(しかしマルクス自身については、ポパーは敬意を表している。マルクスは予測を示したからである。もっとも理論としてはマルクスの予測は反証されたと考えているのであるが)。

ポパーはかれの「反戦活動」の一環として、これらの理論を『開かれた社会とその敵』で批判し、展開している。ファシズムの根をさぐり、とくにプラトンとヘーゲルに責任があるとのべる。ポパーのファシズム批判は、ほかの形式の全体主義にもあてはまるものである。それだけに、いまもこの書物の意義はうすれていない。宗教上の原理主義や極右のナショナリストや、民族的な愛国主義者など、わたしたちの時代の〈閉じられた社会〉を批判するうえで、なお有効なのである。ポパーが目標にえらんだのは全体主義の哲学だったが、『開かれた社会とその敵』を冷戦時代の論争書とみて、おもにマルクス主義を批判の標的にしているという「誤解」があった。ポパーはうけながしていた。
ポパーはこの本で、進歩はかならずあるとか、歴史は冷厳な法則に支配されていて、その法則は発見できるといった考えかたを否定している。歴史には筋書きなどないとかれは主張しつづけた。「歴史は進歩できない。進歩できるのは、人間という個人だけである」。つまりなにものも保証されてはいない。だが社会と経済が発展するためにもっとも役だつ〈肥料〉は、社会を〈開いた〉ものにすることなのだ。そしてこれは全体主義にとって〈毒〉になる。二〇〇〇年、中国の学者劉軍寧《リウ・ジュンニン》は『開かれた社会とその敵』について講演したことで中国社会科学院から追放されている。

　進歩は試行錯誤をつうじてもたらされるというポパーの考えは、二十世紀の真に偉大な思想の一つである。そしてそういう思想の特徴として、ごく単純である。また、誤りはつねにありうる。「真理」は確実なものにはけっしてなりえない。だが真の科学と疑似科学のちがいが、反証が可能であるかどうかにかかっているように、政治的進歩を実現するために、開かれた社会においてそれを検証し、ためし、くわしくしらべていくことは本質的に必要な点である。ポパーの洞察の力は、つぎのことを認識した点にある。すなわち民主主義を、たんなるぜいたく品とみなしてはならない。あるいは国がある特定の段階まで発展したあとで、はじめて実現できるものとみなしてはならない。民主主義は、発展のための前提条件なのである。「わたしがまちがっていて、あなたのほうがただしいかもしれない。だが努力すれば、二人とも真理にちかづけるだろう」。これこそが理性的な態度であるとポパーは考えた。
ただし支配者をえらべることだけが、民主主義に十分な条件ではない。じっさいポパーは、「だれが支配すべきか」というプラトンの問いそのものが危険だという。わたしたちは正統性の問題にかかずらうべきではない。結局のところヒトラーは正統に権力の座についたではないか。授権法は、議会の過半数で承認された。ヒトラーはこの法律にもとづいて命令をくだし、支配することができたのである。

わたしは『開かれた社会とその敵』で、「だれが支配すべきか」というプラトンの問いとは根本的にことなる、つぎのような問いを提案した。「どうすれば、流血なしに政府を交替させられるような制度をつくりだすことができるか」。この問いは、政府を〈えらぶ〉手段ではなく、〈倒す〉可能性に重点をおいたものである。

ポパーからみて現実の問題は、わたしたちがどう支配されるか、社会がどう構成されるかである。これは帰納法や無限概念におとらず、哲学者がとりくむにふさわしい問題だろう。じっさい、それがかつてないほどさしせまった問題になっていたのはあきらかである。ポパーがウィトゲンシュタインを嫌った理由のひとつはそこにある。現実世界の焦点課題、すくなくとも哲学者が役にたち、とくべつな貢献ができるはずのテーマに、ウィトゲンシュタインは関心をもたないようにみえた。そのことに、ポパーは軽蔑の念をいだいたのである。

『開かれた社会とその敵』を絶賛したラッセルは、ポパーよりさらに政治的な人間だった。哲学者は象牙の塔から街にでて、現代の問題を論ずるべきだとかれも考えていた。一九四六年には、核戦争による世界終末の脅威についてのおそれをつよめている。翌年にはオランダとベルギーで連続講演をおこない、なんとも過激な解決策をとなえた。「あらゆる強力な戦争兵器を独占的に所有する」世界政府を設立すべきだというのである。

このときラッセルの三番目の妻パトリシア（ピーターとよばれていた）は、占領されたドイツのなかでイギリス支配地区に住むひとびとの、生活状況改善キャンペーンを支援していた。モラル・サイエンス・クラブの会合の翌月である十一月八日、イギリス政府は、イギリス市民にクリスマス用の特別配給をだすと発表している。だがこのあと『タイムズ』紙には抗議の書簡が掲載された。この共同署名者にはパトリシアの名前もある。イギリス地区で食物が不足しているこの時期に、その程度の政策ではふさわしくないと指摘している書簡だった。「政府が食料政策を抜本的に改正しなければ、現時点におけるヨーロッパの安定性が危険にさらされるばかりか、真の平和の機会もうしなわれると申しあげたい」とある。

たしかに、戦争は終わったが、ヨーロッパの将来はうすら寒いものにみえた。産業は崩壊し、さまざまな必需品もたりなかった。一部の民主主義国では共産党が勢力をつよめていた。ソ連は東欧へのしめつけを強化し、核爆弾を開発していた。こうした状況のなか、西欧民主主義の将来はじかにおびやかされていたのである。にもかかわらず、ウィトゲンシュタインはつぎの世代をになう哲学者たちに、哲学は言語を〈もてあそぶ〉いとなみにすぎないと説得している。ポパーとラッセルは、いらだちとともにそれを見まもっていた。哲学の将来のためには、なんとしてもウィトゲンシュタインの考えかたがまちがっていると暴かれなければならなかった。

訳注

［1］ 禿のフランス国王は、一九〇五年に哲学誌『マインド』に掲載された論文 *On denoting* で論じられている。邦訳は「指示について」。『現代哲学基本論文集Ⅰ』G・フレーゲ、B・ラッセル、M・シュリック他　坂本百大編　土屋俊他訳　勁草書房（一九八六）所収。

第一九章　H3号室で問題になったこと

哲学はじっさいには進歩しないとか、いまでもギリシア時代とおなじ哲学の問題に悩まされていると、なんどもくりかえされてきた。しかしほかにどうしようもないということが、よく理解されていない。われわれの言語がおなじである以上、おなじ問題を問うよう誘惑してくるのである。

——ウィトゲンシュタイン

哲学の偉大な伝統に棹さすポパーにとって、哲学者たちがとりくむべき〈ほんとうの哲学の問題〉とは、社会構造から科学の性格にいたるまで、あるいは心身関係から無限や確率、因果関係の意味にいたるまで、さまざまなものであるべきだった。このテーマのいくつかはH3号室のドラマにも登場する。

ウィトゲンシュタインが〈問題〉の実例をあげろとせまったとき、ポパーがまずあげた例のひとつが「帰納」(「明日も太陽は昇るか」)であったのはむりもない。ポパーは以前、検証可能性の原則を攻撃するために帰納の問題を展開している。それはウィーン学団とのあいだを緊張させる原因になったものだった。また、一九三六年にポパーがモラル・サイエンス・クラブの「むじな穴」を訪問したときも、帰納がテーマだった。ポパーにとって、帰納問題は固定観念のようになっていた。かれは、この難問を解決したと自負していたからである。のちに晩年になって、ひとが帰納の問題をもちだすと、激怒するのがつねだったとつたえられる。みずから破壊しさった偶像を、ひとがふたたび組みたてようとするこころみと受けとるのである。

すでにみてきたようにポパーの批判によれば、ウィーン学団の検証可能性の原則は、帰納によって推論するために、まちがっていることになる。ポパーは意味のあるものとないものを区別し、科学と疑似科学を区別するため、検証可能性のかわりに反証可能性のテーゼをつかった。しかしこの反証可能性の原則にも、ほかから批判があらわれるのである。はじめはポパーの弟子で、のちに敵対するイムレ・ラカトシュなどは、反証されてもただしさが否定されない理論もあると主張した。偉大な科学理論のいくつかは、初期の段階で反証されても生きのびているからである。

また仮説そのものに問題があるからではなく、ときには、のぞましくない実験や、不適切である理由を説明して拒否したい実験もある。たとえば重力は引力であるというガリレオの理論をテストしたいと考えた科学者が、質量のことなる鉄の球を坑道に落としたとしよう。この場合、理論にそぐわない結果がえられることはある。しかしそれは鉄鉱石などの干渉要因が存在しているからである。一度だけ異例な結果がでたからといって、反証されたとみなして否定することはできない。ガリレオの理論の場合はそのくらい〈頑丈〉なものと考えられている。

さらにラカトシュは、たてられる予測の数や予測の大胆さだけにもとづいて仮説を判断すべきではないという異議ものべた。とくに、ほかの理論ではたてられない特有の予測は重要性が高い。それを考慮しないと、一つのテストが複数の理論を同時に確証することになってしまう。たとえば地上に静止していて、石を投げたとする。アインシュタインの物理学でもニュートンの物理学でも、石の落下地点についてはほぼおなじ予測をしめすだろう。しかし宇宙船から石を投げればそうはならない。二つの物理学で、それぞれ大きくことなる予測になるはずである。ともあれ、もしこのラカトシュの異議がただしければ、科学にはある種の主観的要素、あるいは社会学的要素がふくまれることになる。つまり一つの理論のただしさは、世界に対してだけではなく、並行して提示されているほかの多数の推測に照らして判断する必要もあると考えられるのである。

ポパーのほうは、自分の理論がこうしたいいがかりに太刀うちできると考えていた。しかしかれの仕事に対するなにより重要な批判は、つぎの点だろう。ポパーはその大言壮語にもかかわらず、ヒュームの帰納問題を解決していないというものである。ポパーを批判するひとびと、たとえばラカトシュのあげた例でいうと、ポパーはエッフェル塔から飛びおりてはならない理由をきちんとしめしていない。重力は引力であるという理論によって、塔から飛びおりたひとは地面に激突してつぶれることはすぐに証明できる。これは無数の事故や自殺によってもテストされてきたことである。いっぽうでポパーが指摘したように、つぎに飛びおりるひとにもおなじことが起こるかどうか、論理的には演繹できないというのもただしい。しかしすくなくとも、過去が将来を予測する助けになるということを信じないかぎり、飛びおりてはならない理由はなくなってしまう。いいかえれば、帰納で考えないかぎり、つぎに自分が飛びおりたら死ぬかどうかはわからないのである。

ポパーがこの異議をうまく処理できたかどうかはべつとして、ともかくかれはこれらの問題を言語分析で解決できるとは考えなかった。『科学的発見の論理』で帰納を考察したとき、すでにこの問題にたいするアプローチの概略をしめしている。だが英語圏の世界では、一九四六年の時点でまだほとんど知られていなかった。結局モラル・サイエンス・クラブの会合の二日後にラッセルにおくった手紙の文末で、ポパーは、過去二百年来の帰納問題の解決法を説明したいと申しでている。時間はかかりません、わずか二十分ですみます、というのだった。

また、H3号室でとりあげられたはずの哲学問題がもう一つある。まえにすこしふれたが、確率である。H3号室にいあわせた教官たちの多くは、確率が言語学的分析だけでは解決できない問題をおびていると考えていた。

ポパーは気分をほぐしたいとき、確率について考えるのが好きだった。ノートに方程式をなぐり書きしながら、何ページにもわたって考えつづけるのである。確率問題には、反証可能性の基準とむすびつくものがあった。

確率をとりあつかう量子力学は、当時の物理学ではかなりあたらしい分野である。量子力学では、個々の電子の運動は精密に予測できず、ある確率をもって予測できるだけであるとしている。もちろんポパーもこうした主張を否定しようとしたわけではないが、かれにとっては、反証可能性の理論に確率をどうとりこめるかが問題だった。たとえば「G・E・ムーアがクラブの会合に出席する確率は、十分の一にすぎない」といったとしよう。この場合、ムーアが会合にあらわれるかどうかでは仮説を反証できないようにみえる。ムーアがあらわれても、仮説がまちがっていたことにはならない。ムーアはぜったいあらわれないというわけではなく、あらわれる可能性はすくないと主張しただけだからである。

確率に関心をもっていたのはポパーだけではない。ブロード、ブレイスウェイト、ウィズダム、ヴァイスマン、シュリック、カルナップ、メイナード・ケインズ。多くの哲学の難解な領域とちがって、確率はわたしたちのだれもが理解し、日ごろのくらしであやつる概念である。ことに、あるひとびと、たとえば保険会社ではたらいているひとにとっては、生活の糧にほかならない。

競走馬のレッドラムがグランド・ナショナルに勝つオッズはどのくらいか？　サイコロをふって、六がでる確率はどのくらいか？　男性の喫煙者が八十代まで生存できるチャンスは？　二〇五〇年までに核爆弾で世界が壊滅する可能性は？　確率の概念はこうしたおなじみの質問に登場するが、じつは確率を説明することとくらい、とまどうことはそうない。

その根本的な理由はつぎのような点にある。確率は世界の客観的な構成要素なのだろうか、それとも世界で起きていることに人間が無知であるから、確率が必要になるのだろうか。

こういってもいいだろう。未来はほんらい、不確実なものなのだろうか。それとも、わたしたち人間の能力にかぎりがあるから不確実にみえるのだろうか。ケインズは第一作の『確率について』で、不確実性は人間の無知によるものだという見方にかたむいている。そして経済や、ほかのおおくのことがらは、確率がわかれば解きあかせると考えた。そこではあきらかな証拠、つまり明証性をもとに確率を考えることが役にたつという。

たとえば短距離競走のレースについて賭をする場合を考えてみよう。出場する選手が二人いて、一人は二十五歳、もう一人は五十五歳だとする。その条件しか知らなければ、若いほうの選手に賭けるべきだと思うだろう。しかしそのあと、若い選手はビール好きの喫煙者でひどく不健康であること、いっぽう年上の選手はオリンピックのもと金メダリストで、ビタミンを強化したきびしい食事療法をとっており、地元のジムで毎日ウェートトレーニングをしていることがわかったとする。この場合はオッズを調整しなおすほうがいい。だがここで、出場する選手そのものに変化があったわけではない。選手について、こちらのもつ知識が変わったのである。

ただ、これには反論もある。「コインを三回なげて、三回ともおもてがでる確率は八分の一である」といった文は、そもそも統計的真理、あるいは数学的真理にすぎない。「二と二をたせば四になる」とおなじように、実体験からは独立した論理的文にすぎないという見かたである。統計的真理は、こちらの知識や証拠が変わったからといって修正されることはない。サイコロをなげてくりかえし六がでるようなことがあれば、いかさまだとわかるだけである。いいかえれば「サイコロをなげて六がでる確率は六分の一である」というアプリオリな命題、つまり経験とかかわりない命題のただしさは、目のまえにあらわれたあたらしい情報によってそこなわれることがない。

ただ、この考えかたの弱点は、それがわかったからといって現実界におけるサイコロとわたしたちの関係に、なんの助けにもならないということである。カジノのテーブルでなげられるサイコロにお金を賭けて儲けたいという場合、数学上の一般的真理にこだわってもまるで役にたたない。これについてウィーン学団では、確率の「頻度解釈」という論点をとなえた。「このサイコロで六がでる確率は、二分の一である」という命題は、このサイコロを無限回なげた場合、そのうち五十パーセントは六がでるという意味である。しかしこれはあくまで確率の頻度解釈の命題であって、それじたいに満足できるものではない。わたしたちは無限にサイコロをなげた場合ではなく、つぎになげたとき六がでる確率はどのくらいかを知りたいのである。

ポパーは確率の問題をくりかえし考察している。一九三五年から三六年にかけてイギリスを訪問したときも、確率をテーマに講演している。さらに学者援助評議会に助成金を申請したときは、確率問題の専門家と称しているほどである。[訳注1]ポパーの生涯をつうじた課題は、ハイゼンベルクの不確定性の原理をはじめ、いわゆるコペンハーゲン解釈にみられる量子力学の主観主義とたたかうことだった。「主観主義」とよばれるのは、そもそも世界にはわたしたちがどうしても知ることのできないものがあると考えることからきている。たとえばわたしたちは、原子の粒子運動を絶対的な正確さで記録することはできない。粒子の位置か運動量のどちらかなら定義できるが、その両方を同時に定義することはできない。そこは確率で処理するしかないという理論である。

この問題になやまされたのはポパーだけではない。アルベルト・アインシュタインもである。神はサイコロをなげない、とかれは語ったほどである。世界は完全に規定されており、通常の因果法則に支配されている。理論的には粒子の軌跡を百パーセント確実にみとおせるはずだとかれは主張していた。晩年にいたるまでかれは、不確定性をなくす完璧な理論をさぐっていた。

ポパーの場合、自分の客観主義的な直観とハイゼンベルクの不確定性の原理の矛盾を、もっとべつのかたちで解決した。まず世界に確率というものがあることをみとめよう。しかし、だからといって世界が主観主義的なものであるということにはならない。わたしたちが確率を必要とするのは、わたしたちの無知のためではない。むしろ自然そのものに「傾向性《プロペンシティ》」が（ポパーは確率よりこのことばのほうを好んだ）存在するからである。傾向性は世界の客観的要素であり、電気とおなじように、じっさいに存在する物理的現実である。したがって、確率には確実性が存在する。

反証可能性についてはこう考える。「サイコロをなげて、六がでる確率は六分の一である」のように、「安定した傾向性」について語った文は、長期的に観察していけばテストできる。しかし「二〇五〇年までに、核による世界の破滅が発生する傾向性は百分の一である」のような「孤立した傾向性」の命題は、テストできないかもしれない。その範囲では科学から除外される。コインをなげて裏かおもてかを確認する作業や、双子が生まれる可能性はくりかえしテストできても、核爆弾によるハルマゲドンの可能性はテストできないのである。

ところでH3号室のあつまりでは、帰納や確率よりはるかにながい伝統のあるテーマが浮上していた。わたしたちは無限という概念をどう理解できるかというテーマである。

この問いは古代ギリシアにまでさかのぼる。紀元前五世紀の哲学者、エレアのゼノンは無限の概念について天才的な難問を提示した。ゼノンは、ふつう理解されているような運動と時間の概念は幻想にすぎないと考えていた。かれの証明によれば、運動はそもそもまったく不可能か、無限の時間を必要とすることになる。

かれが考えた名だかい二つのパラドックスには、競技トラックと徒競走が登場する。まず徒競走で、ランナーはスタジアムの競技トラックを一周走りきることができない。ランナーはまず一周の半分の距離を走り、つぎにのこりの半分を走る。だからトラックを一周するには全体のコースの1／2を走り、つぎに1／4を走り、そのつぎに1／8を走り、こうして1／32、1／64と無限につづけなければならない。のこったコースのながさはかぎりなくゼロにちかづくが、ゼロに到達することはけっしてない。このプロセスは無限につづく。競技トラックでなくマラソンでもおなじことである。したがってマラソンランナーはほとんど前進できない。スタートラインからある地点にたどりつくにはその距離の半分を走り、つぎにその半分を走る。こうして1／2、1／4、1／8とおなじく無限にくりかえすから、ランナーは論理的に、スタートブロックにとどまりつづける不運な宿命なのである。

ゼノンのもっとも有名なパラドックスは、二人の対照的なランナーによる徒競走のパラドックスであろう。ギリシアの負けしらずの英雄アキレウスと亀が駆けくらべをする。歩みのおそい亀は、アキレウスよりまえの位置からスタートする。亀がスタートした地点にアキレウスがついたときには、亀はすでにあたらしい地点にすすんでいる。アキレウスがそこについたときには、亀はさらにあたらしい位置にいる。これが無限にくりかえされると、いかに駿足のアキレウスでも、のろのろの亀においつけないことになる。

ゼノンのパラドックスの多くは、今日まで議論されてきた。アリストテレスが「潜在的無限」と「現実的無限」という区別をとりいれてかれのパラドックスを論じたことによって、哲学の伝統のなかで生きのこったのである。アリストテレスによると、わたしたちが理解できるのは潜在的無限だけである。たしかにトラック一周の距離はゼノンのいうように、こまかい部分にわけることができる。理論的にはつねに無限に分割できる。ただし、現実に無限の部分に分割することはできない。潜在的な無限部分をふくむとしても、現実的な無限部分はふくまないから、というのである。

過去二千年にわたって無限の概念を理解する枠組みになったのは、このオーソドックスな二元論であった。十九世紀後半にドイツの数学者ゲオルク・カントルが登場するまで、数学者は無限を手なずける方法、つまり理解できるかたちであらわす方法をみつけられなかったのである。

カントルはアリストテレスの区別にたちもどりつつ、潜在的無限だけでなく、現実的無限が存在すると論じた。まず大きさが等しく、一対一で対応する二つの無限の集合をおく。数字の一、二、三、四、五……で構成される集合Aは、一、五、十、十五、二十で構成される集合Bとおなじ大きさである。一は一と、二は五と、三は十五と、一対一で対応できるからである。こうした一対一の対応によって、無限の神秘と複雑さがあらわになってきた。とくにカントルは、じっさいの無限を数学的に厳密に処理できることを証明したと自負していた。

しかしこの方式はあたらしいパラドックスをもちこむ。そのパラドックスをしめしたのがバートランド・ラッセルである。かれはローレンス・スターンの小説『トリストラム・シャンディ』[訳注2]を例としている。この小説で、シャンディは生涯の二日間を語るために二年をついやしている。そしてシャンディは自伝を書きおえられないのではないかと心配していた。ラッセルはここから、なんとも奇妙な論理をひきだしてくる。カントルの数学をもちいた場合、もしシャンディが無限に生きたら、自伝に書きとめられない日は一日もなくなるというのである。二十歳の誕生日に自伝を書きはじめ、最初の二日の自伝を書くために二年間をついやすとする。おなじペースでつづけると、どんどん遅れる。だが一対一の対応はずっとたもたれたままである。つまり生涯のすべての日に、自伝を書くための期間が対応して存在する。

年齢二十〜二十一歳　一〜二日目
年齢二十二〜二十三歳　三〜四日目
年齢二十四〜二十五歳　五〜六日目

無限に生きるトリストラム・シャンディは、一生のすべての日の自伝を書くことができる。

一九四六年には、潜在的無限と現実的無限がどちらも存在するかという問題について、まことに活発な議論がおこなわれていた。そしてこの問題は、H3号室でもとりあげられたことがわかっている。

訳注

［1］　ハイゼンベルク　Heisenberg, Werner Karl（一九〇一―七六）　量子力学を創始した物理学者。一九二七年に不確定性の原理を提唱。粒子の位置と運動の両方を同時に定義することはできない、観測可能な量のあいだの関係だけを問題にするべきであるという確率論的な解釈（ボーアの理論とともに、いわゆるコペンハーゲン解釈）を確立した。これについてはアインシュタインのほかシュレーデ

ィンガーなども反対の立場をとり、多くの研究者による議論がなされてきた。

［2］『紳士トリストラム・シャンディの生涯と意見』　十八世紀アイルランドうまれの作家、スターンSterne, Laurence（一七一三―六八）の長篇小説。饒舌で、諧謔的な笑いにみちた作品。中流紳士が生涯を回顧するという枠組みをパロディーとして、シャンディの誕生以前からえんえんと書きおこしていく。

第二〇章 「悪しき哲学者」対「大嫌いなテーマ」

モラル・サイエンス・クラブでひときわばかげた講演があったあと、ウィトゲンシュタインがこう叫んだのをおぼえている。「こんなことはもうやめにすべきだ。悪しき哲学者たちというのは貧民窟の家主のようなものだよ。あの連中を一掃するのがぼくのつとめだ」。

——モーリス・オコーナー・ドゥルーリー

H3号室のあつまりについて、ポパーは自伝『果てしなき探求』で自分の姿勢をはっきりしるしている。「なにかを期待してケンブリッジに出かけたことはみとめる。ウィトゲンシュタインを挑発して、哲学にはほんとうの〈問題〉など存在しないというテーゼをいわせ、その問題でたたかおうと思っていた」。そのテーゼ、つまり哲学上のほんとうの問題は存在せず、あるのは言語的な謎《パズル》だけであるというテーゼは、ポパーの「大嫌いなもの」の一つだった。

H3号室で哲学の論争がどんなふうにくりひろげられたかを正確に再現することはできない。しかし議事録やポパー自身の説明、目撃者たちの証言、またポパーがロンドンに帰った翌日ラッセルにおくったうやうやしい手紙などを、手がかりとしてみていくことはできそうだ。

ポパーによれば会合で自分は、たんなるパズルや謎かけではなく、哲学におけるほんとうの問題というものが存在するとのべた。するとウィトゲンシュタインがわりこんで、「その謎かけについて、また哲学の問題が存在しないことについてながながとしゃべった」という。こんどはポパーが、やりかえせとばかりにウィトゲンシュタインの話にわりこんで、かねて準備してあった哲学の〈問題〉を列挙した。潜在的無限と現実的無限の存在について、帰納と因果関係について、などすべてをならべてみせた。だがウィトゲンシュタインは一蹴した。無限の問題は、数学の問題にすぎない。無限をあつかう方法でカントルが数学者を満足させたかどうかは関係ない。帰納について「ウィトゲンシュタインは、哲学の問題ではなく、論理学の問題だとはねつけた」。

議論のある時点で、ラッセルがポパーのがわにたって発言し、イギリス経験論の哲学者ジョン・ロックのことばをひいたという。どのことばだったかは推測になるが、たとえばロックが問いかけた、個人としてのアイデンティティーの問題だったかもしれない。これは、現在のわたしと三十年前のわたしがどうやって同一人物といえるかという問いである(ロック自身はこの問いに、心と記憶が連続しているということたえをだしている)。

あるいは、一次性質と二次性質についてのロックの区別だったかもしれない。一次性質は対象そのものに存在するが、二次性質は観察者のがわに存在するというロックの理論である。たとえば、ものの形は一次性質で、色は二次性質である。だれもみていなくても四角形は四角形だが、それが赤いかどうかは観察者がいて、その知覚によって赤いとうけとめられるかどうかによる。一次性質とちがって、二次性質は、意識する心を考慮にいれないと理解できない。

しかしラッセルが引用した可能性がいちばんたかいのは、生まれつきの知識はないというロックの主張だったのではないだろうか。人間のすべての知識は経験によって生まれたもので、心は経験によってさまざまな観念をつくりだす。人間が直接つかうことができるのは、こうした心の観念(ラッセルの用語では感覚データ)だけだという論である。ただこれがみとめられるとすると、あらたな〈問題〉が発生する。ひとは自分の心の外にあるものについてどうすればたしかな知識をもてるのか、他人の心やそのほかのことがらをどうやって知ることができるのか、という問題である。

いずれにせよ、ポパーは議論のさなかにラッセルがロックをもちだしたことで助けられた。そのことを手紙で感謝している。手紙ではさらに、講演の本来の内容についてくわしくのべている(こうもこまかに書いているということからみて、じっさいの講演では自分の主張を疑問の余地なく展開することができなかったにちがいない。ポパーの場合、ひとに対してはいつも、主張を疑問の余地なくのべるようにともとめるのだったが)。

ポパーの批判の核心はつぎのようなものである。もしウィトゲンシュタインが「あるものが、すべて赤であると同時にすべて緑であることは可能か」といった形式の問いを哲学から追放しようとするのなら、その根拠をあきらかにすべきである。みとめられる命題とみとめられない命題を区別するなら、その意味についてなんらかの理論が必要である。そしてそれはただの〈謎〉でなく〈問題〉であるはずではないか。

ウィトゲンシュタインはそこに謎しかないと断言する。が、それじたい哲学的な申したてではないかとポパーはいいきるのである。なるほどウィトゲンシュタインの主張はただしいかもしれない。が、それをただ断言するだけでなく、そのただしさを証明しなければならないはずだろう。そして証明しようと思えば、ウィトゲンシュタインはほんとうの〈問題〉についての議論にまきこまれざるをえないだろう——それはつまり、意味のあるものとないものの境界について、自分の考えかたの正当性を精密にしめすという〈問題〉である。したがって、たとえかれからみて大部分の哲学が〈問題〉ではなく〈謎〉にすぎないとしても、すくなくともここに一つは〈問題〉が存在するはずではないか。

ウィトゲンシュタインはこの異議をあらかじめみとおしていた。だが、そのこたえは沈黙だった。『論考』にあるように、言語と世界のあいだには絵画であらわせるような関係が存在する。しかしこの関係そのものを絵画でしめすことはできない。したがって、意味あるものと意味なきものの境界を明確にしめそうとするこころみは、それじたいが、この境界そのものをこえようとすることなのである。「語ることができないものについては、沈黙しなければならない」。

第二一章　「火かき棒事件」の夜を再現すると

なにもかもアッパーカットのようにはっきりしているときに、超越論的なんとかといった駄弁はやめよう。

——ウィトゲンシュタイン

あらためて、事件当夜の状況をまとめてみよう。哲学にとって根本的な議論がくりひろげられた。ポパーとウィトゲンシュタインは、ともに哲学の将来に個人的な責任を感じていた。対立するその二人のあいだには、文化的にも社会的にも政治的にもはっきりしたちがいがよこたわっている。そしてポパーはウィトゲンシュタインに偏執的なこだわりをもち、いっぽうウィトゲンシュタインのほうは自分のことしか考えていない。かつ、二人ともおよそ容赦のないコミュニケーションスタイルをとる。かつ、どちらも父のようなラッセルと複雑なかかわりをもっている……。

このなにもかもがH3号室のあつまりという「るつぼ」になげこまれたら、大爆発はまぬがれようがなかったろう。火かき棒はただの導火線にすぎない。そのことはほぼ確実である。またこの二人はどちらもどちらで型破りの人物だが、一人はあまりに人間的で、一人はあまりに非人間的だったということもわすれてはならない。

だが、まだ一つ疑問がのこっている。この会合についてのポパーの説明はほんとうなのか。うそをついてはいないかということである。

あの夜のできごとを再現する場合、いくつかの事実関係についてはほぼまちがいなく確認できる。たとえば、参加者たちが会合場所まであるいていったケンブリッジの大学構内のようすなどは、その一つである。

この秋の日の夕暮れはいつになく冷えこんでいた。しんしんとした冷気があたりをつつみ、リューマチで関節が痛んだひともいたことだろう。ケンブリッジは「沼地大学」という異名があったほどで、赤ら顔の学生スポーツマンにとってさえ、寒い夜だったにちがいない。イギリスは戦争には勝ったものの、まだまだ戦後の窮乏にあえいでおり、よけいに冷えびえとしていた。

街路も講堂も、大学の中庭も、軍隊から復員したてのひとびとでこみあっていた。ノルマンディーの浜をかけあがり、ビルマの密林で必死にたたかってきた二十三歳の元大尉がいた。捕虜収容所がえりでまだ青白い顔をした元空軍の機上射手がいた。食料と石油を輸送する駆逐艦で四年間をすごした、元海軍大尉がいた。炭鉱の熱と泥をまだ記憶からぬぐいさることができない兵役炭坑夫がいた。戦争がえりのこうしたひとびとが、熱心な学部生として大学にかよいはじめていたのである。めあては二年間でとれる「戦争学位」だった。卒業したらさあ実社会、という心づもりである。これらの顔ぶれにたちまじると、高校からまっすぐ進学してきた学生たちは、いかにも線のほそさが目についた。戦争という「ビッグショー」をみのがしたことを、よろこんでいいのか、ざんねんに思うべきなのか。ナイツブリッジでおきた災難の話題にくわわっても、それがハロッズ百貨店付近のナイツブリッジ交差点でおきた事故のことではなく、砂漠の戦闘の話だったりするのである。「生きる歓び」など、学生の表情にはまずみられなかった。毎日の生活で、なにもかもが窮乏していた。戦時中よりひどいと、かれらはこぼすのだった。いまやパンまで配給制になっていた(戦時中は暴動をおそれて配給制にしていなかったのである)。燃料の配給もたりない。田舎に広い土地をもつトリニティーでは、ときおりウサギや鹿肉の蒸し煮がでた。そうしたゆとりもない大学は、骨を煮込んだ「貧乏人のシチュー」をだしたものである。教官たちはぜいたくなことに鳩のパイに舌つづみをうっていたが、学部生たちはそうはいかない。いつも腹をすかせている。しかたなく明けがたに起きて、ロールパンやケーキを買う列にならんだ。ロンドンからはこばれた品物が広場の市で売られていたのである。退役軍人たちは軍のクラブや将校ラウンジ、食堂、軍の売店などを思い出しては、自分でも思いがけないノスタルジーを感じたりするのだった。ローズ・クレセントにある健康食品の店では、ナッツのケーキがいつも売りきれになる。大学の祝祭パーティーでも、参加者がもっと食べ物をもとめて席をはなれることが多かった。会合の翌年キングズカレッジでパーティーがひらかれたときなど、大学の記録にこうある。「食べ物はすくないのに、アルジェリア産のワインはいくらでもあった。当然のなりゆきとして、だれもかれも千鳥足になった」。

火かき棒の会合があった一九四六年十月二十五日は、ややこしい論理学上の問題（あるいは謎）に興味がない学生たちにも、べつの楽しみがあった。政治に関心のある学生であれば、大学労働クラブをのぞくとよかったろう。新しい労働党政府の成果について、国家保険大臣ジェームズ・グリフィスがおこなう演説に耳をかたむけることができる。朗々たる演説で知られるグリフィスはウェールズの渓谷出身で、もとは坑夫だった人物である。演説のあと、半パイントばかりの水ましビールを飲んでから大学にもどっても、十一時の閉門にまにあう。もちろん、まにあわなくても門をよじのぼる手がある。たいしてむずかしくはなかった。

あるいはBBCラジオの軽音楽番組もある。ヴィクター・シルヴェスターの室内オーケストラが「ダンスクラブ」むけに、テンポの一定した曲を演奏していた。あるいはもっとおかたい内政番組もある。こちらは電力産業の国営化問題が議論されていた。政府は経済計画を導入するため鉄道や鉱山、航空事業などの基幹産業およびサービスを国営化すると発表しており、電力産業の国営化はこの計画の一環だったのである。さらにそのころ登場した教養番組である第三プログラムもあった。チョーサーの『カンタベリー物語』の朗読を聴き、そのあとパリから伝えられる、最近のフランス小説の朗読に耳をかたむけることができた。ロンドンまで出てもいいというクラシック音楽ファンには、ブルーノ・ワルターがロイヤルアルバート・ホールでモーツァルトの交響曲ト短調を指揮している。ワルターはポパーの遠縁の親戚で、またかつてウィトゲンシュタイン宮殿に親しくむかえられた客でもあった。この夜の演奏は批評家たちから手ばなしの賞賛をあびている。

新聞は戦時中とかわらないほど薄い。それでもドイツでゲーリンクが毒薬を飲んで、絞首刑をまぬがれたことは報道されている。ゲーリンクは、国際戦争犯罪者裁判所からナチの重要戦犯として死刑を宣告されていたのである。ニュルンベルク刑務所の独房はつねに調べられていたことを考えると、どうやって毒薬を手にいれたかは謎である。ドイツでは、東西対立の最初のきざしがあらわれている。アメリカはなんとかドイツ経済を復興させようと苦心しており、ベルリンでは緊張がたかまりはじめていた。いっぽう、当時ニューヨークのクイーンズ地区、フラッシングメドーにあった国連では、加盟国の代表たちが核エネルギーについて話しあっている。あるいはイングランドのクリケットのヒーロー、ハットンとウォッシュブルックの二人がサウスオーストラリア・チームを相手に、試合開始からじつに連続二百三十七ポイントの得点をあげた。疲弊しきったイングランド人の心をはげます大活躍である……たしかにイングランドはつかれはてていたろうが、まだそのつかれをしめす余裕はあったようだ。『タイムズ』紙の個人広告の欄をみると、苦境にある読者層のようすがにじみでている。いろいろなものが売りにだされている。足元までたっぷりとどく毛皮のコート、陸軍の制服二着、一九三三年型のロールスロイス、金時計。そのいっぽうで、かわらぬイングランドの顔もうかがえる。教区牧師、主教ノ推薦状アリ、大住宅ニ居室ヲ求ム——きっと大家族だったか、交際範囲のひろい人物だったのだろう。

さて、ここまではまちがいない。しかしモラル・サイエンス・クラブのメンバーにとって、この夜の主役はなんといっても、ウィーンをはなれてきた二人の亡命哲学者だった。はるか二十年以上まえ、この二人はリンクシュトラーセですれちがったこともあったかもしれない。それから人生のさまざまな変転をへて、ついに今宵イギリスの、学問的名誉をきわめた舞台で直接対決するにいたった。

わたしたちはこの一夜、はたしてじっさいに何がおきたのかをパズルを組みたてるようにみてきた。ただポパーとウィトゲンシュタインがきわめて対照的な精神状態で、およそことなる目的を胸にしていたことも理解しておく必要があるだろう。ポパーにとって、この会合は戦闘である。最高潮の瞬間がここにおとずれると思っていた。いっぽうウィトゲンシュタインにとってこの会合はたいくつな仕事、一つの義務だった。つまりクラブと哲学が〈問題〉のたぐいに汚染されないようにするという義務である。

ポパーがその十年ほどまえにモラル・サイエンス・クラブで講演したときは、ウィトゲンシュタインの風邪のせいで顔をあわせることなくおわった。またそのころは状況もかなりちがった。一九三六年当時、オーストリアでポパーはまだ職がなく、教師をしている妻の稼ぎをあてにしながら大学の常任ポストをさがしていた。しかしこの時期のウィーンでユダヤ人であることは、そのために資格を剥奪されるところまではいかなくても、常任の職をみつけるには障害だったろう。ポパーは金もなく、まずしい地区に住み、成功できないことに「自意識過剰」になっていた。

しかし十年後のいま、ポパーは順調に成功への道を歩んでいた。しっかりしたポストも得て、自信をもち、自立した哲学者としての声をもつようになっていた。なにより、イギリスというかれにとってたいせつな土地で、ついにみとめられたのである。自著『開かれた社会とその敵』の翻訳がようやく一九四五年の十一月にロンドンで出版され、ポパーはニュージーランドから到着すると敬意と賞賛をもってむかえられた。このときすでに四十三歳。イギリスの大学は四十五歳以上の人物を講師にむかえたがらないのではないかとポパーは心配していたので、最後のチャンスだった。

政治学者で古典学者のサー・アーネスト・バーカーは、『サンデータイムズ』紙で『開かれた社会とその敵』を評し、こう敬意を表している。「古典学の学識、科学的なするどさ。そして論理的な緻密さと哲学的なひろがりがゆたかにあふれた力作」。歴史家のヒュー・トレヴァー＝ローパーも書いている。「時宜をえた、かがやかしい業績。同時代の社会学でもっとも重要な作品……。(ポパーは)人間の選択と意志の重要性をとりもどした」。

ただ、すべての書評で熱烈にむかえられたわけではない。『タイムズ・リテラリー・サプルメント』の無記名書評は(『タイムズ』のハロルド・スタナードの筆だった)、「プラトンへの有罪宣告」というタイトルだった。「ポパー博士の書物は、この時代の産物である。いま時代が熱意に燃え、批判的になり、熱望していることとおなじ傾向を、この書物もしめしている。真摯さ、独断的な見解、射ぬくような批判力と知的傲慢はその強みと弱みである。ともあれ、どれをとっても時代の典型的な兆候をしめす一冊になった」。H3

号室のあつまりの半年あと、一九四七年四月には、ギルバート・ライルもおなじ方向で批評している。場は『マインド』誌であった。だがライルはいっぽうで賞賛している。「力づよく、重要な著作。もっとも影響力をもつ政治理論のうしろにひそむ独断的な理論のかずかずを批判し、人間にかかわることがらを実践する場に力づよい影響をあたえる」。しかしそのいっぽう、著書のトーンはおおいに疑問だとする。「精力的な、ときには悪意にみちた」酷評で、「読者の注意をそらしてしまう」危険がある。ポパーの論評は「金切り声になり、ほんらいの力をうしなってしまう。（中略）批判相手の特徴である下品ないいまわしをもちこむのは、思想の自由をとなえる筆者としては悪しき戦術ではないか」。ウィトゲンシュタインは、『マインド』はぜったい読まないとつねづね語っていたが、それでもライルの書評のことは知っていて、うんざりしていた。その理由はほとんど確実である。ライルは読者にこう助言していた――「ウィトゲンシュタインの秘教主義について、興味ぶかくかつ重要な洞察をふくむ脚注がある。これを読むのをわすれないように」（「秘教的」というのは、『開かれた社会とその敵』の長い脚注で、ウィトゲンシュタインをはげしく批判した個所につかわれた表現である）。

「力づよい」「悪意にみちた」「金切り声の」といういいまわしは、H3号室のポパーの発言にもあてはまるだろうか。たしかにこの晩ポパーが槍玉にあげたのは、ウィトゲンシュタインが哲学におよぼしている（とポパーが思う）破壊的な影響力だった。ポパーが最初に『開かれた社会とその敵』の出版をもちかけたイギリスの版元はケンブリッジ大学出版会なのだが、ウィトゲンシュタインをまもるために『開かれた社会とその敵』の出版をこばんだとポパーは信じていた。ポパーはその意趣がえしをのぞんでいたのかもしれない。通例、ケンブリッジ大学出版会が刊行をことわる理由はあきらかにされない。だが『開かれた社会とその敵』にかんしては二つの理由があったと、フォン・ハイエクがたしかな筋からつたえきいている。この情報はハイエクからゴンブリッチにつたえられ、ゴンブリッチからニュージーランドのポパーにつたえられた。一つは原稿が長すぎるため。もう一つは、プラトンをこれほど侮蔑した書物を出版すべきでないと大学出版会が判断したためである。ポパーはいう。「それでもわたしはこの〈プラトン〉は、三つのWのいいかえにすぎないのではないかとうたがっている――ホワイトヘッド、ウィトゲンシュタイン、ウィズダム[訳注1]」。

この晩ポパーが気にかけていたケンブリッジ大学関係者に、ラッセルがいた。ポパーは自分をラッセル哲学の後継者と自負していたし、ラッセルに自分を印象づけたいとねがっていた。それも対決の下地のひとつである。

ウィトゲンシュタインにとってこの会合は、過去三十五年間にわたってひらかれてきた会合の一つにすぎない。しかしかれの場合ケンブリッジ大学をうとみつつ、ブラックユーモアじみた気分でおもむいたことが正面衝突の可能性をたかめていた。ひと月まえにはこう書いている。「ここのなにもかもに嫌気をもよおす。かたくるしさ、わざとらしさ、ひとびとのうぬぼれ。大学の雰囲気には吐き気がする」。かれはいつも職を投げだしたいと思っていた。

さらに、ウィトゲンシュタインはへとへとに疲れきっていた。この学期のあいだ、学生相手にながい時間をさいていた。二時間の講義が毎週二コマ、自室のセミナーが週二時間。またノーマン・マルコムのためにひと午後をつぶし、エリザベス・アンスコムとワスフィ・ヒジャブのためにまたひと午後をつぶした。ウィトゲンシュタインはビタミンの効果を新発見して、疲労回復と気分転換にビタミンBをのんでいた。しかし飲んでも飲まなくてもおなじで、学生に教えたあとは、きまって神経がぼろぼろに消耗しつくしてしまうのだった。

かれはポパーを意識していただろうか？　いや、おそらくまったく気にもとめていなかった。会合まで、ウィーン出身のポパーのことも、相手が自分と対決しようと決意していることも考えなかったようである。数週間まえ、ニュージーランドではポパーに学んでいたとピーター・ミュンツが語ったとき、こうこたえている。「ポパー、知らないなあ」。同時代の哲学者に関心をもっていなかったことや、最近まであまりきかない名であったことを考えると、ほんとうに知らなかった可能性はたかい。

いずれにせよ、この時期のウィトゲンシュタインのノートをみると、かれがまったくくちがった哲学に関心をもってとりくんでいたこと（たとえば色彩語の文法[訳注2]など）、そして個人的な問題に心をうばわれていたこともあきらかである。医学部の学生ベン・リチャーズにウィトゲンシュタインは病的に固執していた。ウィトゲンシュタインが翌年の教授職を放棄してアイルランドにうつると、リチャーズはそこまで訪ねている。ウィトゲンシュタインはリチャーズに、アメリカの犯罪小説を読むことをすすめている。そしてリチャーズが訪れた日、暗号でこう書いた。「Bはわたしに気がある。でもそれは長つづきしない。……うまくいくかどうかはべつとしても。わたしにはわからない。この苦痛にたえられるかどうかもわからない。悪魔がこの絆をつくりだし、糸を手にしてあやつっているのだ。悪魔は絆をたちきることも、つづかせることもできる」。この暗号は、アルファベットのAのかわりにZを書き、BのかわりにY、CのかわりにXを書くものである。ウィトゲンシュタインは子どものころにこれを身につけ、ふつうのドイツ語とおなじようにやすやすとつづることができた。

ただ、リチャーズがウィトゲンシュタインに「気があった」とは思えない。ウィトゲンシュタインはひととの関係が、じっさいより複雑な意味をなしているように思いこむ傾向があった。リチャーズはのちに結婚しているし、同性愛者であったという証拠もない。いずれにせよH3号室での会の翌日も、ウィトゲンシュタインはおなじような文脈で愛の価値を考えつづけている。

愛は偉大な値うちのある〈真珠〉だ。心にいだく真珠は、なにものにもかえがたい。もっとも価値の高いものだ。愛を所有していると、どんなに大きな価値があるかわからせてくれる。愛がなにを意味するか、その価値を認識できるようになるのだ。貴重な石

ウィトゲンシュタイン（左）とベン・リチャーズ

をとりだすのがどういうことか、理解できるようになる。

ウィトゲンシュタインはこうしたことを考えながらH3号室の会合に出むいていた。ではこうした状況を念頭においたうえで、当日のできごとがどのような推移をたどったかをウィトゲンシュタインの内面を想像しながら再構成してみたい。それから目撃者の証言について考えてみよう。

やっと一人になれた！　ウィトゲンシュタインは昼のうちにウールワースの店で買っておいたトマトサンドイッチを食べた。［訳注3］空腹だからというより、トマトサンドイッチが好きだったフランシス・スキナーの思い出として食べていたのである。それから自分の部屋を出た。

歩いていくと、ちいさな踊り場と木製の急な階段がある。ウィーンのアレーガッセの家で、女中部屋のあった場所を思いだす。ちがうのは、あの家では折りたたみ椅子がこんなに乱雑にかさねられていたりはしなかったことだ。そもそもまぜてかさねることなど、なかったかもしれない。上級召使がそんなことをゆるさなかったろう。召使は椅子をならべなおす。デッキチェアはデッキチェアだけ、ガーデンチェアはガーデンチェアだけ。かさねたとしても、きちんと上下にならべ、かさねられた椅子が秩序だった列をなしていたはずだった。ところでこれはトマトとパンの記憶なのか、フランシスの記憶なのか。ある記憶がべつの記憶をひきだすのはなぜだろう。なぜ記憶は椅子のようにつみかさなっているのだろう。ところでクラブの話だが……。

ゆるしがたい、いやなんともゆるしがたい……。それにしても自分の心はいつもベン・リチャーズでいっぱいなのに、どうやってものを考えることなどできるのだろう。ベン……。ベンが自分とおなじように感じていると期待したのはなぜか？ それでもお気に入りの探偵小説、マックス・ラティン・シリーズの最新作は、ベンにも読ませた。会合は一時間半できりあげよう。さて、とトリニティーストリートにおり、左にまがる。

建物の入口で、なにかが学生をたちどまらせた。あの人はだれだっけ。あきらかに軍人の歩調だ。グレーの頭髪はみじかく刈りあげられている。清潔なみなり、鳥のようにするどいまなざし。上級士官が訪問にきたのかな。フェローにもどるのだろうか。いずれにせよ、ちょっとない集中力の高さ。その一瞬の印象がながくのこった……。

H3号室では、たった一つの暖である石炭の火が、長もちするよう灰をかぶせられ、ごくかすかな熱をはなっていた。ブレイスウェイトが火かき棒を手にとって、石炭がもうすこし燃えないかと、わずかばかりの灰をかきのけていた。かれの配慮はむくいられ、ほそぼそとした煙がたちのぼる。煙は目のまえで消えていった。照明のあかりをさえぎる遮光カーテンはやぶれ、うすよごれていて、昔からほとんど飾りけのないこの部屋のあじけなさをいっそうつよめていた。ブレイスウェイトは質問をしようと、ゲストのポパーのところにもどったが、相手はメモに没頭している。なにかドイツ語のひとりごとをつぶやいていたので、質問は宙にういたままになった。

室内につめかけたメンバーの数は、椅子の数よりも多い。だれもまわりに無関心にみえた。しかし、なにかを期待しているかのような雰囲気がある。ポパー博士の新著は、注目のまとだった。ガートンカレッジの哲学教授は、この本のプラトン攻撃がスキャンダラスだと考え、学生たちに読むのを禁じていた。いっぽう共産主義者や労働党左翼もこの本を攻撃したが、それはプラトンのせいではない。マルクス主義や計画経済にたいする攻撃のせいで、そちらに憤慨していたのだ。今夜のゲスト、ポパー博士はクラブの会長ウィトゲンシュタインとおなじウィーン生まれ。とはいえウィトゲンシュタインが哲学にとりいれた言語分析には、どうやらまっこうから反対しているそうだ。

まえからポパーを知っていたブレイスウェイトは、この晩が華ばなしい、危険な対決の場になると予言していた。予言は口づたえでひろまった。ジャガナート[訳注4]の車でもひき殺せないウィトゲンシュタインと対決できる人物、ついにあらわる。ポパーは、ウィーン学団関係で、ウィトゲンシュタインのとりこにならなかった唯一の人間だそうだ。かつ、たった一つの破滅的洞察で、かの学団を殲滅させたとか。しかもまだ三十代はじめだっていうのはほんとう？　ここにあつまったひとびとのなかには、この「衝突」のうわさにひきよせられた人間がいたのもたしかである――なにしろ過去、クラブのうやうやしい会合は一人の人物がえんえんとくりだす独演で支配されていた。そしてひそかに胸をふくらませる衝突期待組からみると、ゲストが口火をきった最初の一言は、まことに有望そうだった。

ポパーは会のはじまるのを待てないほどだった。エネルギーが高まり、アドレナリンの分泌量がふえ、心臓がどきどき鳴っていた。耳たぶをひっぱりながら、自分にどんなことが期待されているのかとまわりの雑談に耳をかたむけたり、気を落ちつけようとつとめたりした。なんといっても、まちのぞんだ瞬間である。自分が主役。世界のもっとも偉大な国で、ついに自分がみとめられる日がきたのである。かつて自分の『科学的発見の論理』がはじめて科学における方法論をはっきり解きあかしたように、『開かれた社会とその敵』は政治哲学をかえた。講演依頼はぞくぞくとまいこんでいる。ロンドン・スクール・オヴ・エコノミクスのポストは手はじめにすぎない。

そしてこの晩、ポパーは第三の勝利をおさめるつもりだった。言葉と戯れることが哲学であるなどと考えるゴミのような思想を追放し、その自己満足的な扇動家を追放すること。

そしてラッセル。そう、バートランド・ラッセル。かれはポパーのがわについている。そして二人ともが望んでいたこのたたかいに、自分はふさわしいテーマをえらんだとポパーは確信していた。反証可能性によるテスト、という概念をつくりだしたポパー。神から法則をさずけられ、そしていまも反証されえない大科学者ニュートンの部屋、すなわち現在のラッセルの居室につらなるにふさわしい人物がこれよりほかにいるだろうか。そしていま、そのポパーはカント以来最大の哲学者であるラッセルとともに、この部屋につらなっている。今夜、かれは勝利をおさめるだろう。そしてウィトゲンシュタインは謝罪するのだ。

これにまさる勝利をのぞみうるだろうか。ウィトゲンシュタインがあばかれ、偶像がたおされる。ウィーン学団の霊感のみなもと、ウィトゲンシュタイン。そして本人はいつも注意深く学団からへだたりをおいていた。宮殿をさまよう、孤独な天才。ウィーンのコーヒーハウスでは、ウィトゲンシュタインは実在しないというジョークがはやっていた。あわれなシュリックとヴァイスマンの想像の産物、「黄金の山」のように非在のもの。だが今宵、世界はウィトゲンシュタインがどれほどリアルな存在であるかを発見するだろう……。ポパーは聴衆をながめわたした。ユーイングはブーツのつまさきをみつめていた。ウィズダムは競馬新聞を読んでいた(これはたしかである)。ブレイスウェイトがはげますようにほほえむ。ブレイスウェイトの妻がスカートの脚を組みかえる。外国人らしい学生がいごこち悪げに椅子のうえで身じろぎをする。

そしてゲストは講演をはじめた。よくある謝辞のたぐいはまったく口にされなかった。この講演者は、自分がうけとった招待状の文言をまっこうから攻撃しはじめたのである。つまり「みじかいご講演、あるいはなにか哲学の〈謎〉から説きおこして、議論の糸口となるご指摘をたまわりたく」という表現である。きいていた元海軍士官は、フィッシャー提督の格言を思いだしたという――「まず攻撃せよ。はげしく攻撃し、攻撃しつづけよ」。そしてポパーは語った。「〈謎〉ということばをつかったこの執筆者は、おそらく知らぬまに（わずかな笑み）、ある陣営にくみしたのです」。

ゲストによればこのコメントは、場ちがいにならず、かるい感じでききながしてもらえるつもりだったそうである。しかしこの場にいあわせたある人物にとっては、かるい感じどころのはなしではない、挑戦の言にほかならなかった。決闘の合図が目のまえにつきつけられたのとおなじである。

ゆるしがたい、これはゆるしがたい。ウィトゲンシュタインはこれをゆるすつもりなどなかった。秘書個人が責任をもてるはずもない正式な招待状について、このなりあがり者《エンポアケムリンク》の口から、この愚劣な発言をきかされなければならないのか？　この「なりあがり者」ということばはウィトゲンシュタイン自身による。かれがめざしたのは、むだ口なしでまっすぐ本題にはいることだった。ウィトゲンシュタインはすぐ自分の学生である秘書の弁護にはいった。それも大声で、執拗に。ポパーは、ウィトゲンシュタインが怒っていると感じたという。この晩の「事件」は、起こるべくして起きたのである。

矢おもてにたたされた秘書のワスフィ・ヒジャブだが、かれはウィトゲンシュタインがすぐさま自分をかばって残酷なまでの猛反撃に入ったことに感謝しつつ、猛烈ないきおいでメモをとっていった。すばやいやりとりを必死でおいかける。嵐に荒れ狂う海から浜辺におしよせる波のように、二人の声はたがいちがいに高く、低くつづいた。

ポパー　ウィトゲンシュタインとその一派は、予備的なことがらをとらえて、それが哲学だといいはっている。その予備的な考察の外にでて、もっと重要な哲学の問題を考察しようとしない。

（ポパー、問題の実例をいくつかあげる。言語的表面より深くもぐらなければ解決できない問題の例）

ウィトゲンシュタイン　純粋数学や社会学にしか、もはや〈問題〉などというものはない。

（聴衆、ポパーの実例に納得していない。雰囲気に変化。室内、かつてないほどの激しい議論。声高に話す者あり）

ヒジャブの心を、ある思いがよぎった。この議事録を書くのはいつもより楽しそうだ。明日書こう。

しかしそのとき、一瞬の反射的動作のように、ウィトゲンシュタインの手が炉のほうにのびた。そして火かき棒をしっかりにぎった。棒の先端には灰と、わずかな燃え殻がこびりついていた。さきほどブレイスウェイトが炉の火を掻きたてたときのものである。ウィトゲンシュタインはこれを手にして、自分の語ることばのくぎりごとに、痙攣するように棒をつきだしはじめた。ブレイスウェイトは心配そうにそれを眺めた。まえにもウィトゲンシュタインが火かき棒をいじるのをみたことがあった。しかし今回はとくに興奮しているようで、体までぐあいが悪そうにみえる。ゲスト講師から反撃されることになれていなかったせいかもしれない。この会合ではいつも、ウィトゲンシュタインがエネルギー全開で場を独占するのがつねである。ひとは、かれの背後でこそこそと文句をいうだけだった。ブレイスウェイトはいきなり不安になった。火かき棒を回収すべきだろうか？　いまや、ことのなりゆきは、だれにもコントロールできなくなりはじめているようにみえた。

だれか（ラッセルだったか）の声がきこえた――「ウィトゲンシュタイン、その火かき棒を床におきたまえ」。

ウィトゲンシュタインは、蓄音機のレコードがちがう回転数でかけられているのをきくような苦痛を感じた。ひりひりした感覚がいつまでも消えない。しかし、なんという未熟な思考だろうか。じつにやりきれないのは、このリンクシュトラーセ出身の頑迷な学者が理屈にこだわって、ほんらい語れるものではないことを語ろうとしていることだ。まるで露天掘りの鉱山で地下坑道を掘ろうというつもりの男のよう。もぐっていける深さがまだあると信じこんでいる。やれやれ、それだけでじゅうぶん最悪だというのに、まして、自分のかかえるゴミをおもてに出すよう心をひらくつもりもないときている。自分でなにを口にしているかわかっていない。これはやめさせなければならない。腫瘍は切開して、とりさってしまわなければ。

いっぽうポパーは、心のどこかでこう思った。いささかやりすぎたようだ。明日になったら、自分をおさえきれなかったことを悔やむだろう。まるで、昔しくじったウィーン学団のあつまりのときのようだ（もっともウィーンのゴンペルツ・サークルの講演で失敗したときは、気の毒なシュリックに対して、自分が悔やんだことをついにみとめなかったのだが）。いまここにいる相手はまさに実物のウィトゲンシュタインである。だがいったい、どこのだれがこの相手を「神秘家」などと呼んだのだろう？　神秘家どころか、イエズス会の独断主義そのもの。しかもナチスのように激怒する。偏執的で誤解をまねくこの哲学。自分がまるっきりまちがっていると、この男はみとめるべきなのだ。あとひと押し、レンガをひとつはずすだけ。そうしたらこのむだ話の塔はがらがらと崩れるにちがいない。おっとこの男、なにを血まよったか火かき棒をにぎりしめたぞ。こちらの話をやめさせようと、突きだしてくる。音節ごとに、それにあわせて突き、突き、突く。「ポパー、君はまちがっている」。突き、突き、「まち・がって・いる！」

世話をやくものもないまま、炉の火はほとんど消えかかっていた。しかしだれひとり気にとめない。この場にいるのは温室にとじこめられたようなものである。でなければジャングルで、はびこる蔓にまきつかれたようなものだった。部屋のなかでは怒声がとびかい、ウィトゲンシュタインの弟子たちからはくりかえし発言がなげつけられる。かつてないほどつめかけた聴衆のうち、席がなかったひとびとは（文字どおりの壁の花）、一撃がくわえられるのを見のがすまいと手前におし出てきつつある。聴衆は目のまえがみえなくなるような混乱におちいっていた。文学好きのある学生は、マシュー・アーノルドの描写を思いだしたという。

闇におおわれた平原に
戦いと逃走のみだれた騒音がみちていく
なにも知らない軍隊が闇のふところでぶつかるように

この学生は考えはじめていた。後期は英文学専攻にかえようか。

しかし、しばらく見まもろう。「逃走」はただしい表現だけれど……。ウィトゲンシュタインはすでに火かき棒を投げすてて、その場に立ちあがっていた。ラッセルも立った。一瞬の静寂が室内をつつむ。ウィトゲンシュタインは話しかけた。

「あなたはいつもぼくを誤解するね、ラッセル」。ラッセルという発音はほとんど喉音のようで、「フラッセル」とひびいた。

いいかえしたラッセルの声はいつもより高かった。「ちがうよ、ウィトゲンシュタイン。ものごとをごっちゃにするのは君のほうだ。いつもごっちゃにするんだ」。

たたきつけられたように、ドアが閉じた。ウィトゲンシュタインの姿はドアのうしろに消えた。

ポパーは信じがたいものをみるように、ウィトゲンシュタインが座っていた椅子をじっとみつめていた。ラッセルが、ロックについてなにかを語っている。おれは勝ったのか？ ウィトゲンシュタインを部屋から追いだしたのか、もはやグウの音もでない状態で？ ウィーン学団を殺したように、ウィトゲンシュタインを〈殺す〉ことができたのだろうか。しかしかれが、自分はまちがっていると告白したといえるか。謝罪はどうなったのか……。

だれかがポパーに話しかけていた。ホストのブレイスウェイトの声だ。ふだんどおりていねいに、道徳的原則の実例をあげるようポパーにもとめているのだった。一瞬、火かき棒のイメージが心をよぎった。ポパーは道徳的原則の例をつげた。「ゲストの講師を火かき棒で脅さないこと」。ひと息おいて、だれかが笑った。こういうことは戦前にもあった。聴衆はポパーが冗談をいっていると思いこんだ。そうか、よかろう。おしえてやる。

質疑が再開された。が、こんどはいかにもひかえめな英国風の質問だった。どの問いにたいしても、ポパーはほとんど心ここにあらずというふうでこたえた。おれが勝ったのだろうか？ だれかが、まちがいなくウィトゲンシュタインの支持者であろうだれかが、罠をかけるような質問をした――「サー・キャヴェンディッシュ[訳注5]の実験ですが、秘密裏におこなわれたものは科学といえますか」。「いえない」。ポパーはあっさりかたづけて、ふたたび一騎うちの追想にもどった。ラッセルはおれが勝ったとみとめてくれるだろうか？

みとめるよな？

建物のそとでは、もう人気のなくなった街路に、静まりかえった巨大なチャペルがそびえていた。ウィトゲンシュタインはつめたい外気を大きくすいこむと、午後のセミナーでとりあげた謎について考えはじめた。漫画では風船形のふきだしにことばが書いてあると登場人物が「話をしている」意味になる。これが雲形のふきだしだと「考えている」意味になる。それはなにをつたえているのだろう？　キングズ・パレードの商店がある建物の、上のほうの部屋で、だれかがラジオを第三プログラムにあわせた。[訳注6]ひらいた窓から、わずかにウェールズのアクセントをのこすディラン・トマスの声がきこえた。歌うように、母音を丸めてはなす声。

八月の公休日。アイスクリームコーンの曲。ひたひたとよせる海、肌にざらつく砂。ひらいた日よけのファンファーレ。海水浴客たちは、ためらいながらいそいそとした声をあげ、みかけだおしの海にむかって踊るようにすすんでいく。ドレスをかかげて、ズボンをたくしあげて。ぴちゃぴちゃやるのもほどほどに、娘たちは日に焼ける、少年たちはふざけて騒ぐ。しずかに揺れるたくさんの風船……。

訳注

[1] ジョン・ウィズダム　Wisdom, John（一九〇四―九三）　ケンブリッジ大学の哲学研究者。ムーアが哲学教授を退任したのちは、ウィトゲンシュタインとともに後任候補の一人でもあった。

[2] 色彩語の文法　ウィトゲンシュタインの晩年のテーマの一つ。赤い、青い、など色をしめす語が日常生活でどのようにつかわれているかを分析し、その「文法」を考察した。

[3] フランシス・スキナー　ウィトゲンシュタインの恋人の一人。カップルとしてくらした時期もある。一九三〇年にケンブリッジ大学に入学、数学をおさめたが、学者としての将来をすてて工場で働き、一九四一年ポリオで夭逝した。ウィトゲンシュタインはスキナーの死後、はげしい自責の念にさいなまれたといわれる。

[4] ジャガナート　インド神話にあらわれる化身、クリシュナの像。この像をのせた車にひき殺されると極楽往生がかなうという。

[5] サー・ヘンリー・キャヴェンディッシュ　Cavendish, Sir Henry（一七三一―一八一〇）　十八世紀イギリスの物理学者・化学者。はばひろい領域の実験をつうじて、空気の組成や水素などの発見、分析をおこなったが、実験の現場を公開しなかった。なおキャヴェンディッシュ研究所はケンブリッジ大学に附属する物理学研究機関である。

[6] ディラン・トマス　Thomas, Dylan（一九一四―五三）　ゆたかなイメージを喚起する作品で、一九四〇年代の英国詩を代表する詩人。ウェールズのスウォンジー出身。『ディラン・トマス全集』田中清太郎他訳　国文社（一九七五―）、『ディラン・トマス詩集』松田幸雄編訳　小沢書店（一九九四）。

第二二章　真相解明に挑む

弁護士なら知っているように、証人とはまちがうものである……あるできごとで気に入った解釈がみつかると、じっさいに目にしたことでも、つい解釈でゆがめてしまう。よくあることだ。

——ポパー

さて、この事件では目のまえに結果があるわけだ……ではぼくの推理で、そこまでの筋道をちがったふうにみせてみよう。

——シャーロック・ホームズ
（サー・アーサー・コナン・ドイル『緋色の研究』より）

たしかに、ポパーの「冗談」でウィトゲンシュタインが部屋を立ち去ったのなら、ポパーの英雄的勝利はゆるぎないものになる。かれにとってこの知的決闘には、めずらしく個人的な要素があった。ポパーはねらいすまして発砲し、そしてまずまずの手ごたえをえた。傷ついた闘士は戦場を去り、リングにのこったのはポパーと、立会人のラッセルというわけである。

しかしさまざまな蓋然性を考えあわせると、はたしてウィトゲンシュタインが道徳的規則の実例をポパーに訊ねたりするかどうかは、うたがわしい。ピーター・ギーチと、ポーランド生まれの論理学者の故カシミール・レヴィはふたりとも、ポパーの自伝での記述を嘘だと非難している。プロとしては慎みを欠くものいいではあるが、かれらのほうに理があるかもしれない。ウィトゲンシュタインが訊ねた質問だとはじめは主張したサー・ジョン・ヴィネロットでさえ、あとでは疑問があるとみとめているくらいなのである。

議長は質問をしたものの、返ってきた軽口に腹をたてたか、まごついたかして、火かき棒をなげすてて部屋を立ち去ってしまった。だとすれば、それはもう劇的ななりゆきではないか。議事録に記されていないのはおかしい。それだけではない。『果てしなき探求』をさらにくわしくみていくと、ポパー説にはさらに疑問がでてくる。この自伝によれば、かれは準備してきた哲学的〈問題〉のリストをつぎつぎに提出した。だがウィトゲンシュタインはこうした〈問題〉を一蹴し、謎かけについて、〈問題〉が存在しないことについて、とうとうとしゃべったとある。ウィトゲンシュタインが質問をしたとは記していない。そのくせ急に、道徳的原則について訊ねたことになっている。まるで天から降ってきたようだ。対話の流れにまったくそぐわないのである。

ウィトゲンシュタインのいつものくせから考えれば、相手の講演をたえずさえぎっては攻撃したにちがいない。ポパーがあげたさまざまな哲学の〈問題〉、たとえば帰納について、また知覚をつうじてものごとを把握できるかどうかについて、潜在的無限や現実的無限が存在するかどうかについて、などを反駁したろう。しかし火かき棒についての道徳的原則が語られたのは、ウィトゲンシュタインが部屋を去ったあと、ポパーと、ウィトゲンシュタインの弟子のあいだで手さぐりのようにつづけられたやりとりでのことに思える。たとえばそこではサー・ヘンリー・キャヴェンディッシュについての質問がでている。これはピーター・ギーチの問いで、キャヴェンディッシュの実験を科学といえるかと訊ねて、ポパーを罠にかけようとしたものである。キャヴェンディッシュは水素などの原素の発見者として有名であるが、研究者としては秘密主義をとっていて、自宅には召使用の階段をべつにもうけ、顔をあわせなくてすむようにしていた。一生のあいだに口にしたことばの数は、トラピスト修道院の修道僧よりすくないだろうと噂されたほどの人物である。だがポパーの主張にしたがえば、反証可能で精密な検証をゆるす理論でなければ科学理論とはよべない。では「秘密裏におこなわれたなら」水素の発見も科学といえなくなってしまうのか。ギーチにつっこまれて、みじかく「いえない」とこたえたのには、そういう背景がある。

いっぽうウィトゲンシュタインとラッセルのやりとりを記録でふりかえると、ウィトゲンシュタインがこの会をはやく退出したきっかけがみえてくる。というのは、かれを個人的に傷つけることができる人がいるとすれば、それはラッセルなのである。もともとウィトゲンシュタインの性格から考えて、たんなる礼儀のために部屋にのこることなど考えられない。そして今週のあつまりでは、いつものように場を独占することはできなかった

――少なくとも、その主な理由がポパーにあったことはたしかだが。

ウィトゲンシュタインは議長ではあるが、たとえもっとおだやかな気分のときであろうと、会合からは早めに退席するのがふつうだった。しかし相手がとつぜん部屋を去ったことについて、ポパーが日ごろの慣例を知ろうはずもない。ウィトゲンシュタインはふだんから軍隊風につかつかと歩いたし、ピーター・ミュンツによると、ドアを静かに閉めたためしがなかった。前回A・J・エイヤーが講演したときなど、ウィトゲンシュタインはゲストとただのひとことも会話をかわすことなく、講演がおわるまえに退室してしまっているのである。出ていったようすは「騒がしい」ものだったとエイヤーは表現している。これでは十月二十五日のとき、ぴりぴりといらだったゲスト講師の目に、ウィトゲンシュタインが嵐のように部屋を立ち去ったとみえたのはむりもないことだろう。

しかしポパーにむけられた非難は、たんにかれの受けとりかたのちがいというだけではすまない。プラトンとマルクスを粉砕し、一国を代表する政治家達にたてまつられるようなトップクラスの思想家が、自身の伝記のなかで、それもごくきっぱりと筋道だった述べかたで嘘をついた、と非難されているのである。

嘘なのだろうか？　ピーター・ギーチはながらくポパーが嘘をついたと非難してきた。が、いまではこのエピソードをいくらか寛容な解釈でみるようになってきた。ギーチはシェイクスピアの『ヘンリー五世』を引用してみせる。アジャンクールの老兵をえがいた場面である。

老人は忘れるもの。とはいえすべてを忘れるのならよろしいが
あの日の自分の勲についてては
自分につごうよくおぼえているもの

この引用をみると一見ポパーを放免しているようにみえる。だが、じつはそれにはほど遠い。ここで問題になっていることをたとえていえば、まっこうから敵将の面を打ったという逸話が、じつは相手が戦場から去ったあとで背中をなぐるまねをしたにすぎないのか、ということなのである。だとすればヘンリー五世の心から勇敢な老兵よりも、ずぼらなフアルスタッフを連想させられる。

一見すると、ギーチは自分の考えとは逆の台詞をひいたようにみえる。ともあれ引用されたシェイクスピアの台詞では、アジャンクールの老兵たちはおのれのたたかいぶりについて、いくらか飾って(つごうよく)いうだろうとヘンリー五世は予言している。だがむしろ、ほかのことはみんな忘れても、それだけはおぼえているだろうという予言でもある。そもそも「老人は忘れる」、だから大目にみようというギーチの寛容さは、じつはポパーに対しては不当なあつかいである。くだんの自伝は、著名なシルプが編者になった『生ける哲学者ライブラリー』の第一弾として、劈頭をかざる書きおろしである。そしてポパーはまだ六十代のなかばにすぎない。著述活動に専念しようとロンドン・スクール・オヴ・

エコノミクスの教授職を辞してまもないころではあるが、まだこのあと大著を二冊出版する。あいかわらず精力的である。

『果てしなき探求』に、これに類する「あやまち」はほかにない。およそ老人の記憶の衰えをしめすものなどみあたらないのはあきらかだ。ことに十月二十五日についての説明は、異例なほどくわしい。くわしいだけでなくこの手の逸話としては唯一ながく、生きいきした個所でもある。まだ全巻のなかばなのだが、個人的な逸話はこれを最後にもうでてこない。そしてポパーはこのてんまつを記すときのことばえらびについては、ごくごく慎重に配慮しぬいているのである。手書きでなんども草稿を書きなおしている。たとえばケンブリッジをおとずれた理由。ウィトゲンシュタインを「そそのかすため、誘うため、おびきよせるため、挑戦するため」などいいまわしの候補をあげ、最後に「挑発するため」をえらんでいる。

つまり火かき棒事件のくだりは、しかけたものなのである。物議をかもすことをポパーはよく承知していた。かれの文書庫に日付のないメモがあり、ドイツ語でなぐり書きがしてある。『果てしなき探求』の重版に際した訂正文と思われる。あの会合にラッセルが出席したとあるのはまちがっているという批判がでたため、反論している。また、あの会合に出ていたマクレンドン教授による説明を、ポパーが論評した手紙もある。これは一九六八年五月のものである。ポパーはあのできごとについての自分の叙述をもう一度たしかめ、自分の記憶は「会合の日付をのぞいて、ごく鮮明である」と書いている。

ポパーはペンを走らせながら、自分がなにをしているか十分わかっていた。しかし、まちがっていると知りつつまちがえたのか、それとも自分の説を信じていたのか。このこたえは、ものごとにかかわるさいにポパーがとる姿勢をつうじて考える必要がある。『果てしなき探求』の全容をながめると、火かき棒の物語が核心になっていることがわかる。自分をどういう人間として提示するかという自伝の意図の核心である。ポパーは、ひろく信じられているもののみかたに挑戦するアウトサイダーとして自分をえがいており、対立をつうじて自己を位置づけている。この本の構想段階では、冒頭、まず火かき棒から書きおこそうかと考えた時期もあったほどである。かれにとってあの事件はなによりも、自分の輝ける勝利をしめすエピソードだった。マラキ・ハコーエンの信じるところでは「巨人対巨人の死闘で、自分が勝利をおさめた」とポパーは思っていたのである。しかし、さすがにこの話で自伝をはじめるのは自慢げにみえると考えてやめた。

かれがとかく自分を誇大にみせるくせがあるのはたしかで、あのできごとでもまず自分が主役だったと考えていたようだ。もともと自伝とは著者を舞台の中央にすえ、ヒーローとしてえがきだすものではある。それにしても『果てしなき探求』の場合、ポパーはウィトゲンシュタインという竜を退治したほか、二度も英雄になっている。まず論理実証主義をうちくだいた英雄である。「わたしはその責任をみとめざるをえないのではないかと思う」。さらに、ナチスの手におちたウィーンからフリードリッヒ・ヴァイスマンを救った英雄である。ここでも自分を美化している。

ニュージーランドの仕事は尋常な勤め口、ケンブリッジの申し出は亡命者のために用意された、歓待のしるしだった。わたしも妻もケンブリッジにいきたくはあったが、この歓待のポストはだれかほかのひとにゆずれるのではないかと考えた。そこでわたしはニュージーランドからの招きをうけることにして、学者援助評議会とケンブリッジ大学には、わたしのかわりにウィーン学団のフリッツ・ヴァイスマンをえらんでくれるよう要請した。双方ともわたしの要請をうけいれてくれた。

ヴァイスマンがケンブリッジにいけるよう、自分はことわったように読める。だがそのころポパーが書いた手紙にその裏づけはない。いずれにしても、ケンブリッジの臨時講師のポストは相手を特定したもので、はっきりポパーのためにつくった職だったのである。他人にゆずれる性質のものではない。のちにヴァイスマンが学者援助評議会の助成金とケンブリッジ大学の臨時講師というおなじようなポストを提供されたのは事実であるし、ポパーが学者援助評議会とケンブリッジ大学に、ヴァイスマンをつよく推薦したことも事実である。だがヴァイスマンにせよほかのだれにせよ、そのポストをもらえたのはポパーがことわってくれたおかげといえるわけではない。ヴァイスマンのほうは、推薦者のなかにポパーの名前をあげてさえいないのである。

またポパーは一九五二年の講義では、どうも誤解をまねきかねない表現をさりげなくつかっている。そちらも忘れてはいけない。「わたしが最後にウィトゲンシュタインに会ったとき」である。一度しか会っていないのに。

こうみてくると、ポパーはやはり嘘をついたのだろうか。おそらくもっともありそうなのは、想像力で記憶を――たとえ虚偽の記憶にせよ――かためあげてしまったということだろう。自分で自分の説をただしいと信じこんだのである。

ロンドンにある精神医学研究所の研究者、ピーター・フェンウィックはこう書いている。「知覚のなかでも、記憶はもっとも逆説的なはたらきをする。記憶はとても強力で、ごくとりとめのない印象でも保存している。すっかり忘れたと思っても、数年後に細部まで克明に思いだすことがある。それでいて、まったく違ったこともおぼえ込ませることができるので、なんとも信頼がおけない」。

ただしいものであれまちがったものであれ、あとからつけくわえられた情報は記憶の内容をかんたんにゆがめてしまう。起きなかったできごとを確信してしまうこともある。想像したできごとが、おそらくはたえずくりかえし想起されて、じっさいのできごとにかわって記憶される。するとそれを事実と思いこんでしまうのである。そしてほんとうの記憶はぬぐいさられてしまう。「いつわりの記憶がつくられる時期も、そのメカニズムも不明である。できごとが起きた時点で、脳の内部にいつわりの記憶がきざまれると考える研究者もいる。あるいはじっさいに起きたことについて図式のようなものがつくられ、じっさいには起きなかったことでその図式にかなったものが、あとからもとの記憶にはめこまれるという考えもある」。

おそらくウィーンで、そしてニュージーランドで、孤独な瞑想にふけっていたポパーは、ウィトゲンシュタインとの正面対決を想像したにちがいない。哲学的にも、個人としての事情からも、この対決に勝てばそれ以上ないほどのものをえられる。かれは慎重に準備し、くるであろう反論をあらかじめ予測しながら攻撃方針を考えぬいた。しかし、それでも予測できなかったことがある。おおぜいの学生たちのはげしい敵意と、その敵意にかこまれたなかに火かき棒が登場したことである。ウィトゲンシュタインが火かき棒をふりまわすという衝撃は、ケンブリッジ大学の聴衆のうけとめかたとポパーとではくらべものにならなかったろう。ケンブリッジのメンバーはウィトゲンシュタインには慣れていた。ただしそれでもあの晩は、ちょっとないほど興奮していたのだが。

そしてウィトゲンシュタインは、思いがけないことに退室してしまう。あきらかに、ほかのだれかが、なにかをウィトゲンシュタインにいったためである。たたかいは終わったのではない。勝ったのでも負けたのでもない。勝ち負けのつくまえに、たんに消滅してしまったのである。

ひとつのできごとも、これほど人目をひいた重要事になると、興奮に彩られた記憶でくりかえし作りかえられてしまうことがある。中心になる瞬間が抜き出され、いくども反芻される。いっぽうで記憶からうしなわれるできごともある。あるいはべつの順序におきかえられて、もっと満足できるかたちに作りかえられることもある。そしてあたらしい因果関係が作りだされる。このプロセスの結果がかたまって、そのできごとの記憶になるのである。

ポパーの自伝では、対決の日付をまちがえて記しているという問題もある。十月二十六日になっているのだ。だがこれはすぐに説明がつく。さきにふれたが一九六八年の手紙のころ、マクレンドン説についての感想をもとめられて、ポパーは当時のモラル・サイエンス・クラブの秘書に日付をたずねた。秘書はヒジャブの議事録をしらべたが、議事録はヒジャブが土曜日になってから書いたために、十月二十六日になっていたのである。ポパーがペン村の自宅に山積みにしていた数千の書簡や書類、講演記録、草案などを発掘してみれば、クラブのためにつくったメモを発見したはずである。ただしい日付は十月二十五日である。

あとひとつ、解明すべき問題がのこされている――バートランド・ラッセルはどういう役割をはたしたのか。ラッセルはウィトゲンシュタインと対立し、相手の哲学のありかたをまっこうから否定し、ウィトゲンシュタインの手から哲学を救うために、ポパーを戦場におくりこんだのだろうか。

人をひきつけるこの見解は、イヴォール・グラタン＝ギネスの文章にでてくる。会合のあとポパーがラッセルにおくった手紙から、うかびあがってきた解釈である。文面にはこうある。

あなたとある午後をすごしたこと、また晩のあつまりにおいてウィトゲンシュタインにたちむかった戦いであなたと協力できる機会があたえられたことは、じつに楽しいものでした。

おぼえていらっしゃるかと思いますが、あらかじめもうしあげたように、わたしの講演はあまり内容のないものでした。ですから、すこしべつのことをお話ししたいと思うのです。

あなたがロックをもちだしてくださったので、とてもたすかりました。じつのところ、これで状況はいまや、これ以上ないほどはっきりしたと思います。

ここから論理的な議論についてのべ、そのあとつぎのように書いている。

あのテーマをえらんだのはそのためです（つまりあなたの助言にしたがって、最終的にあれをえらんだのです）。

しかしこの記述はごくあいまいなものである。ポパーがラッセルにあらかじめ講演内容を話したのはあきらかだろう。しかしいつのことだろうか。会合の直前、トリニティーでお茶をのんだときだろうか、それとももっとまえだろうか。

ポパーがもし講演を文書にしておらず、たんに頭のなかで考えていただけだとすると、話はお茶のときにちがいない。その場合、きっとポパーは講演の内容を決定しきれないでいたのだろう。そしてなにをテーマにするか、最終的にラッセルの助言で決めた。だが『果てしなき探求』からはこうした印象をほとんどうけない。文書による裏づけもない。モラル・サイエンス・クラブでの講演の日どりが決まったあと、ポパーはラッセルに手紙を書いている（この手紙は文書庫にはのこっていない）。ラッセルは十月十六日にポパーに返事をおくり、金曜の午後四時か、土曜の朝に会おうと提案している。文体はかたくるしい。これにさきだって話しあいがおこなわれた気配はないし、講義のテーマについて話しあう必要があるといった様子もない。もし講演のテーマについて話しあっておくということであれば、会合の翌日、土曜という日どりが選択肢にあがるはずはないのである。

またポパーが会合後におくった手紙への返信で、ラッセルがこうのべたくだりがある。「わたしは終始あなたの味方でした。あの議論ではさほど大きな役割は果たしませんでした。あなたはご自身の戦闘を自力でたたかうだけの十分な力をおもちでしたから」。この文章に、あらかじめ共謀がおこなわれた形跡はない。「自身の戦闘を自力でたたかう」という表現からは、それ以前に自分がポパーのがわにくみしているという自覚がなかったことがうかがえる。自分がポパーをたたかいの場におくりこんだのなら、いまさら「わたしは終始あなたの味方でした」というのはいかにも奇妙にひびく。

しかしポパーの一文に謎がのこるのはみとめざるをえない。「あのテーマをえらんだのはそのためです（つまりあなたの助言にしたがって、最終的にあれをえらんだのです）」という個所である。だが、これはポパーが『果てしなき探求』で、講演のタイトルについて苦情をのべている表現と奇妙なほど酷似している。議事録の記述がおよそ正確ではないと指摘しているところである。

議事録にはわたしの講演のタイトルが「哲学の方法について」と記されている（会合のリストにもそうある）。だがじっさいは「哲学の諸問題はあるか」であった。わたしは最終的にその演題をえらんだのだ。

「最終的に」とはどの時点をさすのだろうか。それはあるいはラッセルとお茶をのんだときではなかったか。ラッセルはいたずらっ気をだしてタイトル変更をそそのかしたのではないか。だが印刷物を訂正するにはもうおそい。講演のはじまりにあたって口頭であきらかにされたため、秘書もうっかりしたのではないか。

いずれにせよ、会合にむけたポパーのノートに目をとおすと、どういう話をするかについてどれほど慎重に準備をしたかがはっきりみえてくる。つぎのようなテーゼは、かれの考えのあらましをつたえていないだろうか。「われわれは、理性的手法をつかってさまざまな問題にとりくむ学究の徒である。それは、ほんとうの〈問題〉ということだ。言語的問題や、言語的謎ではない」。

ついで内容構成がでてくる。「哲学における方法」と題されている。

一　このテーマをえらんだ理由
二　哲学的方法の歴史について
三　哲学における言語学的方法の評価と批判
四　哲学と方法についてのいくつかのテーゼ

このあとのページには多くの文が箇条書きにされ、ときにはページのふちまで書きつづけられている。なかにはこんな個所もある。「哲学は予備的問題から予備的問題へといきつもどりつしながら、道をみうしなっている。率直なところ、これが哲学ならわたしは哲学に興味をもてない」。つぎのページで自分の思考を組みたておわったことがわかる。そしてスピーチ部分にはいっていく。ここでわたしたちはカール・ポパー自身がじっさいに語ったことばをきくことができる。

「わたしは、哲学の〈謎〉についての議論をはじめるようにとのことで招かれました」とはじまる。そして謎についての分析がつづく。「疑似問題の言語学的分析方法。問題は消滅するか、ときには、哲学の性質についてのテーゼと組みあわされます。学問的理論ではなく、〈謎〉を一掃する活動というわけです。精神分析とも比較できるような、ある種の治療だとされるのです」。

ここからポパーは「哲学の〈謎〉」について、という招待状の文言を攻撃しはじめる。

招待状ではこれらすべてが想定されています。だからこそ、わたしはこの想定をうけいれることはできません。この招待状には、哲学の性格と哲学の方法について、かなりはっきりした見解がみられるようですが、わたしはこうした見解をもっていないからです。このような見解が想定されているために、わたしは多かれ少なかれ、この見解そのものを講演のテーマにせざるをえないのです。

ウィトゲンシュタインが最初に口をはさんだのはここにちがいない。そして、たたかいがはじまった。

これからみて、ラッセルが重要な役割をはたしたとは思えない。ノートはすべて、ロンドン・スクール・オヴ・エコノミクスの用紙に書きとめられている。このおぼえ書きをラッセルとのお茶のときに、あるいはキングズカレッジでのブレイスウェイトとの夕食のときに、あるいは午後八時半からはじまる会合で、書いたとは思えない。だからもっともありそうなことは、こうなる。会合でラッセルとお茶をのみながら講演について話しあった。たしかにポパーを支持する議論を提示した。そしてポパーは自分にとってのヒーローであるラッセルとの関係をつよめようと、いくぶんかはお世辞をまじえて、この会話の重要性を誇張したのだろう。

ポパーがラッセルにあてた手紙には詳細な議論と、相手をよろこばせようとする熱意がいりまじっている。ポパーはラッセルを、ヒュームやカントとおなじような地位にある哲学者と考えていたこともあって、この関係をひきつづき強めたいとねがって手紙を書いたにちがいない。ただしラッセルのほうはこの時点でも、その後でも、相手の熱意に応じるようすがなかった。やがてポパーは二人の関係がバランスを欠いていた点に失望することになる。

ただハイラム・マクレンドンは、事件の翌日である土曜の午後、師のラッセルと会ったときの話を伝えている。ラッセルはポパーが「野蛮に迎えられた」ことにおどろいて、すでに謝罪の手紙も書いたのだそうだ。そしてポパーについて「あつまった人びとをあわせたより大きな教養と博識をそなえた人物」と語ったという。しかし文書庫の記録からみるかぎり、ラッセルがポパーの手紙に返事をだしたのは、ほぼひと月たってからである。そしてそこには共同で勝ちとった勝利のことなど語られていないし、ポパーが書きおくった哲学議論も無視されている。

モラル・サイエンス・クラブの定例会は、大学の学期目録にのっている七つの定例会の一つである。その定例会で起こったこの事件は、第三の謎をひめている。第一は「ポパーは嘘をついたのではないか」。第二は「ラッセルはポパーをけしかけたのではないか」。そして第三は「じつのところ、ポパーはウィトゲンシュタインの後期哲学にかなりつうじていたのではないか」である。H3号室の議論をみると、ポパーは後期のウィトゲンシュタインにじつにくわしく思える。もともとウィトゲンシュタインは生涯をつうじて言語に魅惑されてはいたが、哲学をフロイトの精神分析のような「治療」活動と考えるのは後期になってからである。さらに〈謎〉ということばや、哲学の〈問題〉が言語学的なけいれんにすぎないという比喩も後期のものである。それでいてポパーはのちに、後期ウィトゲンシュタインについては知らなかった、前記ウィトゲンシュタインだけをターゲットにしていたと主張している。それも妙な話ではある——時代おくれのターゲットを攻撃していたとみずからみとめることもないだろうに、あるいはそれもいつわりの謙譲のつづきかもしれない。ポパーはウィトゲンシュタインが理論を変えていたことに「おどろいた」と語っている。とはいえ、あたらしい理論について調べていなかったはずはない。

ポパーがラッセルに手紙を書いたり、会合での対立についてまだ頭を悩ませているあいだ(「あんなウィトゲンシュタインに出会うとは思っていなかった」)、当のウィトゲンシュタインはもう哲学の考察にもどっていた。かれはいつもの暗号日記をつかい、日曜には四十八時間まえのできごとについて初の考察を書きとめている。「哲学における言語的観察を軽んじるひとびとは、概念についての深い混乱にまきこまれていることを自分でわかっていない」。

ではポパーと顔をあわせてみて、ウィトゲンシュタインのほうは相手をどう考えていたのだろう。わかりやすい証拠が一つある。会合の直後、ラッシュ・リースになぐりがきのメモを渡しているのだ。リースはウィトゲンシュタインの元の学生で、親しい友人になっており、ウィトゲンシュタインの死後、代表作『哲学探究』の英訳にも参加した人物である。[訳注1] ほとんど解読できないようなメモだが、こうある。「けがらわしいあつまり。ロンドンからきたロバ、ポパー博士が、およそ聞いたこともないような屑ばなしをながながとくりひろげた。わたしは例によってたくさん話した……」。ケンブリッジ大学にあるウィトゲンシュタイン・アーカイヴの管理者マイケル・ネドーは、ウィトゲンシュタインのことなら専門事典なみの知識の持ち主で、「ロバ」ということばがどういう意味かを説明している。かれによると、ドイツ語にはこういうことわざがある。「牛とロバは行動するだけだが、人間は約束することができる」。ウィトゲンシュタインはここから、なにも考えないで行動する人間を「ロバ」とよんでいたという。あるいはここではロバとは、「あまりにリンクシュトラーセの匂いがして、目にとめる価値もない」という意味かもしれない。

屑であるかどうかはともかく、ウィトゲンシュタインは三週間後の会合では、ポパーの議論に反論する必要を感じたようだ。議事録では、「ウィトゲンシュタイン教授のおもな目的は、ケンブリッジの大学で（すなわちウィトゲンシュタイン自身によって）おこなわれている哲学についての誤解をただすことにあった」と記録されている。さらにウィトゲンシュタインはこう断言したそうだ。「哲学の問いを一般的なかたちでしめすとこうなる。それは「わたしは泥のなかにはまりこんだ。道がわからない」というものだ」。

さて、ポパーの記述で奇妙な点があとひとつ残されている。火かき棒の会合をおえてロンドンに帰る途中のことが『果てしなき探求』にでてくる。ポパーは汽車のシートに腰かけて、二人の若者の会話をきいていた。二人はある左翼雑誌にのったかれの『開かれた社会とその敵』の書評について話していたという。一人がきいた。「ポパー博士ってだれ」。しかしこの左翼雑誌とはどれだったのだろうか。『開かれた社会とその敵』についての書評は、ほとんどが一九四六年一月にでている。十月の『ニュー・ステーツマン』誌に書評はない。『トリビューン』誌は一月にもう掲載してしまった。『ポレミック』誌は五月にヒュー・トレヴァー＝ローパーの書評をのせている。このポパーの「記憶」もまたいつわりなのだろうか？

訳注

［1］『哲学探究』の英訳　初期稿の英訳は、正確にはウィトゲンシュタインの生前、一九三八年にリースによって部分的に開始されている。ただ死後刊行された『哲学探究』の英訳版ではG・E・M・アンスコムが訳者として前面に出ており、リースは協力者として謝辞に掲載されている。

第二三章　すべてのものに栄光を

ある文がわたしに意味していることが、あなたにとってはちがう。しばらく外国でくらしてみるとか、外国人にたよってくらしてみれば、わたしの感じるむずかしさをわかってもらえるだろう。

——ウィトゲンシュタイン

ポパー自身の科学哲学には、このパラノイアの要素がふくまれていた。というのは、かれがつねに説いていたのはこういうことだったからである。真の理論にもっとも近い理論とは、まだこちらを裏切っていない理論である。ということは、どの命題もいつかは裏切るということなのだ。そしてわたしたちは、まだわたしたちを裏切っていないものにしがみついているのである。

——スティーヴン・トゥールミン

あれから五十年以上をへておとずれてみたH3号室は、いまもかわらず優れた学者たちの居場所であった。書斎は王立天文台長のサー・マーティン・リースと、経済史を専門にしているエマ・ロスチャイルドが共有している。エマ・ロスチャイルドの夫君はノーベル賞受賞者のアマーティア・センである。[訳注1] 書籍、雑誌、書類が壁中をうめつくし、床のたいらなスペースをことごとく占領していた。まえは居間としてつかわれていた部屋は、今でもきちんとしてここちよい印象である。ひじかけ椅子はいかにも長年つかいこまれた風格をみせている。ちいさなソファがあったが、これは当時のものではない。当時のソファは、ある教官に五ポンドで売却された。ウィトゲンシュタインがポパーを攻撃した記憶としての「沈黙の痕跡」をのこしていると考えて、ブレイスウェイトが売りはらったのである。

とはいえ一九四六年のあの夜のように、傑出した知識人たちがつめかけるにはせますぎるように思える。そしてあれほどの情熱をうけとめた場所としては、あまりに古びた学問の場という印象をうけた。

部屋のそとには数十年にわたってそのままに保たれてきた、世界でもっとも美しい都市景観のひとつがひろがる。ラッセルもウィトゲンシュタインもポパーも、この景色を目にしたはずである。ただ、いまではキングズ・パレード街にたどりつくまで、観光客の群れをかきわけていかなければならないかもしれない。大学は見学時間をもうけているのである。古くからあるキングズカレッジ・チャペルの歴史的なステンドグラスの窓を見あげて、ひとが立ちどまる。このステンドグラスは戦争直後、まだギブズ棟地下の物置きにしまいこまれていたものである。

ただ、H3号室や窓からのながめは変わらなくても、ケンブリッジであれどこであれ、いまもどこかであのときとおなじような議論がたたかわされているとは想像しにくい。火かき棒のできごとが独特なのは、いまはもう消えさった中欧の文化圏からやってきた二人の訪問者のあいだでおこったという点にある。民主主義をもとめるヨーロッパの絶望的な苦闘の直後、その荒廃した空気のなかで、またしても民主主義をおびやかす新しい脅威がうまれてくるなかで、あのできごとが生じた。

大きな問題にたちむかうときは、たんにそれがただしいからと主張するだけでは足りない。どうしても情熱がいる。いまはもう、そういう知的な焦燥感は霧のようにきえてしまった。寛容性、相対主義、自分の立場を決めることをこばむポストモダンな姿勢、不確実性の文化の勝利。これらすべてをかえりみれば、火かき棒のような事件はもうおこらない。それにおそらく、いまではあまりにも学問の専門化がすすんでいる。そして高等教育の内部にもあまりにたくさんの運動や分裂がある。重要な問題はうしなわれつつあるようにみえる。

一九四六年十月二十五日。あの夜「勝った」のはだれなのだろう?

民主主義がまだ新しいものである社会や閉じた社会では、『開かれた社会とその敵』はまだその新鮮さと妥当性をうしなっていない。いまでは三十をこえる言語に翻訳され、あたらしい版の出版もつねに計画されている。しかしイギリスやアメリカの場合、ポパー研究は大学の講義予定からしだいに消えつつある。かれの名はまだわすれられていないとしても、影がうすくなりつつある。これはしかしポパーの敗北というより、あきらかに成功

Ｈ３号室の暖炉　1946 年当時は、この火が室内で唯一の暖房だった。

の代価というべきだろう。

一九四六年当時、ひどく急進的できわめて重要とみなされたかれの政治理念の多くは、いまではひろく受けいれられた叡智になった。独断論や歴史的不可避性をポパーが攻撃したことや、寛容と謙譲をおもんじるかれの姿勢について、いまさら異論がとなえられることはない。したがって議論の対象にならないのである。しかし共産主義やファシズム、攻撃的ナショナリズムや宗教的原理主義。そうしたものがふたたびすがたをあらわして、開かれた社会のうえにたつ国際秩序を脅かすようになれば、ポパーの本のほこりをはらって、そこにある論拠を学びなおすべきだろう。かれがいいつづけたように、過去からつながる軌道のさきに、そのまま未来がのびていくわけではないのである。

『科学的発見の論理』は、二十世紀の科学哲学でもっとも重要な著作といえるだろう。ただしもっとも忠実な支持者たちも、反証可能性の強固な基準をつくりあげるには、複雑な作業が必要になるとみとめるようになっている。いずれにしても科学哲学の分野では、ポパーよりファイヤーアーベントとクーンの二人のほうが人気が高くなっている。ポール・ファイヤーアーベントは、科学哲学のほうから言語に関心をもち、どちらかというとウィトゲンシュタインにちかいアプローチをとっている。トマス・クーンは、世界をとらえる科学的枠組みが根本的に変わるときどういうことがおこるかを説明する「パラダイムシフト」ということばを生みだした。

ところで、妙なこともあるものだが、ほかのどの大学よりポパーにとって学問的な足場であったロンドン・スクール・オヴ・エコノミクスには、かれを記念するものがほとんどないのである。ポパーの書斎はトイレにつくりかえられている。しかしニュージーランドは、ポパーがわすれさられるままにはしないようである。かれの名前を建物や通りにつける計画が、クライストチャーチですすんでいる——おそらく禁煙区域になるだろうが。[訳注2]

これと対照的に、二十世紀の思想家のなかで、ウィトゲンシュタインをしのぐほどの評価をえた人物はいない。天才としての位置づけは揺るがず、こちらは哲学の「殿堂」入りしたのである。哲学の専門家たちにむけたアンケートが一九九八年にあった。哲学にもっとも重要な貢献をした哲学者をあげよというものである。ここではアリストテレス、プラトン、カント、ニーチェにつづいてウィトゲンシュタインがあがっている。ヒュームやデカルトより上位である。ウィトゲンシュタインの友人や支持者たちが知っていたかれの眼のするどいきらめきを、のちの世代もみつめている。タルムード学者たちが経典『トーラー』から智慧をとりだすように、新しい世代の哲学者たちもウィトゲンシュタインのテクストに没頭している。

しかし不思議なことに、かれの哲学理論にまつわる伝説は、作品にまつわる伝説とおなじように両義的である。かれの哲学的な発言の意味も、理論の内容も、なかなか理解しにくい。ウィトゲンシュタインをもっともきびしく批判するひとびとはいう。かれの影響は、かれの哲学的分析とおなじである。それは、すべてがもとあった状態にのこされるということだ。ウィトゲンシュタインは台風のように哲学の世界をふきとばした。だがひとたび去ってしまうと、すべてはもとにもどった。ウィトゲンシュタインはウィーン学団と論理実証主義にインスピレーションをあたえた。しかし論理実証主義はもう信頼をうしなっている。ウィトゲンシュタインはオックスフォードの言語哲学者たちに深い影響をおよぼした。だがかれらの方法はもう時代おくれになっている。ウィトゲンシュタインからポストモダンの哲学者につながる糸があるのはたしかだが、これについては、もし責任を問われたら本人も仰天するだろう。

ウィトゲンシュタインの考えかたのいくつかは、すっかり受けいれられたものになった。「意味とはつかいかたである」というウィトゲンシュタインの発想は、スローガンとして長もちすることがわかっている。ことばは、わたしたちのつかいかたをつうじて意味をもつのである。言語というものは、規則にさだめられたどの活動ともおなじように、わたしたちの実践や習慣、生活に根をもっている。

しかし言語は世界を映す鏡であるという幻想を、ウィトゲンシュタインのおかげで捨てることができたとしても、それでわたしたちがすべての問題から自由になったのかどうか？　ほとんどの哲学者は、そこを疑問に感じている。ウィトゲンシュタインの救出プロジェクトによって、たしかに、言語にまつわるある種の混乱はとりのぞかれた。それでも、わたしたちのすべての哲学の問いが、言語のつかいかただけから生まれるものかどうかは疑問である。たとえば、明日も太陽がのぼるかどうかは言語をこえた問題と考えざるをえない。哲学の専門家たちは、意識という神秘や、心身の問題についていまも考えつづけている。言語の分析だけでそれを解決できるとは思っていないのである。

ウィトゲンシュタインは〈謎〉があることをしめしてみせた。だが、哲学には〈謎〉しかないとしめしたわけではないと、ほとんどの哲学者たちは考えている。哲学の〈問題〉という一隅でたたかったポパーは、これを部分的勝利ととらえたかもしれない。ただ、もちろんかれとしては、ウィトゲンシュタインの無条件降伏しかみとめないだろうが。

二十世紀の偉大な哲学者のなかでも、ひとつの学派をつくりあげたひとびとはごくすくない。ポパーとウィトゲンシュタインは、その数すくない実例である。ラッセル学派とか、ムーア学派とか、ブレイスウェイト学派とか、ブロード学派とか、シュリック学派とか、カルナップ学派などが生まれる余地はないが、ポパー学派やウィトゲンシュタイン学派の哲学者は存在する。このことは、二人の着想の独創性と、その個性が放つ力を証明するものである。H3号室では、その二人のまれにみる特質があらわになったのだといえる。相手にむかって突きだされた火かき棒は、巨大な問題にただしい解答をもとめた二人の哲学者の、屈することがなかった情熱を象徴している。

それにしても、この物語の〈必要条件〉だった火かき棒はいったいどこへいってしまったのだろう? この本をつうじて、H3号室のできごとについては少しはっきりしてきたかもしれない。だが、じつは当の火かき棒のゆくえはまったく謎のままなのである。多くのひとがさがしたが、みつからなかった。ある報告によれば、リチャード・ブレイスウェイトが処分してしまったのだという。好奇心にかられた学者やジャーナリストが、さがしにこないようにするためだという。

訳注

[1] アマーティア・セン Sen, Amartya (一九三三―) インド、ベンガル州生まれ。ケンブリッジ大学教授。トリニティー・カレッジ学長。一九九八年にノーベル経済学賞を受賞している。ハーヴァード大学教授、オックスフォード大学教授などを歴任。

[2] 禁煙区域 ポパーはたばこの煙をきらっていた。本書でも紹介されたが、ニュージーランドからイギリスへ向かう船内でもたばこの煙に苦痛をうったえている。

[3] タルムード ユダヤ教の聖典で、本質的には口伝律法であるが、旧約聖書の解釈についての教え

が書かれている。読み手はみずからの特質において旧約聖書を読みとき、つねに聖句のなかにたちもどってくりかえし解釈しつづけるとされる。開かれた、汲みつくせないテクスト。

訳者あとがき

本書は *Wittgenstein's Poker; The story of a ten-minute argument between two great philosophers*, David Edmonds and John Eidinow, Faber and Faber, 2001（直訳：ウィトゲンシュタインの火かき棒——二人の大哲学者のあいだでかわされた十分間の議論）の全訳である。訳は Faber ＆ Faber 刊の初版を底本としてＤＶＡ版を参照したほか、著者による追記・訂正のプリント原稿を反映した。邦題は筑摩書房による。

この本は、三とおりに読むことができる。第一は、ウィーン出身の哲学者、ルートヴィヒ・ウィトゲンシュタインとカール・ポパーの二重評伝としての読みかたである。その切り口として冒頭、二人が生涯でただ一度対面した、ケンブリッジ大学モラル・サイエンス・クラブの講演会のようすが語られる。哲学の諸問題はあるか、というポパーの講演をめぐって、このとき二人のあいだではげしい議論がかわされた。『ウィトゲンシュタインの火かき棒』という原題がしめすとおり、議論のさなかにウィトゲンシュタインが手にとった、あるいはふりまわした（ともいわれる）火かき棒を象徴として、この議論の意味と「真相」をおう謎ときが本書のモチーフになっている。

評伝というと、ふつうは生いたちからはじまって青年期を読みすすむという、のどかな足どりを想像する。けれどこの作品はそうではない。かたん、と音がして、みるみる速度を上げていくジェットコースターのような緊迫したすべりだしで、わたしたち読み手はたちまちひきこまれる。この「火かき棒事件」そのものは、先行するさまざまな研究書でもとりあげられてきた有名なエピソードであるが、本書の展開は、これまで数多く刊行されてきたウィトゲンシュタインの伝記や研究書、ポパーの関連書とはまたことなる、スリリングな物語性をそなえている。同時に、その全体が、じつによくしらべあげた綿密な調査のうえに構成されていることは、多くの書評でも高く評価された点である。

第二は、群雄割拠する二十世紀前半の哲学界をえがく、ぜいたくな絵巻としての読みかたである。この物語の立役者はあきらかにウィトゲンシュタインであるけれど、この特異な哲学者を軸として、哲学における問題のたてかたそのものを展開させたひとびとがあいついで登場する。気迫あふれる名敵役として配されたポパーをはじめ、バートランド・ラッセル、ジョージ・ムーア、ウィーン学団の創設者モーリッツ・シュリック、論理学のルドルフ・カルナップなど、いわばオールスターである。そしてその頭脳集団のだれもが、ここではまことに人間くさい。というより、多くのひとは文句なく変人なのである。

自分が設計してようやく完成したばかりの姉の邸宅の天井を、あと三センチ上げるよう固執するウィトゲンシュタイン（そしてじっさいに上げさせる）、自転車をこいでいて、妻とわかれる決心をとつぜんかためるラッセル（じっさいにわかれる）、おしもおされもせぬ名士でありながら、はげしい攻撃性で周囲と衝突をくりかえすポパー（一度ぶつかると一生ゆるさない）……。生涯ついぞ嘘をついたことがなかった（らしい）ムーアも、あたたかいお人柄とはいえ、りっぱな変人にちがいない。役者はそろっている。

したがって、これまで論理学や分析哲学の理論書を読みつづけてきた読み手にとっては、それぞれの哲学者のゆたかな表情がおそろしく新鮮にうつるであろうし、現代思想にそれほど親しまずにきた読み手にとっては、かれらがきりひらいた独創的な思考の輪郭がいきいきとつたわって、きっと興味をそそられることだろう。新しいテーゼをたてるとき、哲学者はひときわ孤独だとアルチュセールはのべた。そして思想上の対立とは、そのまま人間としての対立に直結する、ぬきさしならない事態なのである。

冒頭で示したモラル・サイエンス・クラブにおけるウィトゲンシュタインとポパーの対立も、じつはそこに両者と縁の深いラッセルの理論が影をおとしていることがみえてくる。二者の対決は、じつはもう一本の見えない糸をまきこんだ三つどもえである。そもそものときの講演におけるポパーの演題「哲学の諸問題はあるか」は、その三十年ほどまえにラッセルが「哲学の諸問題」などの論文をつうじてしめした論理学的な論点や、ラッセルの影響が大きかった当時のウィトゲンシュタインの言語の哲学を意識した、挑戦的なしかけだったからである。

さらにそのあと、かれらの思想とつよくむすびついていたウィーン学団の、論理実証主義のありかたがえがかれていく。これも重要な糸といえるだろう。哲学の歴史のうえで、それぞれの糸はたがいにあざなわれながら、太い流れをかたちづくってきた。

講演会がひらかれたのは、第二次世界大戦直後の一九四六年であった。西洋の哲学はこのとき、ポパーが提言したように社会ととりくむありかたにむかうのか、あるいはウィトゲンシュタインがみいだしたように言語を探究するありかたにむかうのか、どちらの道にもつうじていく微妙なバランスの中にあった。

そして第三は、ウィーンとユダヤの民の近現代史という重要な読みかたである。ハプスブルク帝国の首都であり、百花繚乱のむせかえるような文化的密集地であった十九世紀末ごろのウィーンで、ウィトゲンシュタインとポパーはどちらもユダヤ人の家庭に生まれている。このめぐりあわせがなにを意味するかは、いうまでもない。第一次大戦後、ワイマル共和国の崩壊をへてアドルフ・ヒトラーがドイツで政権をにぎると、その不穏なうごきがウィーンに波及する。そして一九三八年のオーストリア併合によって、この国のユダヤのひとびとは市民権をうばわれ、はっきりと生命の危険にさらされていく。

このようすが、多くの資料を駆使してえがかれる。併合直前、ニュージーランドというはるかな土地に職をもとめて故郷をはなれるポパー、それまでこばんでいたイギリス国籍をえる決心をするウィトゲンシュタイン……。読みすすむうち、かれらの切迫した行動をつうじて、わたしたちのまえに深く時代の陰影がうつしだされてくる。二十世紀前半という激動の時代である。そして欧州はすでに、ながく複雑な、多民族の歴史的土壌をかかえていた。

末期の爛熟にあったウィーン文化の中心的な担い手が、当時人口比でじつに一割をしめていたユダヤのひとびとであったことはよく指摘される。「亡命の世紀」であるこの時代、ウィトゲンシュタイン家とポパー家が直面した危機は、ほかのユダヤの家族の危機でもあった。おおぜいが国をおわれたのち、ウィーンの街の活動は、もはや火がきえたようであったという。民を棄てた都市は、民に棄てられた都市になる。この土地の運命もいたましい。

物語はこうして、大学のちいさな一室でおきた「火かき棒事件」というミステリーのおもむきで幕をあけながら、やがてユダヤのひとびとの悲劇的な状況と、かけがえのないものをうしなっていく欧州の混乱をつたえる巨大な歴史のただなかまで、しっかりと読み手をつれていく。哲学は、けっしてひとと時代からきりはなされたものではありえない。その展開をみちびくカメラワークのたしかさと、歴史への深い認識に、この作品の真価がある。

本書一二章は、その意味でひとつのクライマックスといえるだろう。ウィーンにのこる二人の姉をナチスの手からまもろうとしてベルリン、ニューヨークと奔走するウィトゲンシュタインの焼けつくような焦り、そしてじつに一・七トンという黄金とひきかえに姉たちの身の安全を第三帝国から「買いとる」にいたる、大富豪ウィトゲンシュタイン家の交渉のいきさつは圧巻である。

このノンフィクション作品は、イギリスBBC放送に所属する二人のジャーナリスト、デヴィッド・エドモンズとジョン・エーディナウによってあらわされた。エドモンズはドキュメンタリーの制作にたずさわり、エーディナウは執筆やインタヴューをおこなってきた記者である。立体的でたくみな比喩、細部の緻密な描写、また複数の証言をかさねて現場のようすをありありとうかびあがらせる手法はそのまま映像作品をみるようで、品格あるドキュメンタリーの制作で知られるBBCで経験をつんだ作り手の、熟練した手ぎわがつたわってくる。

両著者にとっては、これがはじめての著作である。にもかかわらず、英国のフェーバー・アンド・フェーバー、ドイツのDVAという代表的な出版社が英独同時刊行を企画したほどの力のいれようで、ウィトゲンシュタインの没後五十周年である二〇〇一年に満を持して発表されると、すぐさま人文書のベストセラーリストにくわわった。刊行月もウィトゲンシュタインの誕生日と命日がかさなる四月であったが、この時点ですでに、すくなくとも十一か国での出版が決まっていた。アメリカでは同年のうちに、大手出版社ハーパーコリンズから凝ったジャケットの国内版が刊行されている。メディアの注目度も高く、『ガーディアン』『オブザーバー』『スペクテーター』『ニューヨーク・タイムズ』『南ドイツ新聞』など、各地の紙誌にあいついで書評や紹介記事が掲載された。いくつかご紹介しておこう。

――この物語をかたる技術の高さはうたがうべくもない。機知にとんだ、縦横無尽の筆はこびである。(『ニューヨーク・タイムズ』二〇〇一年十一月八日)

――現存する証拠を、犯罪捜査さながらの緻密さで組みあわせている。ポパーの自称によれば「二人の巨人」のあいだでかわされたという議論、すなわち哲学界をこの半世紀なやませてきた問題を、おどろくほどスリリングなかたちで解明してのけた。(『南ドイツ新聞』二〇〇一年三月二十八日)

――魅惑的な一冊である。(『ガーディアン』二〇〇一年五月十二日)

日本語版への翻訳は、二〇〇一年に、当時の筑摩書房編集部長の井崎正敏さんから打診をいただいた。この読みごたえのある作品を日本の読者のかたがたにご紹介できることを、ほんとうにうれしく思う。著者のお二人をはじめ、みなさまに深く御礼もうしあげます。

二〇〇二年十一月

二木麻里

文庫版への訳者あとがき

本書は筑摩書房から単行本として刊行されたものを文庫におさめていただくことになったものである。文庫化にあたってはちくま学芸文庫編集部の海老原勇さんがご担当くださった。こまやかなご配慮をありがとうございます。

本文については表記や文言などにわずかな調整をおこなったほかは変更していない。巻末の「日本語の参考文献」には追記をおこなった。初刊ののちもウィトゲンシュタインについての人びとの関心は高まりつづけ、さまざまなアプローチからの研究があいついでいるためである。彼の思想の特異な美しさと憑依力は色褪せることがない。

今回本書を読みなおして、あらためて英国の著者二人の周到な調査主義、語り手としてのたくみさに脱帽した。よく知られるとおりウィトゲンシュタインの哲学は、前期と後期でその論理圏が大きく仕切りなおされることになる。その輪郭についても、第一八章などでさらりと説明している。その手ぎわは『タイム』の書評で「感嘆するほど明晰」と賞賛されていた。傑作である。

二〇一六年九月三日

二木麻里

日本語の参考文献

原著には百点をこす英語の参考文献がしるされているが、紙幅のつごうもあってざんねんながら割愛となった。たださいわい、そこにかかげられた文献には邦訳が刊行されているものも多い。ウィトゲンシュタインとポパーの思想や、ウィーンとユダヤのひとびとの関係について興味をおもちになられたかたには、日本語で読めるつぎの文献をご紹介することですこしでも代えたいと思う。これらの資料は訳者にとってもたいへん参考になった。本書とあわせて読むと、ひときわ立体的な視野がえられるものがたくさんある。ぜひおすすめしたい。

◎おもにウィトゲンシュタインについて

『ウィトゲンシュタイン全集』全十巻　山本信・大森荘蔵編集　大修館書店（一九七五―七八）

『論理哲学論考』L・ウィトゲンシュタイン　丘沢静也訳　光文社（光文社古典新訳文庫二〇一四）

『青色本』L・ウィトゲンシュタイン　大森荘蔵訳　筑摩書房（ちくま学芸文庫二〇一〇）

『色彩について』L・ウィトゲンシュタイン　中村昇・瀬嶋貞徳訳　新書館（一九九七）

『ラスト・ライティングス』L・ウィトゲンシュタイン　古田徹也訳　講談社（二〇一六）

『ウィトゲンシュタインの講義　ケンブリッジ一九三〇―一九三二年』デズモンド・リー編　山田友幸・千葉恵訳　勁草書房（一九九六）

『ウィトゲンシュタインの講義　ケンブリッジ一九三二―一九三五年』アリス・アンブローズ編　野

矢茂樹訳　講談社（講談社学術文庫二〇一三）
『ウィトゲンシュタインの講義　数学の基礎篇　ケンブリッジ一九三九年』L・ウィトゲンシュタイン　コーラ・ダイアモンド篇　大谷弘・古田徹也訳　講談社（講談社学術文庫二〇一五）
『『論考』『青色本』読解』L・ウィトゲンシュタイン　黒崎宏訳・解説　産業図書（二〇〇一）
『ウィトゲンシュタイン入門』永井均　筑摩書房（ちくま新書一九九五）
『ウィトゲンシュタインはこう考えた——哲学的思考の全軌跡一九一二—一九五一』鬼界彰夫　講談社（講談社現代新書二〇〇三）
『ウィトゲンシュタイン『論理哲学論考』を読む』野矢茂樹　筑摩書房（ちくま学芸文庫二〇〇六）
『ウィトゲンシュタイン『哲学探究』入門』中村昇　教育評論社（二〇一四）
『ウィトゲンシュタイン——天才の責務』1、2　レイ・モンク　岡田雅勝訳　みすず書房（一九九四）
『ウィトゲンシュタイン評伝——若き日のルートヴィヒ一八八九—一九二一』ブライアン・マクギネス　藤本隆志・今井道夫・宇都宮輝夫・高橋要訳　法政大学出版局（二〇一六）
『回想のヴィトゲンシュタイン』ノーマン・マルコム　藤本隆志訳法政大学出版局（一九七四）
『ウィトゲンシュタイン』A・J・エイヤー　信原幸弘訳　みすず書房（二〇〇五）
『ウィトゲンシュタイン小事典』山本信・黒崎宏編　大修館書店（一九八七）
『ウィトゲンシュタイン読本』飯田隆編　法政大学出版局（二〇一一）
『現代思想の冒険者たち　ウィトゲンシュタイン——言語の限界』飯田隆　講談社（二〇〇五）
『ウィトゲンシュタイン』藤本隆志　講談社（講談社学術文庫一九九八）
『ウィトゲンシュタインの知88』野家啓一編　新書館（一九九九）

『ウィトゲンシュタイン セレクション』黒田亘編 平凡社（平凡社ライブラリー二〇〇〇）
『何も隠されてはいない――ウィトゲンシュタインの自己批判』ノーマン・マルカム 黒崎宏訳 産業図書（一九九一）
『ウィトゲンシュタインと宗教』ノーマン・マルカム 黒崎宏訳 法政大学出版局（一九九八）
『ウィトゲンシュタインの建築』バーナード・レイトナー 磯崎新訳 青土社（二〇〇八）
『ウィトゲンシュタイン・文法・神』A・キートリー 星川啓慈訳 法藏館（一九八九）
『ウィトゲンシュタインと同性愛』ウィリアム・W・バートリー 小河原誠訳 未來社（一九九〇）
『ウィトゲンシュタインと精神分析』ジョン・M・ヒートン 土平紀子訳 岩波書店（二〇〇四）
『ウィトゲンシュタイン家の人びと――闘う家族』アレグザンダー・ウォー 塩原通緒訳 中央公論新社（二〇一〇）
『聖人と学者の国』テリー・イーグルトン 鈴木聡訳 平凡社（一九八九）
『ヴィトゲンシュタインの甥――最後の古き佳きウィーンびと』トーマス・ベルンハルト 岩下真好訳 音楽之友社（一九九〇）

◎おもにラッセルやポパー、ウィーン学団について
『バートランド・ラッセル著作集』全十五巻 みすず書房（一九五九―六〇）
『哲学入門』バートランド・ラッセル 高村夏輝訳 筑摩書房（ちくま学芸文庫二〇〇五）
『私の哲学の発展』バートランド・ラッセル 野田又夫訳 みすず書房（みすずライブラリー一九九七）
『世界の名著58 ラッセル ウィトゲンシュタイン ホワイトヘッド』山元一郎責任編集 中央公論

社（一九七一）
『開かれた社会とその敵』1、2　カール・ポパー　小河原誠・内田詔夫訳　未來社（一九八〇）
『果てしなき探求――知的自伝』上下　カール・ポパー　森博訳　岩波書店（岩波現代文庫二〇〇四）
『科学的発見の論理』上下　カール・ポパー　大内義一・森博訳　恒星社厚生閣（一九七一、七二）
『歴史主義の貧困』カール・ポパー　岩坂彰訳　日経BP社（二〇一三）
『実在論と科学の目的　W・W・バートリー三世編『科学的発見の論理へのポストスクリプト』より』上下　カール・ポパー　小河原誠他訳　岩波書店（二〇〇二）
『哲学と現実世界――カール・ポパー入門』ブライアン・マギー　立花希一訳　恒星社厚生閣（二〇〇一）
『現代思想の冒険者たち14　ポパー――批判的合理主義』小河原誠　講談社（一九九七）
『ポパー』川村仁也　清水書院（二〇一五）
『ポパーの科学論と社会論』関雅美　勁草書房（一九九〇）
『科学と懐疑論』ジョン・ワトキンス　中才敏郎訳　法政大学出版局（一九九二）
『ポパーとウィトゲンシュタイン――ウィーン学団・論理実証主義再考』ドミニック・ルクール　野崎次郎訳　国文社（一九九二）
『ウィーン学団――論理実証主義の起源』ヴィクトール・クラフト　寺中平治訳　勁草書房（一九九〇）
『現代哲学基本論文集Ⅰ』G・フレーゲ、B・ラッセル、M・シュリック他　坂本百大編　土屋俊他訳　勁草書房（一九八六）
『現代哲学基本論文集Ⅱ』A・タルスキ、G・E・ムーア、W・クワイン他　坂本百大編　神野慧一

郎他訳　勁草書房（一九八七）
『哲学の三人――アリストテレス・トマス・フレーゲ』Ｇ・Ｅ・Ｍ・アンスコム、Ｐ・Ｔ・ギーチ　野本和幸・藤澤郁夫訳　勁草書房（一九九二）
『自由人のための知――科学論の解体へ』Ｐ・Ｋ・ファイヤアーベント　村上陽一郎・村上公子訳　新曜社（一九八二）
『亡命の現代史5　知識人の大移動3』Ｈ・ファイグル他　藤本隆志他訳　みすず書房（一九七三）
『大学のドンたち』ノエル・アナン　中野康司訳　みすず書房（二〇〇二）
『倫理学原理』Ｇ・Ｅ・ムーア　深谷昭三訳　三和書房（一九七三）
『甦るチューリング――コンピュータ科学に残された夢』星野力　ＮＴＴ出版（二〇〇二）

◎おもにウィーンとユダヤのひとびとについて

『昨日の世界』1、2　シュテファン・ツヴァイク　原田義人訳　みすず書房（一九九九）
『わが闘争』上下　アドルフ・ヒトラー　平野一郎・将積茂訳　角川書店（角川文庫一九七七）
『ユダヤ人国家――ユダヤ人問題の現代的解決の試み』テオドール・ヘルツル　佐藤康彦訳　法政大学出版局（二〇一一）
『イェルサレムのアイヒマン』ハンナ・アーレント　大久保和郎訳　みすず書房（一九六九）
『ユダヤ人の歴史』シーセル・ロス　長谷川真・安積鋭二訳　みすず書房（一九九七）
『ユダヤ人とドイツ――「ユダヤ・ドイツの共生」からアウシュヴィッツの記憶まで』エンツォ・トラヴェルソ　宇京頼三訳　法政大学出版局（一九九六）
『東方ユダヤ人の歴史』ハイコ・ハウマン　平田達治・荒島浩雅訳　鳥影社（一九九九）

『ウィーン精神――ハープスブルク帝国の思想と社会一八四八―一九三八』1、2 W・M・ジョンストン 井上修一・岩切正介・林部圭一訳 みすず書房（一九八六）
『ウィーンのユダヤ人――一九世紀末からホロコースト前夜まで』野村真理 御茶の水書房（一九九九）
『ウィトゲンシュタインのウィーン』S・トゥールミン、A・ジャニク 藤村龍雄訳 平凡社（平凡社ライブラリー二〇〇一）
『フロイトのウィーン』ブルーノ・ベッテルハイム 森泉弘次訳 みすず書房（一九九二）
『マッハとニーチェ――世紀転換期思想史』木田元 講談社（講談社学術文庫二〇一四）
『ユダヤ人の歴史地図』マーティン・ギルバート 池田智訳 明石書店（二〇〇〇）
『ヨーロッパ・ユダヤ人の絶滅』上下 ラウル・ヒルバーグ 望田幸男・原田一美・井上茂子訳 柏書房（二〇一二）
『イディッシュのウィーン』メンデル・ノイグレッシェル 野村真理訳 松籟社（一九九七）
『ユダヤ人の〈ドイツ〉――宗教と民族をこえて』ジョージ・L・モッセ 三宅昭良訳 講談社（講談社選書メチエ一九九六）
『ユダヤ人問題の原型・ゲットー』ルイス・ワース 今野敏彦訳 明石書店（一九九三）
『マラーノの系譜』小岸昭 みすず書房（みすずライブラリー一九九八）
『西欧とユダヤのはざま――近代ドイツ・ユダヤ人問題』野村真理 南窓社（一九九二）

関係略年譜

一八七二年　五月十八日、バートランド・アーサー・ウィリアム・ラッセル、ウェールズに生まれる。祖父はラッセル伯爵、父はアンバーレー子爵。
一八七三年　十一月四日、ジョージ・エドワード・ムーア、ロンドンに生まれる。
一八八九年　四月二十六日、ルートヴィヒ・ヨゼフ・ヨハン・ウィトゲンシュタイン、ウィーンに生まれる。八人兄弟の末子、五男。母レオポルディーネ（旧姓カルムス）。父カールは富豪の実業家。
一九〇二年　四月、ウィトゲンシュタインの兄ハンス（一八七七―）自殺。
七月二十八日、カール・ライムント・ポパー、ウィーンに生まれる。三人兄弟の末子、長男。母イェニー（旧姓シフ）。父ジモンは裕福な弁護士。
一九〇三年　ムーア、『プリンキピア・エティカ』を刊行。ラッセル、『数学の原理』を刊行。
ウィトゲンシュタイン、リンツの工業高等学校に入学（二学年下にアドルフ・ヒトラー）。ウィトゲンシュタインは父の方針によりラテン語と数学を重視した教育を家庭教師からうけてきて、ギリシア語の素養がなかったため通常のギムナジウムへの入学がかなわなかった。このころワイニンガーの『性と性格』を読み、影響をうける。
一九〇四年　五月、ウィトゲンシュタインの兄ルドルフ（一八八一―）自殺。
一九〇六年　十月、ウィトゲンシュタイン、ベルリン・シャルロッテンブルク工科大学に入学。

一九〇八年　ウィトゲンシュタイン、マンチェスター大学工学部の特別研究生として航空学を学ぶ。

一九一〇年　ラッセルとホワイトヘッド、一三年にかけて『プリンキピア・マテマティカ』を刊行。ウィトゲンシュタイン、これを読む。

一九一一年　十月、ウィトゲンシュタイン、ケンブリッジ大学トリニティーカレッジのラッセルを予約なしに訪問。こののちいくども議論をおこなう。

一九一二年　ウィトゲンシュタイン、ケンブリッジ大学トリニティーカレッジに入学。アポスル・クラブ（使徒団）の会員としてむかえられるが、ほどなく退会。九月、友人のデヴィッド・ピンセントとアイスランドに旅行。ヒューウェルコートの部屋をムーアからひきつぐ。

一九一三年　一月、ウィトゲンシュタインの父、カール死去。ルートヴィヒをふくめ、兄弟姉妹は莫大な遺産の相続人となる。この年、ノルウェーに二度滞在。ピンセント同行。秋、「論理についてのノート」を口述。

一九一四年　三月、ムーア、ノルウェーに滞在中のウィトゲンシュタインを訪問。ウィトゲンシュタインの原稿の口述筆記をおこなう。四月、ウィトゲンシュタインはこの地のフィヨルドちかくに木造の別荘を建てる。こののち、しばしばここに長期滞在。

七月、ウィトゲンシュタイン、ウィーンで建築家アドルフ・ロースと知りあい、意気投合する。

同月、第一次世界大戦勃発。

八月、ウィトゲンシュタイン、オーストリア・ハンガリー二重帝国軍志願兵として対ロシア戦に参戦。聖書とトルストイを読む。こののち各地を転戦、その間『論理哲学論考』にまとめられることになる草稿を書きつぐ。

一九一五年　ウィトゲンシュタインの兄パウルはロシア戦線で負傷し、右腕をうしなう。

一九一六年　ウィトゲンシュタイン、クラカウの砲兵隊で負傷。
ポパー、反戦をつづった文章を父にみせ、議論をおこなう。

一九一七年　ウィトゲンシュタイン、ガリシア方面の前線に配属される。六月四日、ブルシーロフの激戦をたたかう。
十一月、フランツ・ヨゼフ・オーストリア皇帝死去。

一九一八年　ウィトゲンシュタイン、翌年にかけて戦功表彰。ポパー、腺熱で二か月学校を休む。
ポパー、大学入学資格試験をうけずに高校を退学。ウィーン大学の正規の在校生になれず、聴講生となる。
五月、デヴィッド・ピンセント、飛行機事故で死去。
夏、ウィトゲンシュタインは休暇中にウィーンで『論理哲学論考』を完成。十一月から翌年八月までイタリア軍捕虜となる。
十月、ウィトゲンシュタインの兄クルト（一八七八—）、大戦参戦中に部下の降伏に際し自決。
十一月、第一次世界大戦終結、オーストリア皇帝退位。オーストリアは戦後の耐乏期にはいる。

一九一九年　一月、ウィトゲンシュタイン、イタリア・モンテカシーノの捕虜収容所へ移送される。
六月、『論理哲学論考』をラッセルとフレーゲに送る。八月、釈放される。姉と兄に自分の全財産を譲渡。十二月、ラッセルとハーグで会い、『論理哲学論考』の原稿を検討。

ポパー、家をはなれて自立。軍病院につかわれていた兵舎を改造した、まずしい学生寮に入寮、肉体労働などで生計をたてる。マルクス主義に接近するが、デモの学生たちが警官隊に発砲される現場を目撃して衝撃をうけ、考えを変える。ウィーン学団のメンバー、オットー・ノイラートと知りあう。

一九二〇年　ラッセル、『論理哲学論考』の序文を書きおろす。
ウィトゲンシュタインは哲学に関心をうしなっており、クントマンガッセの教員養成所に入所。

一九二一年　ウィトゲンシュタイン、夏にクロスターノイブルク修道院で庭師。九月、トラッテンバッハの小学校に赴任。『論理哲学論考』発表。

一九二二年　『論理哲学論考』C・K・オグデンによる英訳版刊行。ウィトゲンシュタイン、プフベルクの小学校へ赴任。
ポパー、大学入学資格試験に合格、ウィーン大学に進学。二四年ごろまで指物師の徒弟としてはたらく。このころアルノルト・シェーンベルクが主宰する私的な演奏会協会の会員となる。

一九二四年　ウィトゲンシュタイン、オッタータールの小学校へ赴任。

一九二五年　アドルフ・ヒトラー、『わが闘争』を出版。
ポパー、ウィーン教育研究所に参加。

一九二六年　ウィトゲンシュタイン、四月に教師を辞職。六月に母レオポルディーネが死去。夏、ヒュッテルドルフの慈悲修道士会の修道院で庭師。『小学校のための辞典』刊行。姉マルガレーテ夫妻の住宅ストンボロー邸の建築に参加。

一九二七年　二月、ウィトゲンシュタインはウィーンでモーリッツ・シュリックと会い、ウィーン学団のメンバーと会話をかさねるようになる。ふたたび哲学に接近。

七月十五日、ウィーンでデモの労働者たちが警官隊に発砲される。死者八十五名。

一九二八年　十一月、ウィトゲンシュタインが建築に参加したストンボロー邸が完成。

ポパー、博士論文「思考心理学の方法と問題」をウィーン大学に提出。博士号、教授資格をえる。

一九二九年　一月、ウィトゲンシュタイン、ケンブリッジ大学に復学。著書『論理哲学論考』でケンブリッジ大学から博士号をえる。

ウィーン学団発足。『科学的な世界観　ウィーン学団』（いわゆるウィーン学団綱領）を発表。

十月、世界恐慌はじまる。

一九三〇年　一月、ウィトゲンシュタインの友人の数学者、フランク・ラムゼイ死去。七月から三三年ごろにかけてウィトゲンシュタインは『哲学的文法』の草稿を書きつぐ。

ポパー、ヨゼフィーネ・アンネ・ヘニンガーと結婚。

一九三三年　ウィトゲンシュタイン、夏の休暇中、ウィーン郊外のホッホライトの別荘で「ビッグタイプ・スクリプト（ＢＴ）」を秘書に口述。こののち何度も書きなおす。

八月二日、ドイツでヒトラーが国家元首に就任する。

十一月から翌年六月にかけて、ウィトゲンシュタインは『青色本』にまとめられる口述を学生たちに対しておこなう。

一九三四年　ポパーの『探求の論理』がドイツで出版される。

一九三五年　ウィトゲンシュタインは翌年にかけて、『茶色本』にまとめられる口述をフランシス・スキナーやアリス・アンブローズに対しておこなう。
九月十五日、ドイツでニュルンベルク法が公布される。九月、ウィトゲンシュタイン、ロシアへ旅行。現地で教師か農場労働者としての職をさがすつもりでいた。

一九三六年　ポパー、学者援助評議会に援助を申請、国外の職をさがす。イギリスを訪問。アリストテレス学会の会合に参加。ケンブリッジ大学のモラル・サイエンス・クラブで講演。このときウィトゲンシュタインは風邪で欠席していた。

十一～十二月、ウィトゲンシュタイン、『哲学探究』第一部を書きはじめる。このころ友人たちにみずからの罪の「告白」をおこなう。

六月二十一日、ウィーン学団の創設者、モーリッツ・シュリック殺害される。

一九三七年　三月、ポパー、オーストリアをはなれ、ニュージーランドのカンタベリー大学に赴任。

一九三八年　ポパー、イギリス市民権を申請。却下される。

三月十二日、ドイツ、オーストリアを併合（アンシュルス）。

春、ウィトゲンシュタインはイギリス帰化を申請。

五月三十一日、オーストリアでニュルンベルク法が施行される。

七月十五日、ウィトゲンシュタインの姉妹ヘルミーネとヘレーネは、ウィーンのユダヤ人に課せられた資産登録をおこなう。

十一月九～十日にかけて反ユダヤの暴動「水晶の夜」がおこる。

一九三九年　ムーア、ケンブリッジ大学教授を退官。ウィトゲンシュタイン、教授に就任。
四月、ウィトゲンシュタイン、イギリス国籍をえる。

同月、ウィトゲンシュタインの兄パウルは移住先のニューヨークに到着。

七月五日、ウィトゲンシュタインは、第三帝国内にいる姉たちの身の安全を確保する交渉のためベルリンに到着。ついでウィーン、ニューヨークにおもむく。

八月二十一日、パウルはチューリッヒで交渉を成立させる覚書きに署名。

同月三十日、ウィトゲンシュタイン家の人種再分類申請が部分的に認可される。

九月、英仏、対独宣戦布告。第二次世界大戦勃発。

一九四〇年　二月、ウィトゲンシュタイン家の人種再分類申請が全面的に認可され、安全が確保される。

一九四一年　六月、アイザイア・バーリン、ケンブリッジ大学モラル・サイエンス・クラブで講演。ウィトゲンシュタインと親しかったフランシス・スキナー、ポリオで死去。ウィトゲンシュタインは十一月、ガイズ・ホスピタルで勤労奉仕を開始。まもなく調剤助手になる。さらにニューキャッスルの研究所にうつって助手をつとめる。

一九四三年　ウィトゲンシュタイン、友人の古典学者ニコライ・バフチンに『論理哲学論考』を解説。『哲学探究』について新しい着想をえる。

一九四四年　ウィトゲンシュタイン、ケンブリッジにもどる。ムーアの後継としてモラル・サイエンス・クラブの議長に就任。

十月、ムーアはモラル・サイエンス・クラブで講演をおこなう。ウィトゲンシュタインはこの内容に注目、「ムーアのパラドックス」をみちびきだす。

ポパーはハイエクが編集していた『エコノミカ』誌で、『歴史主義の貧困』を翌年にかけて発表。

一九四五年　五月、ドイツ無条件降伏。
ラッセルの『西洋哲学史』、アメリカで刊行される。九月末ですでに四万部の売れ行きをしめす。
八月、日本無条件降伏。第二次世界大戦終結。
十一月、ポパーの『開かれた社会とその敵』英訳版がロンドンのラウトリッジから出版される。

一九四六年　一月六日、ポパー、イギリスに到着。イギリス国籍を取得。ロンドン・スクール・オヴ・エコノミクスの上級講師に就任。十月二十五日、ケンブリッジ大学モラル・サイエンス・クラブで「哲学の諸問題はあるか」という講演をおこなう。「火かき棒事件」がおこる。

一九四七年　春、ウィトゲンシュタイン、『哲学探究』第一部を事実上完成。
ウィトゲンシュタイン、夏までの講義を最後にケンブリッジ大学の哲学教授を辞任。このの ちアイルランド、ノルウェー、ウィーンなど各地に滞在。おもにアイルランドで、のちに『哲学探究』第二部などにまとめられる草稿類を書きつぐ。

一九四九年　ウィトゲンシュタイン、癌を病んだ姉ヘルミーネをウィーンにみまう。アメリカに旅行、コーネル大学のノーマン・マルコムなどを訪問する。帰国後の十一月、自身が前立腺癌と診断される。このころ『哲学探究』第二部をほぼ書きあげる。
ポパー、ロンドン・スクール・オヴ・エコノミクスの論理学教授に就任。

一九五〇年　二月、ウィトゲンシュタインの姉ヘルミーネ（一八七九—）死去。ウィトゲンシュタイン、この春と、だいたい翌年にかけて『色彩について』を執筆。秋ごろ最後のノルウェー旅行。
一九五一年　二月、ポパー、はじめてアメリカに旅行。ハーヴァード大学で講演。プリンストン大学でも講演し、アインシュタインと会う。この年、勤務先のロンドン・スクール・オヴ・エコノミクスから約三十マイルはなれたペン村に住居を購入。
ラッセル、ノーベル文学賞受賞。
一九五三年　ウィトゲンシュタイン、一月に遺言状を作成。二月からビーヴァン医師の自宅に滞在。四月二十九日死去。六十二歳。
一九五三年　ウィトゲンシュタインの遺稿をもとに『哲学探究』が刊行される。
一九五七年　ポパー、『歴史主義の貧困』を刊行。
一九五八年　十月二十四日、ムーア死去。同年ウィトゲンシュタインの姉マルガレーテ（一八八二―）死去。
一九五九年　ポパーの『科学的発見の論理』（『探求の論理』の英訳）刊行。
一九六一年　ウィトゲンシュタインの兄パウル（一八八七―）死去。
一九六二年　ポパー、翌年にかけて『推測と反駁』を刊行。
一九六三年　ポパー来日。
一九六四年　米軍、北ベトナム爆撃を開始。ラッセル、『ヴェトナムにおける戦争と残虐行為』を出版。
一九六五年　ポパー、ナイト爵に叙される。
一九六九年　ポパー、執筆と講演活動に専念するため大学を退官。
一九七〇年　二月二日、ラッセル死去。九十七歳。

一九七四年　ポパー、「果てしなき探求」などをおさめた『カール・ポパーの哲学』を刊行。
一九七五年　四月、ベトナム戦争終結。
一九七六年　ポパー、『果てしなき探求』を別刊行。イギリス王立協会会員になる。
一九八三年　ウィーンでポパー・シンポジウム開催。
一九八四年　ポパー、『よりよき世界を求めて』を刊行。
一九八五年　ポパーの妻ヘニー（一九〇六―）死去。ポパーは南ロンドンのケンリーに引っ越す。
一九八九年　ポパー、ロンドン・スクール・オヴ・エコノミクスで公開講演。演題は「知識の進化論をめざして」。
一九九二年　十一月、ポパー、京都賞を受賞。
一九九三年　ケンブリッジ大学のウィトゲンシュタイン・アーカイヴから、ウィーン版ウィトゲンシュタイン全集刊行開始。
一九九四年　ポパー、『問題解決としての生』を刊行。九月十七日死去。九十二歳。
一九九九年　オーストリアのウィトゲンシュタイン会議でワスフィ・ヒジャブが発言、注目を集める。
二〇〇一年　ウィトゲンシュタインの没後五十周年を記念して、世界各地で会議などが開かれる。

＊原著本文・年譜、参考文献をもとに訳者が作成。

人名索引

（ポパーとウィトゲンシュタインの項目は章初め引用文の出典のみにとどめた）

か

さ

ま

本書は二〇〇三年一月二十三日、筑摩書房から刊行された。

工場日記　シモーヌ・ヴェイユ　田辺保訳

人間のありのままの姿を知り、愛し、そこで生きたい――女工となった哲学者が、極限の状況で自己犠牲と献身について考え抜き、克明に綴った、魂の記録。

青色本　L・ウィトゲンシュタイン　大森荘蔵訳

「語の意味とは何か」。端的な問いかけで始まるこのコンパクトな書は、初めて読むウィトゲンシュタインとして最適な一冊。（野矢茂樹）

法の概念〔第3版〕　H・L・A・ハート　長谷部恭男訳

法とは何か。ルールの秩序という観念でこの難問に立ち向かい、法哲学の新たな地平を拓いた名著。批判に応える「後記」を含め、平明な新訳でおくる。

生き方について哲学は何が言えるか　バーナド・ウィリアムズ　森際康友／下川潔訳

倫理学の中心的な諸問題を深い学識と鋭い眼差しで再検討した現代における古典的名著。倫理学はいかに変貌すべきか、新たな方向づけを試みる。

思考の技法　グレアム・ウォーラス　松本剛史訳

知的創造を四段階に分け、危機の時代を打破する真の思考のあり方を究明する。『アイデアのつくり方』の源となった先駆的名著、本邦初訳。（平石耕）

ポパーとウィトゲンシュタインとのあいだで交わされた世上名高い10分間の大激論の謎　デヴィッド・エドモンズ／ジョン・エーディナウ　二木麻里訳

このすれ違いは避けられない運命だった？　二人の思想の歩み、そして大激論の真相に、ウィーン学団の人間模様やヨーロッパの歴史的背景から迫る。

言語・真理・論理　A・J・エイヤー　吉田夏彦訳

無意味な形而上学を追放し、〈分析的命題〉か〈経験的仮説〉のみを哲学的に有意義な命題として扱おう。初期論理実証主義の代表作。（青山拓央）

大衆の反逆　オルテガ・イ・ガセット　神吉敬三訳

二〇世紀の初頭、《大衆》という現象の出現とその功罪を論じながら、自ら進んで困難に立ち向かう《真の貴族》という概念を対置した警世の書。

啓蒙主義の哲学（上）　エルンスト・カッシーラー　中野好之訳

理性と科学を「人間の最高の力」とみなし近代を準備した啓蒙主義。「浅薄な過去の思想」との従来評価を覆し、再評価を打ち立てた古典的名著。

啓蒙主義の哲学(下)
エルンスト・カッシーラー
中野好之訳
啓蒙主義を貫く思想原理とは何か。自然観、人間観から宗教、国家、芸術まで、その統一的結びつきを鋭い批判的洞察で解明する。（鷲見洋一）

近代世界の公共宗教
ホセ・カサノヴァ
津城寛文訳
一九八〇年代に顕著となった宗教の〈脱私事化〉。五つの事例をもとに近代における宗教の役割と世俗化の意味を再考する。宗教社会学の一大成果。

死にいたる病
S・キルケゴール
桝田啓三郎訳
死にいたる病とは絶望であり、絶望を深く自覚し神の前に自己をすてる。実存的な思索の深まりをデンマーク語原著から訳出し、詳細な注を付す。

世界制作の方法
ネルソン・グッドマン
菅野盾樹訳
世界は「ある」のではなく、「制作」されるのだ。芸術・科学・日常経験・知覚など、幅広い分野で徹底した思索を行ったアメリカ現代哲学の重要著作。

新編 現代の君主
アントニオ・グラムシ
上村忠男編訳
労働運動を組織しイタリア共産党を指導したグラムシ。獄中で綴られたそのテキストから、いま読み直されるべき重要な29篇を選りすぐり注解する。

孤島
ジャン・グルニエ
井上究一郎訳
「島」とは孤独な人間の謂。透徹した精神のもと、話者の綴る思念と経験が啓示を放つ。カミュが本書との出会いを回想した序文を付す。（松浦寿輝）

ウィトゲンシュタインのパラドックス
ソール・A・クリプキ
黒崎宏訳
規則は行為の仕方を決定できない——このパラドックスの懐疑的解決こそ、『哲学探究』の核心である。異能の哲学者によるウィトゲンシュタイン解釈。

ハイデッガー『存在と時間』註解
マイケル・ゲルヴェン
長谷川西涯訳
難解をもって知られる『存在と時間』全八三節の思考を、初学者にも一歩一歩追体験させ、高度な内容を読者に確信させ納得させる唯一の註解書。

色彩論
ゲーテ
木村直司訳
数学的・機械論的近代自然科学と一線を画し、自然の中に「精神」を読みとろうとする特異で巨大な自然観を示した思想家・ゲーテの不朽の業績。

倫理問題101問
マーティン・コーエン
榑沼範久訳
何が正しいことなのか。医療・法律・環境問題等、私たちの周りに溢れる倫理的なジレンマから101の題材を取り上げて、ユーモアも交えて考える。

哲学101問
マーティン・コーエン
矢橋明郎訳
全てのカラスが黒いことを証明するには？ コンピュータと人間の違いは？ 哲学者たちが頭を捻った101問を、譬話で考える楽しい哲学読み物。

解放されたゴーレム
ハリー・コリンズ／トレヴァー・ピンチ
村上陽一郎／平川秀幸訳
科学技術は強力だが不確実性に満ちた「ゴーレム」である。チェルノブイリ原発事故、エイズなど7つの事例をもとに、その本質を科学社会的に繙く。

存在と無（全3巻）
ジャン＝ポール・サルトル
松浪信三郎訳
人間の意識の在り方（実存）をきわめて詳細に分析し、存在と無の弁証法を問い究め、実存主義を確立した不朽の名著。現代思想の原点。

存在と無 I
ジャン＝ポール・サルトル
松浪信三郎訳
I巻は、「即自」と「対自」が峻別される緒論「存在の探求」から、「対自」としての意識の基本的在り方が論じられる第二部「対自存在」まで収録。

存在と無 II
ジャン＝ポール・サルトル
松浪信三郎訳
II巻は、第三部「対他存在」を収録。私と他者との相剋関係を論じた「まなざし」論をはじめ、愛、憎悪、マゾヒズム、サディズムなど具体的な他者論を展開。

存在と無 III
松浪信三郎訳
III巻は、第四部「持つ」「為す」「ある」を収録。この三つの基本的カテゴリーとの関連で人間の行動を分析し、絶対的自由を提唱。（北村晋）

公共哲学
マイケル・サンデル
鬼澤忍訳
経済格差、安楽死の幇助、市場の役割など、私達が現代の問題を考えるのに必要な思想とは？ ハーバード大講義で話題のサンデル教授の主著、初邦訳。

パルチザンの理論
カール・シュミット
新田邦夫訳
二〇世紀の戦争を特徴づける「絶対的な敵」殲滅の思想の端緒を、レーニン・毛沢東らの《パルチザン》戦争という形態のなかに見出した画期的論考。

政治思想論集
カール・シュミット
服部平治／宮本盛太郎訳
現代新たな角度で脚光をあびる政治哲学の巨人が、その思想の核を明かしたテクストを精選して収録。権力の源泉や限界といった基礎もわかる名論文集。

神秘学概論
ルドルフ・シュタイナー
高橋巖訳
宇宙論、人間論、進化の法則と意識の発達史を綴り、シュタイナー思想の根幹を展開する――四大主著の一冊、渾身の訳し下し。（笠井叡）

神智学
ルドルフ・シュタイナー
高橋巖訳
神秘主義的思考を明晰な思考に立脚した精神科学へと再編し、知性と精神性の健全な融合をめざしたシュタイナーの根本思想。四大主著の一冊。

いかにして超感覚的世界の認識を獲得するか
ルドルフ・シュタイナー
高橋巖訳
すべての人間には、特定の修行を通して高次の認識を獲得できる能力が潜在している。その顕在化のための道すじを詳述する不朽の名著。

自由の哲学
ルドルフ・シュタイナー
高橋巖訳
社会の一員である個人の究極の自由はどこに見出されるのか。思考は人間に何をもたらすのか。シュタイナー全業績の礎をなしている認識論哲学。

治療教育講義
ルドルフ・シュタイナー
高橋巖訳
障害児が開示するのは、人間の異常性ではなく霊性である。人智学の理論と実践を集大成したシュタイナー晩年の最重要講義。改訂増補決定版。

人智学・心智学・霊智学
ルドルフ・シュタイナー
高橋巖訳
身体・魂・霊に対応する三つの学が、霊視霊聴を通じた存在の成就への道を語りかける。人智学協会の創設へ向け最も注目された時期の率直な声。

ジンメル・コレクション
ゲオルク・ジンメル
北川東子編訳
鈴木直訳
都会、女性、モード、貨幣をはじめ、取っ手や橋・扉にまで哲学的思索を向けた「エッセーの思想家」の姿を一望する新編・新訳のアンソロジー。

私たちはどう生きるべきか
ピーター・シンガー
山内友三郎監訳
社会の10%の人が倫理的に生きれば、政府が行う社会変革よりもずっと大きな力となる――環境・動物保護の第一人者が、現代に生きる意味を鋭く問う。

自然権と歴史

レオ・シュトラウス
塚崎智／石崎嘉彦訳

自然権の否定こそが現代の深刻なニヒリズムをもたらした。古代ギリシアから近代に至る思想史を大胆に読み直し、自然権論の復権をはかる20世紀の名著。

生活世界の構造

アルフレッド・シュッツ／トーマス・ルックマン
那須壽監訳

「事象そのものへ」という現象学の理念を社会学研究で実践し、日常を生きる「普通の人びと」の視点から日常生活世界の「自明性」を究明した名著。

哲学ファンタジー

レイモンド・スマリヤン
高橋昌一郎訳

論理学の鬼才が、軽妙な語り口ながら、切れ味抜群の思考法で哲学から倫理学まで広く論じた対話篇。哲学することの魅力を堪能しつつ、思考を鍛える！

ハーバート・スペンサー コレクション

ハーバート・スペンサー
森村進編訳

自由はどこまで守られるべきか。リバタリアニズムの源流となった思想家の理論の核が凝縮された論考を精選し、平明な訳で送る。文庫オリジナル編訳。

ナショナリズムとは何か

アントニー・D・スミス
庄司信訳

ナショナリズムは創られたものか、それとも自然なものか。この矛盾に満ちた心性の正体を、世界的権威が徹底的に解説する。最良の入門書、本邦初訳。

日常的実践のポイエティーク

ミシェル・ド・セルトー
山田登世子訳

読書、歩行、声。それらは分類し解析する近代的知が見落とす、無名の者の戦術である。領域を横断し、秩序に抗う技芸を描く。（渡辺優）

反解釈

スーザン・ソンタグ
高橋康也他訳

《解釈》を偏重する在来の批評に対し、《形式》を感受する官能美学の必要性をとき、理性や合理主義に対する感性の復権を唱えたマニフェスト。

ウォールデン

ヘンリー・D・ソロー
酒本雅之訳

たったひとりでの森の生活。そこでの観察と思索の記録は、いま、ラディカルな物質文明批判となり、精神の主権を回復する。名著の新訳決定版。

声と現象

ジャック・デリダ
林好雄訳

フッサール『論理学研究』の綿密な読解を通して、「脱構築」「痕跡」「差延」「代補」「エクリチュール」など、デリダ思想の中心的〝操作子〟を生み出す。

歓待について
ジャック・デリダ
アンヌ・デュフールマンテル序論
廣瀬浩司訳
異邦人＝他者を迎え入れることはどこまで可能か？ ギリシャ悲劇、クロソウスキーなどを経由し、この喫緊の問いにひそむ歓待の（不）可能性に挑む。

省察
ルネ・デカルト
山田弘明訳
徹底した懐疑の積み重ねから、確実な知識を探り世界を証明づける。哲学入門者が最初に読むべき、近代哲学の源泉たる一冊。詳細な解説付新訳。

哲学原理
ルネ・デカルト
山田弘明／吉田健太郎／久保田進一／岩佐宣明訳・注解
『省察』刊行後、その知のすべてが記された本書は、デカルト形而上学の最終形態といえる。第一部の新訳と解題・詳細な解説を付す決定版。

方法序説
ルネ・デカルト
山田弘明訳
「私は考える、ゆえに私はある」。近代以降すべての哲学は、この言葉で始まった。世界中で最も読まれている哲学書の完訳。平明な徹底解説付。

社会分業論
エミール・デュルケーム
田原音和訳
人類はなぜ社会を必要としたか。社会はいかにして発展するか。近代社会学の嚆矢をなすデュルケーム畢生の大著を定評ある名訳で送る。（菊谷和宏）

公衆とその諸問題
ジョン・デューイ
阿部齊訳
大衆社会の到来とともに公共性の成立基盤は衰退した。民主主義は再建可能か？ プラグマティズムの代表的思想家がこの難問を考究する。（宇野重規）

旧体制と大革命
A・ド・トクヴィル
小山勉訳
中央集権の確立、パリ一極集中、そして平等を自由に優先させる精神構造――フランス革命の成果は、実は旧体制の時代にすでに用意されていた。

ニーチェ
ジル・ドゥルーズ
湯浅博雄訳
〈力〉とは差異にこそその本質を有している――ニーチェのテキストを再解釈し、尖鋭なポスト構造主義的イメージを提出した、入門的な小論考。

カントの批判哲学
ジル・ドゥルーズ
國分功一郎訳
近代哲学を再構築してきたドゥルーズが、三批判書を追いつつカントの読み直しを図る。ドゥルーズ哲学が形成される契機となった一冊。新訳。

ちくま学芸文庫

ポパーとウィトゲンシュタインとのあいだで交わされた世上名《せじような》高《だか》い10分間《ぷんかん》の大激論《だいげきろん》の謎《なぞ》

二〇一六年十二月十日　第一刷発行
二〇二三年　六　月五日　第三刷発行

著　者　デヴィッド・エドモンズ
　　　　ジョン・エーディナウ
訳　者　二木麻里（ふたき・まり）

発行者　喜入冬子
発行所　株式会社　筑摩書房
東京都台東区蔵前二―五―三　〒一一一―八七五五
電話番号　〇三―五六八七―二六〇一（代表）
装幀者　安野光雅
印刷所　株式会社精興社
製本所　株式会社積信堂

ISBN978-4-480-09759-0 C0110